Gregor Eisenhauer

Die zehn wichtigsten Fragen des Lebens

in aller Kürze beantwortet

Gregor Eisenhauer

Die zehn wichtigsten Fragen des Lebens

in aller Kürze beantwortet

DUMONT

FSC
www.fsc.org
MIX
Papier aus verantwortungsvollen Quellen
FSC® C083411

Zweite Auflage

Umschlag: Lübbeke Naumann Thoben, Köln
Satz: Angelika Kudella, Köln
Gesetzt aus der Adobe Garamond und der Scala Sans
Gedruckt auf säurefreiem und chlorfrei gebleichtem Papier
Druck und Verarbeitung: CPI books GmbH, Leck
Printed in Germany
ISBN 978-3-8321-9759-9

www.dumont-buchverlag.de

Meinem Vater

Inhalt

1. Selbst denken oder denken lassen?

Viele Menschen würden eher sterben als denken.
Und in der Tat: Sie tun es.
Bertrand Russell

Vor dreizehn Jahren sprach mich mein Freund David an und fragte, ob ich nicht Nachrufe für ihn schreiben wolle. David ist Redakteur und arbeitet für die Berliner Zeitung *Der Tagesspiegel*. Jeden Freitag erscheint dort im Lokalteil eine Seite, auf der verstorbene Berliner porträtiert werden. Keine Berühmtheiten. Ganz gewöhnliche Menschen. David wusste, ich bin Schriftsteller, er wusste auch, dass ich kein sonderlich erfolgreicher Schriftsteller bin, aber das konnte nicht der Grund seiner Nachfrage sein. Das Honorar, das er mir anbot, war bescheiden, aber die Herausforderung schien spannend. »Was genau soll ich tun?«, fragte ich. »Du schreibst über tote Menschen.« – »Berühmte Menschen?«, fragte ich nach, denn ich kannte die Seite bis dahin noch nicht. Er sah mich mit einem Blick an, der mich fast hätte erröten lassen. David hat zuweilen etwas Oberlehrerhaftes, vermutlich weil sein Vater Kabarettist war, der berühmteste Kabarettist der DDR, das hat seinen Sohn ein wenig für den verzeihenden Humor verdorben.

»Natürlich nicht. Keine Prominenz. Alltagstote. Prominenz kann jeder.« Er wusste, damit hatte er mich am Haken.

»Und wie soll das ablaufen?« – »Ich gebe dir Namen und Telefonnummer des Angehörigen. Du vereinbarst ein Gespräch. Dann schreibst du den Text. 4000 Zeichen. Zwei bis drei Schreibmaschinenseiten.«

»Für ein ganzes Leben?!«, fragte ich erstaunt nach.

»Du wirst Schwierigkeiten haben, die Seiten zu füllen«, warnte er mich. Vermutlich lächelte ich etwas überheblich, denn er setzte noch ein warnendes »Warte es ab!« hinzu.

An den ersten Fall erinnere ich mich nicht mehr genau. Ich weiß, dass ich etwas befangen war. Wer geht schon gern in ein Haus der Trauer? Auf der Hinfahrt versuchte ich, die Situation in Gedanken durchzuspielen. Was mache ich, wenn er oder sie anfängt zu weinen? Welche Fragen soll ich stellen? Darf ich neugierig sein oder soll ich die Angehörigen einfach nur erzählen lassen? Gibt es Dinge, die ich nicht ansprechen soll? Und wie finde ich das heraus?

Es kam ganz anders als gedacht. Ein großes Haus in einer gutbürgerlichen Gegend. Die Wohnung im ersten Stock. Die Einrichtung ein wenig kühl. Es war am frühen Abend. Der Hausherr bat mich herein und bot mir ein Wasser an. Die Geschichte war traurig und schnell erzählt. Der Mann hatte seine Frau verloren. Eine schwere Krankheit. Ihm war viel Zeit geblieben, sich von ihr zu verabschieden. Das machte den Verlust nicht leichter.

Was erzählt man von dem Menschen, den man liebte, den man hat sterben sehen? Was sollen die anderen über ihn erfahren? Was diese Frau geleistet hat, wen sie geliebt, wen sie gehasst hat? Wo sie gern spazieren ging, was sie noch erleben wollte? Die Marke ihres Lippenstifts, ihres Parfums? Wie sie ihren Mann kennenlernte, wann sie das erste Mal von Liebe sprach? Es gibt tausend Fragen, zuweilen fällt einem nicht eine einzige ein. Was waren ihre Hobbys? Ihre Lieblingsbilder, Lieblingsbücher, Lieblingsmusiker? Hat sie die Wohnung nach ihrem Geschmack eingerichtet oder sich lieber dem Geschmack ihres Mannes gebeugt? Wovon träumte sie? Empfand sie ihr Schicksal als ungerecht?

Der Mann weinte nicht. Ich habe es sehr selten erlebt, dass Freunde oder Angehörige weinten, wenn sie über die Verstorbenen redeten. Ich glaube, das liegt an der speziellen Gesprächssituation. Die Angehörigen wollen Auskunft erteilen. Sie wollen, dass dieser Mensch nicht vergessen wird. Sie haben sich eine Aufgabe gestellt, die keine Verzweiflung aufkommen lässt. In kurzen Momenten des Innehaltens schon. Wenn das Bild des oder der Verstorbenen plötzlich auftaucht und er sie vor sich sieht, oder sie ihn, wie er gelacht oder geweint hat oder wie sie ihn ansah zum Abschied. Aber das geht schnell vorbei. Die Trauer bleibt, aber sie macht sich nützlich.

Wer war dieser Mensch? Die Frage ist auch dann nicht einfach zu beantworten, wenn dreißig Jahre Ehe hinter einem liegen. Der Mann schien ein wenig im Zweifel, ob ich mir wirklich ein Bild von seiner Frau hatte machen können. Und zugegeben, ich selbst war auch im Zweifel. Wir verabschiedeten uns freundlich. Man ist auf seltsame Weise verbunden nach einem so intensiven Gespräch.

Auf der Rückfahrt geriet ich ins Grübeln. Die Menschen sind ganz anders. Anders, als ich sie bisher in meinen Büchern geschildert hatte. Schwieriger. Sympathischer. Als Schriftsteller neigt man zum Karikieren. Das verbat sich jetzt von selbst. Ich musste umdenken, was mir gar nicht so recht war. Es ist einfacher, über die Menschen schlecht zu denken.

Ich weiß nicht, ob mir das Porträt der Frau damals gelungen ist. Diesen ersten Text habe ich für die Arbeit an diesem Buch mit Absicht nicht herausgesucht. Aberglaube. Wer Nachrufe schreibt, wird leicht abergläubisch. Aber David war damals wohl zufrieden, denn seitdem bin ich dabei.

Für die Nachruf-Seite schreiben noch viele andere Autoren. Gute Autoren. Männer und Frauen. Jeder hat seinen eigenen Stil. Was gar nicht so einfach ist, auf so kleinem Raum. Da kommt es auf jedes Wort an. Erschwerend ist: David neigt zum Kürzen, insbesondere der gefühligen Adjektive und tränenerzwingenden Metaphern. Ich hingegen favorisiere den emotionalen Stil. Das führt unsere Freundschaft immer wieder an ihre Grenzen.

Zuweilen erhalten wir fertige Nachrufe von Angehörigen oder Freunden, die den Redakteur bitten, diesen Text doch einfach abzudrucken. David lehnt dann immer sehr höflich ab, mit dem Hinweis, dass wir grundsätzlich alle Texte selbst schreiben. Der wahre Grund ist: Diese Texte sind selten gut. Wenn ein Freund über einen Freund schreibt, dann will er nur Gutes erzählen. Aber das ist kein Porträt. Das ist Schönfärberei. Wenn eine Mutter über ihren verstorbenen Sohn schreibt, oder eine Tochter über ihre todkranke Mutter, dann wird kein böses Wort fallen, aber das ist weniger ein Ausdruck der verstehenden als vielmehr der blinden Liebe. Erst die Schattierungen machen aus einem Bild ein Porträt.

Natürlich schreiben wir nicht schlecht über die Verstorbenen. Das liegt einfach daran, dass eine Vorauswahl stattfindet. Selten ist ein Angehöriger wirklich stolz auf einen Verbrecher in der Familie, insofern werden wir so gut wie nie mit dem Wunsch konfrontiert, über einen schlechten Menschen zu schreiben.

Eine der Autorinnen unserer Seite beklagt das so regelmäßig wie heftig. »Wir schreiben immer nur gut über gute Menschen. Aber so ist die Welt doch nicht …« Ich sehe das anders. Über schlechte Menschen gibt es schon viel zu viele Bücher. Schlechte Menschen gelten als interessanter, aufregender und sind viel häufiger im Fernsehen als gute Menschen. Diese Popularität haben sie nicht verdient. Die Mindeststrafe für Schlechtigkeit sollte Vergessen sein. Historiker sind da sicher anderer Auffassung. Aber ich zweifle, ob die akademische Auseinandersetzung mit dem Bösen uns wirklich gelehrt hat, was das Böse ist. Ich persönlich grüble lieber darüber nach, wie Menschen es schaffen, in dieser Welt ein gutes Leben zu führen, ohne anderen dabei zu schaden oder allzu sehr auf die Nerven zu fallen.

Anfangs studierte ich jeden Sonntag die Todesanzeigen, auf der Suche nach interessanten Menschen. Inzwischen melden sich die Verwandten oder Freunde meist von sich aus. Aber hin und wieder sehe ich mir die Anzeigen mit unverminderter Neugier an. Einer Todesanzeige kann man nicht entnehmen, ob ein Mensch gut oder schlecht war. Viele Todesanzeigen sind konventionell, nach Schablone verfertigt, aber viele sind auch sehr individuell gehalten. Die meisten von uns lesen gern Todesanzeigen. Nicht weil wir uns freuen, dass jemand gestorben ist. Sondern weil wir neugierig sind auf das Leben der anderen. Zuweilen horcht man bei einem Gedenkspruch auf, der aus dem Rahmen der zitierten Bibelsprüche fällt, zuweilen irritiert ein Bild, zuweilen überrascht die große Zahl der Menschen, die unterschrieben haben, zuweilen ist es nur das Geburtsjahr. So früh gestorben! So alt geworden! Dazwischen gibt es nichts. Die Tragik des frühen Todes. Das Glück des langen Lebens. Aber so einfach ist es nicht. Viele Menschen leben sehr lange und fragen sich, wozu. Manche Menschen sterben früh und haben anderen doch mehr gegeben als viele, die sehr alt wurden.

Ich kann im Einzelnen nicht begründen, warum mir zuweilen eine Todesanzeige ins Auge sticht und ich sofort zum Telefon greife, um die Angehörigen anzurufen. Nicht immer sind die Menschen froh über unseren Anruf. Manche lehnen entsetzt ab. Aber viele, sehr viele, sind einverstanden, dass wir einen Nachruf schreiben.

In dem einen sehr speziellen Fall, der mir in Erinnerung blieb, weil die Reaktion so kühl war, kam die Ehefrau des Verstorbenen ans Telefon. Ich erzählte ihr kurz, worum es sich bei der Nachrufseite handelt und dass ich gern einen Nachruf über ihren Mann schreiben würde. Sie schnaufte hörbar und beschied mir kurz: »Vergessen Sie ihn!«

Niemand wird mehr etwas von ihm hören. Da bin ich mir sicher. Böse Menschen sind sehr schnell vergessen, es sei denn, sie waren so böse, dass sie die Fantasie der Schriftsteller oder Filmemacher anregen.

Zurück zur Frage: Was unterscheidet einen guten Text von einem schlechten? Es ist die gleiche Frage, die sich auch ein Maler stellt: Wann ist ein Porträt gelungen? Wenn wir die Person erkennen. Warum genügt dann nicht eine Fotografie? Weil wir das Wesen der Person sehen wollen. Klingt pathetisch, aber in diesem Vorwort ist Pathos erlaubt. Das Wesen erkennen wir nicht, wenn wir mit dem Weichzeichner arbeiten, vage gefühlig, wir erkennen es aber auch nicht, wenn wir fotografisch genau arbeiten. Eine Fotografie lässt uns selten den Menschen erkennen. Das, was ihn so besonders macht.

Jeder Mensch hat dieses Besondere. Die Pointe seiner Existenz sozusagen. »Genau so war er ... Das ist die Frau, die ich liebte.« Ein größeres Lob gibt es für uns Autoren nicht. Aber auch keine größere Enttäuschung, wenn es heißt: »Nein, so war er nicht ...« Oder: »Nein, das war ganz und gar nicht ihre Art. Das sehen Sie falsch ... tut mir leid!« Zuweilen täuschen sich die Angehörigen, zuweilen täuschen wir uns. Aber meist gelingt es, ein Bild zu zeichnen, das Erkennen und Erstaunen in Einklang bringt. »Das hab ich bisher noch gar nicht so gesehen ... Vielleicht haben Sie recht!«

Wir wollen keine feierlichen Totenmasken. Texte, wie sie beim Ableben von Prominenten üblich sind. Er tat dies und das, mit großem Erfolg, zur Freude aller, und wird deswegen unvergessen bleiben. Unsinn. Wenn wir keine persönlichen Worte finden, dann bleibt auch die Persönlichkeit unerkannt. Deswegen versuche ich jedem einzelnen Nachruf seinen ganz eigenen Ton, seine eigene Färbung zu geben, was allerdings nur gelingt, wenn David mir nicht zu viele Adjektive streicht.

Ist das nicht deprimierend auf Dauer, werde ich oft gefragt, immer nur Nachrufe zu schreiben? Wie geht man mit der Trauer der anderen um? Wo steckt man das hin?

Die Antwort ist einfach: Wir spielen Billard. Wir – das sind David, der Redakteur, Sebastian, Florian und ich. Es gehören wie gesagt noch viele weitere Autoren in diesen Kreis der Nachrufschreiber, aber ich erwähne nur uns vier, weil wir seit Jahren in der Billard-Therapiegruppe an der Lösung aller wichtigen Lebensfragen arbeiten, die sich beim Nachrufschreiben und auch sonst im Alltag so ergeben. Sebastian, der Feinfühlige, im Hautberuf Headhunter, Florian, der Theatralische, im Hauptberuf Vater, und ich … der geschwätzige Schreiberling würden die beiden vermutlich einwerfen und in brüllendes Gelächter ausbrechen – nur damit Sie in etwa eine Ahnung haben, wie unsere Gespräche am Billardtisch so ablaufen. Rüde und rücksichtslos. In den Gesprächen, beim Spiel nicht so, da sind wir eher zahm.

Beim Billard geht es uns nicht darum zu gewinnen, es geht darum, schön zu spielen. Jeder hat die Chance, sich in Szene zu setzen, keinem wird zugestanden, auf Kosten der anderen dauerhaft zu brillieren. Insofern ist diese Billardrunde ein Existenzmodell.

Unser Tisch steht etwas abseits. Wir haben ihn mit Bedacht ausgesucht. Außenstehende mögen uns für albern halten, weil wir viel lachen. Wir lachen so viel, weil wir über alles lachen, bis es schmerzt. Das Zwerchfell ist robuster als der Herzmuskel. Medizinern wird es am Feierabend wohl ähnlich ergehen, oder Bestattungsunternehmern. Jeden Tag, jede Stunde, jede Sekunde stirbt irgendwo auf der Welt ein Mensch, der ihr bester Freund hätte sein können oder die Liebe ihres Lebens. Wer da nicht lacht, angesichts des irren Kreislaufs unserer Existenz, der hat nichts mehr zu lachen. Pathos ist am Tisch übrigens verboten. Monologisieren ebenfalls. Nachrufschreiber neigen zu Selbstgesprächen.

Wir verhandeln alle Existenzfragen gleichberechtigt, aber beiläufig, zum einen, weil wir nebenher spielen müssen, zum anderen, weil wir wissen, dass man so den flüchtigen Dingen viel besser auf die Spur kommt. Das Leben ist kurz. Keinen Satz sollten Sie ernster nehmen als diesen. Wie kurz das Leben ist, fällt den meisten erst viel zu spät auf.

Wir haben wenig Zeit. Das ist die Grunderfahrung, wenn Sie über Verstorbene schreiben. Wir haben nie genug Zeit. Ehe wir uns besinnen, sind wir meist schon nicht mehr. Das gilt für jeden von uns. Sie können sich noch so wichtig nehmen, es hilft Ihnen nichts. Eines schönen Tages sind Sie tot. Deswegen meine Einladung: Schreiben Sie Ihren eignen Nachruf. Im Ernst. Sie ersparen uns Arbeit. Das meine ich nicht zynisch. Im Gegenteil: Dieser Nachruf wird Sie vor dem Vergessen bewahren. Ihr ganz persönliches Testament. Es wird verhindern, dass andere sich ein falsches Bild von Ihnen machen. Wenn Sie es richtig anstellen. Viele glauben, es genüge, sich an den Tisch zu setzen, zehn Sätze zu schreiben und fertig ist der Text. Aber so einfach ist das nicht. Sie können auch nicht einfach eine Geige zur Hand nehmen und spielen. Sie müssen es lernen. Deshalb die Eingangsfrage: Selbst denken oder denken lassen? Wenn wir Ihren Nachruf schreiben sollen, gut, dann klappen Sie dieses Buch jetzt einfach zu und lassen sich überraschen. Vielleicht haben Sie Glück und Sie sterben in Berlin. Wenn Sie sich selbst an die Arbeit machen möchten, noch besser, lesen Sie weiter! Keine Sorge, dieses Buch soll Ihnen nur als Hilfe dienen. Keine Bevormundung! Ich werde keine Antworten geben, sondern Fragen stellen. Zehn Fragen, um genau zu sein. Jeweils am Ende des Kapitels. Wenn Sie diese zehn Fragen beantwortet haben, für sich, nicht für andere, dann sind Sie sich selbst nicht länger ein Rätsel, das verspreche ich Ihnen. An die Arbeit! Setzen Sie sich selbst ein kleines Denkmal! Sie haben es verdient.

Wann kommen wir ins Grübeln? Wenn ein Mensch stirbt, den wir lieben. Wenn wir selbst sterben müssen. Dann denken wir über unser Leben nach. Wenn wir Entscheidungen treffen müssen, wichtige Entscheidungen, im Beruf, in der Liebe, machen wir uns Gedanken, ernsthaft Gedanken – aber vieles entscheiden wir aus dem Bauch heraus. Wer grübelt schon darüber nach, ob er sich in einen Menschen nun auf der Stelle verlieben soll oder nicht? Es geschieht. Sehr viel geschieht einfach mit uns. Und irgendwann halten wir inne und denken: Was ist da eigentlich mit mir passiert? Ist das wirklich das Leben, das ich führen wollte? Viel zu oft stellen sich die Menschen diese Frage erst, wenn es zu spät ist. Auf dem Krankenbett, im Hospiz.

Also, wagen Sie den Versuch: Sie haben drei Seiten! »Mehr nicht?« Drei Seiten, Ihr bisheriges Leben aufzuschreiben, Ihre Wünsche, Ihre Hoffnungen, Ihre Ziele. Drei Seiten, um zu beschreiben, wer Sie sind, wer Sie sein wollen. Viel zu wenig, werden Sie einwenden, denn: »Was könnte ich nicht alles erzählen …«

Dann mal los! Was können Sie erzählen? Und vor allem, warum tun Sie es nicht endlich, jetzt gleich!? Für Ihre Kinder, für die Nachwelt. Drei Seiten! »Gute Idee eigentlich, nur – gar keine Zeit jetzt. Augenblicklich ist so viel zu tun … Sie ahnen gar nicht … Aber irgendwann, da schreib ich alles auf, versprochen.« Leere Versprechungen!

Die meisten Menschen gehen, wie sie gekommen sind: wortlos. Sie hinterlassen ein Testament, verfügen über ihre Hinterlassenschaft, aber von sich selbst geben sie wenig preis. Einige wenige haben vielleicht eine Autobiografie geschrieben, aber selten erfahren wir in einer Autobiografie etwas über den Menschen, der sie geschrieben hat, meist erfahren wir nur etwas über den Menschen, den der Autor darstellen wollte. Wir sind gut darin, unsere Erinnerungen zu fälschen. Deswegen schreiben manche so viel, weil es sich dann besser drum herumreden lässt, um die Wahrheit. »Drei Seiten? Ach was, drei Seiten, ich schreibe ein Buch.« Klingt vernünftig. Man muss sich nicht kurzfassen, kann über dieses und jenes plaudern. Vor allem kann man das Buch veröffentlichen. Wer ein Buch schreibt, will berühmt werden. Wer berühmt werden möchte, sagt selten die Wahrheit. Er übertreibt, damit er Gehör findet. Er glättet und poliert, weil er dem Leser ein tadelloses Porträt seiner selbst bieten will. Wer drei Seiten schreibt, der wird nicht berühmt.

Von hundert autobiografischen Büchern sind neunundneunzig überflüssig. Das gilt insbesondere für Schauspieler- und Sportlermemoiren. Politiker haben etwas zu erzählen, Schriftsteller, Maler, Musiker können ihr Leben zumindest unterhaltsam inszenieren, Schauspieler hingegen wechseln viel zu häufig ihr Ego, als dass sie wirklich etwas von sich selbst präsentieren könnten, etwas Eigenes. Und Sportler werden meist nur albern, wenn sie keinen Sport mehr treiben. Dennoch halten sich viele für etwas Besseres, sogar im Tod. Vor einigen Jahren bekam ich einen Anruf von einem Mann, der gehört hatte, dass wir ein Porträt über seinen einst berühmten Vater schreiben wollten. Ich sagte: »Ja, das ist richtig, aber wir wollen ihn als Menschen zeigen, weniger als Prominenten.«

Daraufhin bat er mich sehr förmlich, doch bitte auf dieses Vorhaben zu verzichten. Sein Vater gehöre nun einmal nicht in diesen Kreis der namenlosen Toten.

Aber Ruhm lässt die Toten nicht wieder lebendig werden. Nichts lässt Tote wieder lebendig werden, könnte man einwenden. Es sei denn, sie konservieren ihre Stimme oder drehen einen Film über sich. Aber auch das macht sie nicht wirklich lebendig.

Eine der rührendsten Gesten des Abschieds war eine Plastikbox mit vier CDs, auf denen ein alter Mann einer guten Freundin sein Leben erzählte. Zuweilen hat sie ihn unterbrochen, denn er verlor häufig den Faden. Es ist auch gar nicht so einfach – wo soll man beginnen, wenn es um das eigene Leben geht? Beim Leben der Eltern, versteht sich. Also erzählte der Mann von seinen Eltern, die ein sehr bewegtes Leben hatten. Er erzählte von seinen Freunden, von denen es gottlob sehr viele gab, kluge und interessante Menschen. Er erzählte von Frauen, die sein Leben bereichert hatten, indem sie ihn liebten oder ihm die Liebe vorenthalten hatten – was ihn die Sehnsucht lehrte. Er erzählte von Gott und der Welt, aber er erzählte sehr wenig von sich. Warum? Weil er wusste, dass es da nichts zu erzählen gab. Er war nicht klüger als seine Eltern oder Freunde, er hatte kein herausragendes Talent, keine Abgründe, er war nie so reich, dass es etwas zu prahlen gab, und nie so arm, dass er damit hätte Mitleid erregen können. Er war einfach nur bescheiden. Das ist etwas ganz Besonderes. Das war die Pointe seiner Existenz. Und wer immer mit ihm Umgang hatte, konnte Bescheidenheit erfahren. Und wenn nur drei oder vier seiner Freunde etwas von dieser Haltung bewahrt haben, wenn nur eine Handvoll Menschen sich seiner erinnert, in all seiner Bescheidenheit, dann lebt er weiter.

»Gut, überzeugt, morgen fang ich damit an. Ein Rechenschaftsbericht über mein Leben, drei Seiten … Ein Nachruf auf mich selbst. Das muss doch zu machen sein.«

Ich glaube Ihnen kein Wort! Die meisten Menschen neigen instinktiv dazu, das Denken anderen zu überlassen. Dafür gibt es gute Gründe. Wenn ich meine Wäsche waschen will, erfinde ich keine Waschmaschine, sondern vertraue auf die Erfindung eines anderen. Wenn ich Musik hören will, mache ich sie nicht selbst, sondern höre denen zu, die es wirklich können. Aber wäre es nicht schön, selbst ein Instrument zu beherrschen? »Ja, aber dafür habe ich keine Zeit …«

Der stärkste Einwand gegen das Selbstdenken ist Zeitmangel. »Bin in Eile, das lese ich lieber nach …« In der Zeit, in der Sie lesen, hätten Sie auch selbst denken können. »Aber nicht so klug und ergebnisorientiert …« Mag sein, aber was nützt Ihnen die Klugheit der anderen?

Manchmal ist es Bescheidenheit, die Menschen davon abhält, zu viel Aufhebens von sich selbst zu machen, das ist selten. Manchmal ist es der Mangel an Gelegenheit, sehr häufig ist es die Scheu, allzu genau in den Spiegel zu sehen.

»Was soll ich denn da schon groß erzählen über mein Leben …?«

Bitten Sie einen guten Freund oder eine gute Freundin, drei Seiten über Sie zu schreiben. Bitten Sie Ihren Sohn oder Ihre Tochter, Ihren Mann oder Ihre Frau, Ihren Vater, Ihre Mutter … Warum Sie das tun sollten? Warum Sie über Ihr Leben nachdenken sollten? Wie gesagt, weil es schnell vorbei ist, unheilvoll schnell zuweilen. Die lakonischste Zusammenfassung dieses sehr ungleichen Verhältnisses von Lebenszeit und »Unlebenszeit«, oder wie auch immer man diese schrecklich lange Zeitdauer der Nichtexistenz nennen will, ist die Grabinschrift auf einem sogenannten »Marterl«, einem Bildstock am Wegesrand zum Gedenken an einen Verstorbenen. Ein siebenjähriger Bub war von einem Felsen gestürzt. »Zur Reise in die Ewigkeit / brauchte er nur kurze Zeit: / um 10 Uhr morgens ging er fort, / um 11 Uhr mittags war er dort.«

Wie schnell unser Leben vorbei sein kann, darüber denken wir nicht nach, weil wir sonst starr wären vor Angst, aber wenn wir nie darüber nachdenken, laufen wir Gefahr, starr vor Gedankenlosigkeit zu werden. Das führt manchmal geradewegs in die Katastrophe.

Ein Mann und eine Frau lebten zusammen, er wollte ihr das glücklichste, das sorgloseste Leben bieten, weil er sie so unendlich liebte. Er verdiente viel Geld, ihr zuliebe. Er verlor sein Vermögen, wollte ihr die Wahrheit nicht zumuten, brachte erst sie um und dann sich selbst. Sie starben, wie sie gelebt hatten, gemeinsam, ohne einander je näher gekommen zu sein. Das Schlimme: Selbst die besten Freunde wussten nichts von seiner Verzweiflung.

Meist ist dann von den Freunden oder Verwandten zu hören: Ach, hätte ich ihn doch viel früher nach seinen Gefühlen gefragt!

Nennen wir es das »Parzival-Paradox«. Sie erinnern sich, Parzival, ein wohlerzogener, aber sehr schüchterner Ritter, verirrt sich auf seiner Suche nach einer Herberge auf eine abgelegene Burg, die dem schwerkranken Herrscher Anfortas gehört. Vor dem Essen wird eine blutende Lanze durch den Saal getragen, die versammelte Hofgesellschaft klagt und weint herzzerreißend. Vierundzwanzig junge Edelfrauen helfen bei Tisch, die Königin selbst trägt den heiligen Gral herein, Anfortas schenkt Parzival sein eigenes Schwert – und Parzival? Hält trotz all der staunenswerten Vorgänge einfach den Mund. Er will nicht durch Neugier lästig fallen. Eine Frage nur – und er hätte den Gastgeber von seinem Leiden befreien können! Er aber hält es für höflicher, still zu sein.

Wir fragen zu wenig nach. Wir hören zu wenig zu. Wir hören uns selbst zu wenig zu.

Viele glauben, sie denken nach, wenn sie ein Buch lesen. Wenn Sie einen Krimi lesen, grübeln Sie nach, wer der Mörder ist. Aber haben Sie je darüber nachgedacht, ob Sie selbst zum Mörder werden könnten? Wenn Sie ein philosophisches Buch lesen, folgen Sie dem Denken eines anderen, das mag spannend sein, aber kaum haben Sie das Buch zugeschlagen, stehen Sie wieder allein da. Dann blättere ich eben das nächste auf, werden Sie einwenden. Die beste Art, sich vom Nachdenken abzuhalten, ist lesen und lesen und lesen.

Sorge dich nicht, lebe, *Simplify your life*, *Glücklich leben für Dummies* – nie gab es in der Geschichte der Menschheit so viele Ratgeber wie heute, mit der Folge, dass die Verwirrung der Ratsuchenden ein kaum mehr therapierbares Maß erreicht hat.

Wie soll ich leben? Wie soll ich leben, wenn ich alt und glücklich werden will? Wen fragt man, wenn man sich selbst die Antwort nicht zutraut? Philosophen? Kaum ein Philosoph wurde alt und glücklich zugleich. Die meisten beruflichen Denker wissen also gar nicht, wovon sie reden, wenn sie von Glück reden. Das Unglück ist ihr Metier. So wie das Metier der Ärzte die Krankheit ist, Gesundheit interessiert sie nicht wirklich. Therapeuten? Wünschen sich nichts sehnlicher als Probleme. Von Experten können Sie keine vernünftigen Ratschläge erwarten.

Wer Ihnen einen Rat erteilen könnte, wäre Ihr Vater oder

Ihre Mutter. Großes Erstaunen. »Ich soll meine Eltern um Rat fragen?!« Warum nicht? In den letzten Jahren hat sich der Irrglaube verfestigt, dass die Älteren immer unrecht haben und die Jungen immer recht. Was für ein Unsinn.

Wenn wir bei Älteren neugierig nachfragen, dann meist nur mit der Standardfrage: Was ist das Geheimnis ihres hohen Alters? Ernährung? Verzicht auf Drogen, nur ein Glas Wein, Eigenurin, mediterrane Diät, Yoga, Sport?

Das ungewöhnlichste Instrument zur Lebensverlängerung, von dem mir im Lauf der Jahre berichtet wurde, war ein Dual-Plattenspieler. Die Dame, der er gehörte, legte über Jahrzehnte hinweg jeden Tag ihre Lieblingsplatte auf und tanzte dazu durch die Wohnung. Auch im Altersheim ließ sie davon nicht ab. Sie war glücklich, wann immer sie tanzte, und wurde uralt.

Die Menschen, die sehr alt wurden, und, wichtiger noch, die Menschen, die glücklich waren im Alter, hatten feste Gewohnheiten. Wenn Sie morgens aufwachen, sollte Ihr Tag also nicht ohne einen Vorsatz sein, auch wenn es nur der ist, eine halbe Stunde spazieren zu gehen. Eindeutig eine lebensverlängernde Maßnahme – Bewegung an der frischen Luft tut immer gut.

Was für eine Banalität! Richtig. Es gibt es kaum Überflüssigeres als kluge Ratschläge zur Lebensführung. Warum? Weil sie uns langweilen. Besserwisser langweilen immer. Außerdem wissen wir das alles selbst schon. Wir kennen die Antworten auf alle wichtigen Fragen des Lebens. Wir wollen uns nur nicht damit auseinandersetzen. Wir sind zu träge. Bisher lief das in der Geschichte des Denkens immer auf die gleiche Weise: Die einen hatten die Fragen, die anderen die Antworten. Philosophen leben davon, dass sie andere belehren. Um daran zu verdienen.

Das macht sie von vornherein verdächtig. Oder kam es Ihnen persönlich schon einmal in den Sinn, anderen Leuten zu sagen, was sie zu tun oder zu lassen haben, und dafür auch noch zu kassieren? Das ist vorlaut. Vordenker haben nichts anderes im Sinn. Es ist ihr Job, vorlaut zu sein, gegen Bares.

Wie wird man Vordenker? In der Regel werden sie nicht ernannt, sondern ernennen sich selbst zu Vordenkern. Sokrates zum Beispiel. Kaum hatte er etwas Kluges gedacht, teilte er es umgehend anderen mit, um jenen Applaus einzuheimsen, den seine Frau ihm verwehrte. Die hielt ihn nämlich für einen Schwätzer, weil er zu keiner Tages- und Nachtzeit den Mund halten konnte. Selbst als er starb, richtete er noch das Wort an die Umstehenden, um sich für die Nachwelt zu verewigen. Vordenker sind eitel und denken stets nur an sich selbst. Ein Vordenker ist überhaupt nicht daran interessiert, dass Sie selbst denken, sein größtes Interesse ist, selbst im Gespräch zu bleiben. Der Zwang, Kluges zu denken, führt so zu immer neuen extravaganten Problemen, die von den wirklichen Problemen nur ablenken. ›Die Welt existiert nicht, die Individuen existieren nicht, die Probleme existieren nicht, die Geschlechter existieren nicht …‹, es ist wie auf einer Modenschau der Ideen – alles sehr hübsch anzusehen, aber nicht alltagstauglich.

Nennen wir es das »Robinson-Crusoe-Paradox«: Was dir wirklich fehlt, weißt du erst, wenn es dir fehlt.

Die Frage, ob die Welt existiert oder nicht, erübrigt sich, wenn morgens um sechs die Kokosnuss noch im Baum hängt und der Magen knurrt. Aber das war nicht Robinson Crusoes schlimmste Sorge. Mit ein wenig Findigkeit kann jeder Mensch zum Selbstversorger werden, was die materiellen Dinge angeht, aber dann kommt das, was wir alle am meisten fürchten: Robinson Crusoe war allein mit sich selbst. Die Einsamkeit ließ ihn fast wahnsinnig werden. In dieser Notlage brauchte er keinen Priester, keinen Philosophen, keinen Ernährungsberater, er brauchte einen Freund oder eine Freundin. Ein Mensch ohne Freunde, ohne Familie ist ein verlorener Mensch. Wie schwer dieser Satz wiegt, ahnen wir erst, wenn es ans Sterben geht.

Philosophen denken da anders. Sie preisen die Einsamkeit als den denkerischen Zustand schlechthin. Das ist der erste Grund, warum Sie Vordenkern grundsätzlich misstrauen sollten. Sie schauspielern, wo sie nur können.

Die Philosophen preisen die Einsamkeit – und nutzen jede nur erdenkliche Möglichkeit, sich vor Publikum in Szene zu setzen. Die Philosophen unserer Tage gleichen sich wie ein Pfau dem anderen. Ein prachtvolles Balzgehabe, bei dem sie sich mit wenigen eigenen und vielen fremden Federn schmücken. So viel gibt es nämlich gar nicht mehr zu denken. Die Zahl der Lebensprobleme ist überschaubar, die Zahl der Lösungsvorschläge ebenfalls, die Zahl der Bücher, die über diese Probleme geschrieben werden, hingegen geht gegen unendlich.

Philosophen reden zu viel. Es ist im Alltag unhöflich, andere nicht zu Wort kommen zu lassen, und es ist in der Philosophie unhöflich. Sie kennen Jean-Paul Sartre, den großen Denker des Seins und des Nichts? Ein kluger Kopf. Ein brillanter Stilist. Zehntausende Druckseiten, wenn man die Literatur über ihn noch dazunimmt, Hunderttausende. Sartre schrieb so schnell, wie er dachte, schlimmer noch, er dachte immer schneller, um noch mehr schreiben zu können. Ein Teufelskreis, in den der Leser da eintritt.

Wer jede Zeile von und über Sartre lesen wollte, hätte nichts anderes mehr zu tun, als Sartre zu lesen. Die eigene Existenz würde überflüssig. Womit Sartre zweierlei erreicht: Er schaltet durch seine Vielschreiberei lästige Konkurrenz aus, denn ein Mensch, der nur liest, kommt nicht zum Nachdenken. Und er verdient gut am Verkauf seiner Bücher.

Einem Philosophen ist nur dann zu trauen, wenn er sein Geld nicht mit Philosophie verdienen muss. François de La Rochefoucauld lebte im 17. Jahrhundert, in einer sehr turbulenten Zeit also, er war Offizier, Staatsmann, Pleitier, Revolutionär – und erst ganz zuletzt, als er all das bedachte, was er erlebt hatte, Autor. Ein Autor, der nicht viele Worte machte, sondern seine Gedanken in kurzen Maximen und Reflexionen zu Papier brachte. Er hatte Wichtigeres zu tun, als dicke Bücher zu schreiben. Deswegen fasste er sich kurz. Einer der wenigen Denker, die sehr angenehm im Umgang sind und zudem Platz im Regal sparen, denn jeder seiner Denksprüche ersetzt ein Buch.

»Es ist leichter, anderen mit Weisheit zu dienen als sich selbst!« Folgen wir also La Rochefoucaulds Beispiel, konzentrieren uns radikal auf uns selbst und unsere Bedürfnisse und stellen uns drei kurze Fragen:

Wie lange soll ich nachdenken? Wo soll ich nachdenken? Was soll ich dabei anziehen?

1. Sie haben das ungute Gefühl, Sie denken zu wenig nach!

Wie ich darauf komme? Wie sonst könnte ich Ihnen ein Buch mit diesem Titel verkaufen? Wieso sonst sind Philosophen derzeit so gefragt? Die Sache ist einfach zu erklären: Selbst denken macht keinen Spaß. Es hemmt, es verunsichert, es ist unsexy.

Oder haben Sie den Eindruck, dass die schönsten und erfolgreichsten Menschen auch die nachdenklichsten sind?

»Darüber habe ich noch nicht nachgedacht ...« – diese Einstellung ist klüger, als sie auf den ersten Blick wirkt. Denken bringt nicht nur Vorteile. Im Gegenteil, es hat oft sehr viel mehr Vorteile, unbefangen eine Sache anzugehen, das Sterben ausgenommen. In manchen Situationen verbietet es sich geradezu, grüblerisch zu werden. In der Liebe, beim Elfmeter, beim Stuhlgang, wo auch immer Sie sich auf Ihr Bauchgefühl verlassen können, sollten Sie Ihren Kopf ausschalten.

Das Problem ist meist nur, dass wir lebenslänglich ganz gut ohne unseren Kopf auskommen. Fragen Sie Freunde und Bekannte, wer wann das letzte Mal einfach so eine Stunde nachgedacht hat ... Über was denn?, wird man erstaunt zurückfragen. Eine Stunde?

Das ist die Recheneinheit in den folgenden Kapiteln. Sie brauchen nicht mehr als eine halbe Stunde zum Lesen. Sie sollten nicht länger als eine halbe Stunde darüber nachdenken, was Sie gelesen haben. Und ich stelle Ihnen zum Schluss des Kapitels immer nur eine Frage, über die ich Sie bitte beim Spazierengehen nachzugrübeln. Gedanken drehen sich im Kreis, das ist ihre Eigenart, deswegen ist es besser, ihnen eine ungefähre Richtung zu geben.

Warum? Weil wir instinktiv wissen, dass es nichts bringt, sich über alles und jeden Gedanken zu machen. Man muss nicht Hamlet heißen, um zu wissen, dass richtungsloses Grübeln wahnsinnig machen kann. Insbesondere wenn wir uns nicht an die Zeitschranke halten.

Mehr als eine Stunde am Tag sollten Sie nie denken, schon

gar nicht im untrainierten Zustand. Sie lachen. Aber es gibt auch einen Muskelkater des Hirns. Kein Mensch würde ohne Aufbautraining einen Marathon laufen, aber aus dem Stand über Gott und die Welt nachzudenken, das traut sich jeder zu. Klein anfangen!

Beispiel: Sie haben den Anschlusszug verpasst, eine Stunde Wartezeit im Bahnhof der Stadt X, was tun Sie? Nein, nein, nichts Ernstes, kein wahnsinnig wichtiger Termin, den Sie verpassen, kein Flugzeug nach Nirgendwo, das Sie nun nicht mehr erreichen werden, kein versäumtes Rendezvous, es droht nichts, es lockt nichts, Sie haben einfach nur eine Stunde Zeit.

Was tun Sie? Sie ärgern sich. Sie ärgern sich, dass Sie Ihren Anschlusszug verpasst haben. Nicht wenige werden die ganze Stunde damit zubringen, sich zu ärgern. Sie werden sich beim Bahnpersonal beschweren, bei den Mitreisenden, wütende Telefonate führen, andere davon in Kenntnis setzen, dass Sie sich ärgern und es unmöglich finden, dass man Sie warten lässt, obwohl Sie für eine pünktliche Ankunft bezahlt haben. Und zwar nicht wenig. Zugfahren wird ja immer teurer! Unfähig, die Bahn!

Sie freuen sich nicht über die Stunde Zugewinn. Sie ärgern sich. Sie kramen Ihr Buch heraus, suchen sich eine saubere Bank und lesen weiter. Sie holen Ihr Laptop heraus, stecken es wieder ein. Für eine Stunde lohnt es sich nicht.

Die Unrast wird Sie im Bahnhofsgebäude umhertreiben. Soll ich kurz in die Stadt gehen? Sie sehen auf die Uhr. Eine Stunde, zum Sterben zu viel, zum Leben zu wenig. Zu wenig für einen Stadtbummel, zu viel, um nur im Bahnhof umherzugehen. Einen Kaffee trinken? Ein Bier auf den Ärger? In diesen Bahnhofslokalen sitzen doch immer nur die Menschen, die zu viel Zeit haben. Leicht angewidert mustern Sie die Gäste, deren Müßiggang Sie nicht teilen wollen. Diese Art Bahnhofspublikum wirkt immer ein wenig unanständig. Heimatlose. Mehr Fratzen als Gesichter. Als lauerten sie auf etwas.

Eine Zeitschrift kaufen, an den Geschäften entlangspazieren, auf den Bahnhofsvorplatz treten, irgendwie wird die Zeit schon rumzukriegen sein. Beim nächsten Mal fahre ich Auto – oder nehme gleich das Flugzeug. Die Bahn ist einfach nicht mehr das, was sie mal war!

Gibt es vielleicht doch einen früheren Zug? Sie studieren aufmerksam den Fahrplan. Lesen noch einmal kopfschüttelnd die große Anzeigentafel, auf der die Verspätung Ihres Zuges angeschrieben ist, zehn Minuten, die zum Verpassen des Anschlusszuges geführt haben. Um zehn Minuten verpasst! Aus zehn Minuten wird eine Stunde. Was für ein Ärger!

Sie haben eine Stunde Zeit. Eine Stunde Freiheit ist Ihnen schon zu viel. Sie wissen nichts mit sich anzufangen. Auf der Weiterfahrt kommen Sie vielleicht ins Grübeln. Allein in einer fremden Stadt. Was hätten Sie nicht alles tun können?

Was hätten Sie tun wollen, sollen, müssen, können? Ein Spaziergang in einer fremden Stadt?! Was für eine Verführung, sich von alten Gewohnheiten zu verabschieden. Was für ein Abenteuer hätte es werden können, wenn Sie abenteuerlicher gedacht hätten. Hätte ich doch, hätte ich doch, hätte ich doch mal damals … Die Melodie unseres Lebens. Sie hätten den Aufenthalt in der Stadt X um eine Stunde, um einen Tag, um Jahre verlängern können. Vielleicht hätten Sie dort die Liebe Ihres Lebens gefunden. Oder die Angst vor Ihrem alten Leben verloren. Es hätte viel passieren können in dieser einen Stunde.

2. Wo denken Sie nach?

Es wird meist am falschen Ort gedacht. Der Schreibtisch ist kein Ort zum Nachdenken. Bestenfalls sehen Sie aus dem Fenster, meist nur auf Bücher oder auf den Tisch. Die Welt um sich herum vergessen, das ist kein Anzeichen gelingender Konzentration, sondern beginnender Alzheimer, professioneller Alzheimer, wenn Sie so wollen.

Alles um sich herum vergessen, das tut nur, wer vergessen will.

Philosophie ist eine Form des Zeitvertreibs, der Zeitvernichtung. Dagegen ist nichts zu sagen – solange es nicht am Schreibtisch geschieht! Niemals am Schreibtisch! Warum? Weil man da nur auf dumme Gedanken kommt. »Schreibtischtäter« – das Wort hat einen schrecklichen Nachklang. Die Grausamkeiten, die Menschen am Schreibtisch ausheckten, kosteten mehr Menschen das Leben als das Treiben auf den Schlachtfeldern. In geschlossenen Räumen denken macht krank. Weil wir die Welt um uns herum vergessen. Weil wir unsere Mitmenschen vergessen. Wir werden rücksichtslos.

Die größten Denker hatten eine Gemeinsamkeit: Sie waren große Spaziergänger. Schopenhauer war gern mit seinem Pudel unterwegs, weil er menschliche Gesellschaft scheute, Heidegger wanderte stramm im dunklen Schwarzwald, Nietzsche zog es ins höher gelegene Engadin, der berauschend dünnen Luft wegen.

»Alles Unheil dieser Welt geht davon aus, dass die Menschen nicht still in ihrer Kammer sitzen können«, so glaubte Blaise Pascal, der große Mathematiker und Philosoph. Das Gegenteil ist der Fall. Alles Unglück dieser Welt rührt daher, dass die Menschen nicht still in der Welt umherspazieren können, sondern sofort andere belehren müssen, kaum da sie sich an den Schreibtisch gesetzt haben. Wer sich nicht mit sich selbst beschäftigen kann, beschäftigt andere.

Die Pilger lehren es: Im Sitzen kann man nicht denken, geschweige denn Gott finden. Die Gedanken neigen dann zur Sesshaftigkeit. Der Spaziergänger hingegen lüftet sein Hirn, und – es fällt nicht weiter auf, dass er es tut. Niemand verdächtigt einen Spaziergänger des Widerstandes gegen den Alltag. Also, verschaffen Sie sich ein Alibi, gehen Sie jeden Tag eine halbe Stunde spazieren!

»Er wird grüblerisch ...«, das ist selten ein Kompliment. Er wird grüblerisch, das heißt so viel wie: Er wirkt verstockt, lebensuntüchtig, kränkelnd. »Was ist bloß los mit dir? Seit wann bist du so nachdenklich?! Ist was?«

»Ich war spazieren ...« Wer will Ihnen diese Ausrede übel nehmen? Aber sagen Sie mal Ihrer Familie, Ihrer Freundin, Ihrem Therapeuten: »Ich war nur kurz eine halbe Stunde denken ...« Ein infam mitleidiges Grinsen dürfte noch die netteste Reaktion auf diese Mitteilung sein. Denken ist verdächtig, weil selten produktiv. Denken heißt warten, warten auf den Einfall. In der Zeit, die Sie mit Denken vertun, verdienen andere eine Menge Geld. Sie hingegen bringen es beim Denken anfangs zu nichts. Ganz einfache Probe: »Ich denke jetzt mal kurz die Relativitätstheorie ...« Da können Sie lange denken! Kurzes Fazit: Denken Sie nicht über Ihre Verhältnisse, das macht nur schlechte Laune! Uns geht es hier nicht um komplizierte Erklärungsmodelle des Seins und der Zeit, uns geht es hier nur um eins: Dem Tod die Macht über das Leben zu nehmen. Dazu ist uns jedes Mittel recht, sofern es hilft. Kleine Anregung: Denken

Sie mal über Ihr Äußeres nach, bevor Sie sich Ihrem Inneren zuwenden! Ihre Mitmenschen wird es freuen!

3. Wichtiger noch als der Ort des Nachdenkens ist die Denkhaltung. Breitbeinig in der U-Bahn oder mit verknoteten Waden in der Talkshow, den Schädel schwer in die Hand gestützt, wie nach Rodin modelliert, oder als Luftikus dahinschreitend, den Kopf stets in den Wolken, im Gespräch anderen zugewandt oder ins Selbstgespräch versunken, couchgebettet in der Jogginghose, die Hand sinnend im Brusthaar verfangen – die Körperhaltung ist Ausdruck unserer Denkhaltung. Umgekehrt: Wem sein Äußeres gleichgültig ist, dem ist auch in Bezug auf sein Denken zu misstrauen. Die Uniformität der Vernachlässigung, die viele so stolz als Ausdruck ihrer Nonkonformität verstehen, begegnet einem im Denken oft wieder als eine schreckliche Lässigkeit im Umgang mit den todernsten Dingen.

Ein exotischer Denker wie Oskar Wilde war nicht deshalb so gut gekleidet, weil er eitel war, sondern weil er wusste, dass die wichtigsten Gewissheiten immer die augenscheinlichsten sind. »Nur oberflächliche Menschen urteilen nicht nach Äußerlichkeiten. Das wahre Geheimnis der Welt liegt im Sichtbaren, nicht im Unsichtbaren.«

Sartre, ein Lebemann von ganz anderer Art, suchte gern die Nähe von Frauen, insbesondere von jungen Frauen, und er glaubte, sein Geist wäre eine zureichende Entschuldigung für sein unappetitliches Äußeres. Viele Frauen ließen ihn das glauben, obwohl sie insgeheim anders darüber dachten. Aber wieso dachte Sartre nicht anders darüber? Weil viele Denker den Körper für eine Art Ballast des Geistes halten. Sie verachten sich geradezu dafür, dass sie keine rein geistigen Wesen sind. Deshalb vergessen sie gern die traurigste aller Gewissheiten: Wir sind nur Körper.

Viele der Menschen, die auf den Tod zugingen, legten großen Wert auf ihr Äußeres. Wie absurd, mag sich mancher denken, dass die alte Dame so großen Wert darauf legte, noch einen letzten Friseurtermin zu vereinbaren. Welche Idee dahinterstecken mag? Vielleicht die: Der Tod ist ein Richter. Wenn ich ihm gegenübertrete, dann mutig und schön. Nicht, weil ich glaube, ihn beeindrucken zu können, sondern weil ich zeigen will, wie wenig er mich beeindruckt.

Gut, wir sind so weit. Alle Bücher außer Reichweite, eine halbe Stunde Spaziergang liegt hinter Ihnen, Sie sitzen auf einer Parkbank, glücklich erschöpft, den Kopf lässig in die Hand gestützt, Körper und Geist im Einklang. Nun die Frage: Mit welchem Menschen würden Sie gern eine Stunde verplaudern? Mit dem Dalai Lama. Warum? Der lächelt so lieb. Und wenn es Ihre letzte Stunde wäre? Mit wem würden Sie gern Ihre Todesstunde verbringen? Das ist die erste Frage, über die ich Sie bitte nachzudenken. Die Frage stellt sich nicht?! Die Frage stellt sich schneller, als uns lieb ist. Vermutlich gäbe es mehr Kinder in diesem Land, wenn die Frage häufiger gestellt würde. Eine Stunde allein mit sich selbst verbringen zu müssen kann nämlich sehr schwer sein, vor allem wenn es die letzte Stunde ist. Also, Hand aufs Herz: Mit wem wollen Sie die letzte Stunde Ihres Lebens verbringen?

II. Der Sinn des Lebens?

Der Mensch weiß viel mehr, als er versteht.
Alfred Adler

Nächste Frage! Oder wollen Sie etwa darauf antworten? Der Sinn des Lebens? Peinliche Frage! Sie sitzen mit Freunden beim Essen. Ein angeregtes Gespräch über die Hungersnöte in Afrika, die Scheußlichkeit von Windrädern und die Karrierebesessenheit alter Schulfreunde, da platzt es aus Ihnen heraus, noch vor dem Dessert: »Was ist der Sinn des Lebens?« Betretenes Schweigen am Tisch. Ihr/e Freundin/Frau/Freund/Mann greift beruhigend Ihre Hand: »Später, Schatz«, und entzieht Ihnen unauffällig das Glas Rotwein. Sie verschränken trotzig die Arme, ignorieren beharrlich den flehenden Blick der Gastgeberin, die ihre Crème brulée erkalten sieht, und verglühen langsam in der Umlaufbahn Ihres eigenen Denkens.

Die falsche Frage, zur falschen Zeit, am falschen Ort. Niemals vor dem Dessert. Das brüskiert die Gastgeberin. Nein, Sie haben keine Entschuldigung. Die Dringlichkeit der Frage ist seit Jahrtausenden bekannt, da eilt es nicht mit einer Antwort. Zumal das Problem ohnehin nicht mehr so recht ernst genommen wird, was daran liegt, dass kein Thema in Tischgesprächen mehr so recht ernst genommen wird, die Marke des Küchenherds vielleicht ausgenommen.

Im Film wird die Frage nach dem Sinn des Lebens gelegentlich noch gestellt, meist von Woody Allen oder einer seiner melancholischen Marionetten, aber erinnern Sie sich an eine Antwort, die Sie überzeugt hätte? Der Sinn des Lebens? Hat Ihnen jemals jemand eine überzeugende Antwort gegeben, die Ihnen im Gedächtnis geblieben ist? Nein? Der Grund ist einfach: Die Frage ist zu leicht. Jeder kann sie beantworten.

Probieren Sie es aus, starten Sie eine Umfrage. Gehen Sie auf die Straße, fragen Sie den Nächstbesten, tun Sie so, als wären Sie von der Presse oder den Scientologen. Eine großartige Gelegenheit, mit Menschen ins Gespräch zu kommen, Männern wie Frauen, ganz ohne Hintergedanken. Ich weiß, das werden Sie niemals wagen, aber spielen Sie es bitte einmal in Gedanken durch! Was glauben Sie, wird man Ihnen antworten? Auf die Frage nach dem Sinn des Lebens. Hier, in Berlin, hängt das von den Stadtteilen ab, die Sie aufsuchen. Ganz Berlin ist in Dörfer unterteilt, die untereinander wenig intellektuellen Austausch pflegen, um es freundlich auszudrücken. Es gibt Wanderungsbewegungen, aber die finden weniger von Stadtteil zu Stadtteil als vielmehr von der Welt nach Berlin statt. Selbst amerikanische Touristen, die Hitler für den direkten Amtsvorgänger von Angela Merkel halten, wissen inzwischen, dass der Prenzlauer Berg nicht mehr hip ist, sondern Neukölln, der Wedding als eine No-go-Area gilt, Mitte Klezmer-Land ist und Friedrichshain eine noch größere Hardcore-Disco als das Berghain selbst. Ach ja, und früher gab es noch Kreuzberg und Schöneberg. Das war zu David Bowies Zeiten.

»Sinn ist nun mal eine soziologisch-geografische Gender-Kategorie«, wird Ihnen der ein oder andere Klugscheißer einflüstern wollen, weil Sie den Fehler begangen haben, direkt vor der Humboldt-Universität einige der dort in den Bücherkästen kramenden Studenten-Pensionäre anzusprechen.

»Tut mir leid, im Augenblick habe ich da keine passende Antwort, aber wenn Sie sich vielleicht an zwei, drei mir nicht persönlich bekannte, aber als Koryphäen empfohlene Philosophen wenden wollen …«, rät Ihnen der Antiquar selbst. Sehr witzig, denken Sie sich und wenden sich ab von der Universität, mit dem festen Vorsatz, sich in Sachen Lebensweisheit ein wenig mehr *street cred* zu erwerben, ausgeschrieben: *street credibility,* zu übersetzen mit: Ey Alter, verpiss dich!

Den Wedding können Sie sich folglich sparen. Hier geht es nur um Koks und Kohle, was in Frankfurt City nicht anders ist, aber da ist nicht so viel Hundescheiße auf den Gehwegen. (Falls Sie den Sinn des Lebens übrigens im Bereich Immobilienspekulation bzw. unseriöser Gelderwerb vermuten: Investieren Sie jetzt! Der Wedding ist groß im Kommen, auch wenn es noch ein paar Jahre dauern wird, bis die Alteinwohner vertrieben sind.)

Der Sinn des Lebens? Gott, antwortet die Zeugin Jehovas, die Sie am Ostbahnhof aufgesucht haben, in Erwartung der Antwort, die Sie auch prompt bekommen. Und weiter? Nichts weiter! Die Frau lächelt, und Sie wären ein Lump, wenn Sie weiter in sie dringen würden, denn Sie wissen genau, dass Gott die letzte Stütze dieser Frau ist, und Sie wären … ganz richtig: ein Lump, wenn Sie darüber spotten wollten.

Es ist Samstagabend, ein warmer Sommerabend in Berlin, Sie wollen nicht weiter nachdenken, sondern die schnelle Antwort, und da sind Sie nicht allein in Friedrichshain, es drängen sich Zehntausende durch die Straßen, die Jugend der Welt zu Gast in Berlin, Sie mittendrin und ein paar Jahre zu alt. Auf dieser *open street party* irgendjemand nach dem Sinn des Lebens zu fragen, wäre absurd, das fällt selbst Ihnen auf. Also fahren Sie weiter nach Kreuzberg, landen in einer der letzten verbliebenen Kneipen der guten alten Hausbesetzerzeit, die kein Hygieniker vom Ordnungsamt je freiwillig aufsuchen würde, und fragen umstandslos den Barmann nach dem Sinn des Lebens, weil Sie für den Rest des Abends ohnehin unter sich sind, und ein Erwachen für beide von Ihnen keineswegs garantiert ist.

»*Sex and drugs and rock and roll,* Alter«, aber der Schlachtruf klingt aus seinem zahnlosen Mund so müde wie der Weckruf Methusalems. Die Rolling Stones haben sich überlebt – und mit ihnen die *Forever-young*-Shows. Der persönliche Dank gilt Paul McCartney, Keith Richards und Mick Jagger, denn unmöglich kann der Sinn des Seins darin bestehen, als Boygroup von der Bühne des Lebens abzutreten. (Oder verübeln Sie es Paul McCartney etwa nicht, dass er immer noch den Beatle spielt?)

Also zurück nach Mitte. »Jeder Mensch ist ein Künstler«, säuselt die Vernissage-Besucherin, die noch immer vor der längst geschlossenen Galerie herumlungert, als hielte sie es für einen Flüchtigkeitsfehler des Großen Galeristen, dass ihre Werke im Atelier verstauben, während die talentfreie Tusse aus Tallinn gerade ihre eigene große Ausstellung bekommen hat.

»Du auch, du bist auch ein Künstler«, verrät sie Ihnen nach dem zweiten Glas Wein, und nach dem dritten ist sie sich ganz sicher, dass der Große Galerist in der nächsten Saison seinen Irrtum revidieren wird und ihr endlich seine Verkaufsräume öffnet. Obwohl es ihr darauf eigentlich gar nicht ankommt, auf den ganzen Kommerz und den Scheiß.

»Bin ich ein Künstler? Soll ich die Irrfahrt meiner Sinnsuche malen oder noch besser aufschreiben? In Verse bringen? Oder ein Bühnenstück daraus machen? Ein Musical?« Mit dieser Frage sinken Sie ins Bett, denn die Frage aller Fragen in Berlin ist: Bin ich ein Künstler? Und nie war eine Frage einfacher zu beantworten: Nein, sind Sie nicht! Ihre Lebenskrise mag noch so tief und schmerzlich sein, ein Künstler sind Sie deshalb noch lange nicht.

Diese Tour d'Horizon zum Thema »Sinnsuche« können Sie in jeder Großstadt der Welt machen. »Wer bin ich und was habe ich auf diesem Planeten verloren?« Die Frage scheint derzeit jeden umzutreiben. Allerorten Sinnsucher, auf den Bergen, in den Wüsten, hoch im Himmel, weit unten in der Tiefsee. Die Sinnsuche ist Teil der Konsum- und Unterhaltungsindustrie geworden. Red Bull hat der Frage Flügel verliehen, Adidas, Nike und Puma stiften das Schuhwerk. Der ultimative Kick, die Antwort, steht allerdings aus.

Vielleicht hält es deshalb so wenige an ihrem Platz. Überall auf der Welt finden Sie Wohlstandsflüchtlinge, die glauben, genau dort den Sinn des Lebens finden zu können, wo andere auch schon vergeblich gesucht haben. Es ist erstaunlich, berührend, zuweilen komisch, viel häufiger noch tragisch, wo überall Menschen Antwort auf die Frage aller Fragen suchen. Nur nicht bei sich selbst. Nur nicht bei denen, die es eigentlich wissen müssten: bei den Sterbenden.

Menschen, die sterben, sind viel zu sehr mit sich selbst beschäftigt, scheinen viele zu glauben. Aber das ist nicht wahr. Menschen, die sterben, wollen meist nur eins: dass die Menschen, die sie zurücklassen, glücklich sind. Sie wollen nicht, dass die

Hinterbliebenen sich grämen oder trauern oder dass sie am Sinn des Daseins verzweifeln. Sie wollen, dass sie weiterleben, glücklich weiterleben. Aber warum suchen dann die einen so verzweifelt nach einem Sinn in ihrem Leben, während die anderen, die Sterbenden, den Sinn des Lebens so klar vor sich sehen?

Weil wir den einfachen Antworten nicht trauen. Die Wahrheitssuche muss anstrengen, ansonsten taugen die Wahrheiten nichts.

Also fragen Sie einen professionellen Philosophen. Ich erinnere mich gut an das erste Seminar in Philosophie, an dem ich teilgenommen habe, in Heidelberg, der viel besungenen Universitätsstadt, in der weltberühmte Philosophen gelehrt haben. Mein Dozent war keiner von ihnen. Er war ein redlicher wissenschaftlicher Mitarbeiter am großen Projekt »Historisierung der Wahrheitssuche«, der ein Seminar über Machiavelli hielt, halten wollte. Niccolò Machiavelli lebte in Florenz, war Parteigänger der Medici und schrieb im Jahr 1513 sein berühmtes Buch *Il Principe – Der Fürst*, in dem er darlegt, wie man es möglichst klug anstellt, an die Macht zu gelangen und sie zu erhalten. Nicht gerade leichte Kost für Studienanfänger, dennoch waren über siebzig Erstsemester in diesem Kurs und hatten Fragen, nein, nicht zum Text oder zu Machiavelli oder den Medici, nein, sie hatten Fragen zur Macht im Allgemeinen, zur widerrechtlichen Machtausübung seitens der US-Imperialisten, zum Thema »Frauen und Macht«, zur Machtlosigkeit der studentischen Interessenvertretung und zum Sinn von Macht überhaupt. Der Dozent verzweifelte, die Studenten verzweifelten, und daran hat sich bis heute eigentlich nicht viel geändert: Man redet aneinander vorbei. Der Dozent ging davon aus, dass die Studenten wissen, was sie wollen, wenn sie Philosophie studieren. Die Studenten gingen davon aus, dass der Dozent es ihnen sagen wird. Wie könnte er?

Der Sinn des Lebens? Sie können den Pastor Ihres Vertrauens fragen, in der Kirche nebenan. Metaphysische Nachbarschaftshilfe – klingt spießig, ist es aber nicht. Was für Speisen gilt, gilt auch für Religionen. Sie werden nicht umso nahrhafter, je exotischer sie sind. Zudem sind Theologen in der Regel höfliche und umgängliche Menschen, die viel Zeit für Sie haben, und die Antworten, die sie anbieten, sind nicht schlechter als die aller anderen Gottesdiener und Heilsbringer. Vielleicht gelangen Sie so zur Seelenruhe. Ich meine das nicht abschätzig. Wer sich mit der Idee eines Gottes beruhigen kann, hat Glück. Insofern sollte man Gläubige in Ruhe lassen – sofern sie andere in Ruhe lassen. Glaube ist der Zustand der Unvernunft schlechthin. Wie Verliebtsein. Wir alle sind neidisch, wenn wir frisch Verliebte sehen. Wir beneiden sie, wir freuen uns für sie, aber wir würden keine Geschäfte mit ihnen machen oder ihnen unseren Kanarienvogel anvertrauen, wenn wir in Urlaub fahren, einfach aus der Sorge heraus, dass sie ihn vor lauter Freude über das eigene Glück verhungern lassen.

Wenn Sie eine Gotteserfahrung hatten oder gerade gemacht haben, dann lesen Sie nicht weiter, es sei denn, die Grübeleien der anderen bereiten Ihnen einen wohligen Schauer. Sie am Kamin der wärmenden Gewissheiten, die anderen in der Eiswüste des ewigen Zweifels.

Wenn Ihnen das zu wenig Aufregung bietet, das Kaminfeuer, dann folgen Sie Hermann Hesse nach Indien. Dort werden Sie unweigerlich in einem der vielen spirituellen Zentren landen. Manche klein, schäbig und jeder asketischen Forderung genügend, Billigläden der Weltweisheit, andere herrschaftliche Herbergen, die jedem Luxus Raum und Personal geben. Und alle Gurus haben ein Lächeln für Sie. Dieses Lächeln Bhagwans und all seiner Nachfolger, woher rührt es? Nein, nicht daher, dass die Menschen Geld für etwas geben, was sie ohnehin schon wissen, sondern daher, dass sich die Menschen überhaupt auf den Weg gemacht haben. Die Anstrengung der Reise ist so amüsant, denn die Meditierenden wissen, dass der Weg nach innen und nicht in die Ferne geht. »Aber allein wäre ich nie auf die Antwort gekommen!«, werden Sie entgegnen. Tut mir leid, dann nützt Ihnen auch die Antwort des Gurus nichts. Denn ich schwöre Ihnen, nach einer Weile werden Sie mit Bhagwans Antwort nicht mehr zufrieden sein. Dann pilgern Sie zum Dalai Lama oder zum Grab Mandelas oder nach Lourdes. Sie sollten lieber die Frage anders stellen, das spart Ihnen Reisekosten: Wieso trauen wir anderen stets mehr zu als uns selbst?

Ziehen Sie weiter, fragen Sie die Menschen nach dem Sinn des Lebens, denen es schlecht geht. Die Unglücklichen, die Verlassenen, die Kranken, Menschen, die verlernt haben, einen anderen Menschen zu lieben, die sich selbst nie liebten. Menschen, die von Gott vergessen scheinen. In einer Großstadt wie Berlin finden Sie Tausende, Hunderttausende. Menschen, die scheitern wollten, um damit einen Beweis für das Scheitern der Schöpfung schlechthin zu geben. Menschen, die vor die Hunde gehen, um es denen heimzuzahlen, die ihnen nie ein Zuhause gegeben haben. Die Paradoxien der menschlichen Verzweiflung sind von keiner noch so düsteren Fantasie in ihrer verqueren Logik zu übertreffen. Es scheint zuweilen, als wären die Schaltpläne der Selbstzerstörung weitaus raffinierter als die der Selbsterhaltung.

Was ich in meiner Naivität nie für möglich hielt: Es gibt Menschen, die auf Teufel komm raus nicht glücklich sein wollen. Aus welchem Grund auch immer. Zuweilen ist es Hochmut, Arroganz des wissenden Hirten gegenüber den weidenden Schafen, zuweilen ist es tatsächlich Melancholie, angeboren oder erworben durch das Mitleiden am Leid der anderen. Nicht selten ist es eine Krankheit, die sich pharmazeutisch sehr einfach kurieren ließe, gelegentlich auch einfach eine Attitüde: Ich mache mich interessant durch meine Lebenstrauer, die mich den Toten so viel näher sein lässt als den Lebenden. Dank der Drogen. Dem vermeintlich besseren Leben im Rausch.

Danse macabre, der Kult des Morbiden, Todessehnsüchte – immer wieder finden sich neue Hauptdarsteller für das große Vanitas-Varieté. Nur – die Zahl der Statisten in diesem nihilistischen Theater, die keinen Platz auf dem Père Lachaise finden, sondern einfach viel zu früh sterben, namenlos, ist bedrückend. Die düstere Magie der Hauptdarsteller, ob Amy Winehouse nach ihrem Tod oder Peter Doherty kurz davor, zerrt andere auf eine abschüssige Bahn, deren größte Tücke es ist, dass es auf den letzten Metern tatsächlich kein Halten mehr gibt. Die einzigen Gewinner in diesem Vabanquespiel sind die Dealer.

»Das Leben ist sinnlos!« Übersetzt in Punk: *Life sucks!* Was gemeint ist: MEIN Leben ist sinnlos. Da alle unglücklichen Menschen zum Narzissmus neigen, glauben sie, es ginge allen anderen auch so. Unsinn. »Der große Rock-'n'-Roll-Schwindel«.

Mein Leben ist nicht sinnlos, nur weil du dein Leben wegwirfst. Diese Erkenntnis ist ein verdammter Kraftakt. Wenige Märchen erzählen von denen, die es schafften, sich an den eigenen Haaren aus dem Sumpf des Selbstmitleids zu ziehen. Eins davon spielt in Berlin-Kreuzberg.

Es war einmal eine Punkerin, Nänzi mit Namen, ihrem ehemaligen Vorbild zu Ehren, Nancy Spungen, der Freundin von Sid Vicious, die beide den Punk leben wollten, im Hotel Chelsea in New York, im niemals endenden Drogenwahn. Nancy wurde erstochen in der Badewanne gefunden, Sid starb wenige Monate später an einer Überdosis. Um noch ein paar Dollar mit ihm zu verdienen, plante sein Manager Malcolm McLaren einen Dokumentarfilm über die große Punkshow, Arbeitstitel: Der große Rock-'n'-Roll-Schwindel.

Nänzi, die aus der Provinz nach Kreuzberg geflohen war, überlebte knapp, ihre große Liebe starb, sie fand ihn mit einer Spritze im Arm. Der Abschied von ihm war das Wiedersehen mit sich selbst. Sie fand ihre Kraft im Modellieren ihrer Ängste und Sehnsüchte. Skulpturen, Puppen, zart wie die Träume ihrer Kindheit, mächtig wie Voodoo-Figuren, die den schlechten Zauber der Welt von ihr abhalten sollten. In der Berliner Kunstszene konnte sie sich nie durchsetzen, was ihr wehtat, aber Selbstmitleid war nicht mehr ihre Dröhnung. »Kotz nicht dein Schlechtestes aus dir heraus! Gib dein Bestes! Ob sie es wollen oder nicht.« Sie blieb ein Punk. All die Jahre. Auch ohne Drogen. Und starb im Schlaf. Ein wenig wie Dornröschen.

Als Nänzi starb, hatte sie noch zwölf Euro siebzig auf dem Konto und zwölf Cent in der Manteltasche. Nicht gerade viel für ein Leben, werden jene sagen, denen Geld alles bedeutet. Es gibt Menschen, die mehr Reichtümer hinterlassen haben, viel mehr. Aber Nänzi hat ihnen etwas Unbezahlbares voraus, sie hat den Kampf gegen die Dämonen gewonnen, die uns einflüstern, das Leben sei nichtig und sinnlos und der Akt seiner Verschwendung ein heroischer.

In den Häusern der Reichen dürfen Sie keine Antwort auf die Frage nach dem Sinn des Lebens erwarten. Sie erinnern sich an Parzival, den Ritter, der in die Burg des Königs eintritt und trotz der seltsamen Trauerstimmung gar nicht auf die Idee kommt zu fragen, was da eigentlich im Argen liegt. In den Häusern der Reichen vermutet man kein Unglück, weil das Glück so selbstherrlich inszeniert wird. Aber – auch reiche Menschen werden krank und sterben. Nur – sie sterben anders. Wer alles hat, kommt ungern ins Grübeln. Und wenn, ist es meist zu spät.

Ich selbst war nur drei, vier Mal bei reichen Menschen eingeladen, um über einen Verstorbenen zu schreiben. Und jedes Mal überraschte mich die Tristesse ihres Lebens. Das mag Zufall gewesen sein, Vorurteil, Einbildung. Aber schon das Betreten der Häuser war ein Akt der Überwindung, denn so teuer, so prospektgerecht schön sie auch eingerichtet waren, sie wirkten meist wie Kühlkammern.

Dann saß ich einer Hausherrin oder einem Hausherrn gegenüber, die über einen guten Freund oder eine entfernte Verwandte berichten wollten und zunächst einmal aufzählten, worüber ich keinesfalls berichten durfte. Uns geht es mehr um das

Persönliche, versuchte ich dann zu bedenken zu geben, was mir den Verweis einbrachte: Nein, bitte, das Persönliche bleibt selbstverständlich außen vor! Seitdem meide ich solche Häuser.

Reiche sterben und hinterlassen ein Vermögen. Was von ihnen bleibt, sind Testamente, Verfügungen, Stiftungen und verzogene Kinder. Geringverdiener haben eine andere Währung des Erinnerns. Er hat drei Häuser, zwei Witwen und eine Oldtimersammlung hinterlassen, mein Gott, ja und? Was sagt das über den Menschen? Das Beste, was man als Mensch zurücklassen kann, sind gute Erinnerungen. Alles andere zählt nicht.

Mein großer Held des Alltags, ein Maler und Anstreicher, der in seinem Leben nie mehr Geld verdiente, als er gebraucht hat, hinterließ neben einem umfangreichen Werkzeugschrank nur eine gelbe Gummiente, und die packte sein Freund mit in die Urne, damit der Kumpel nicht allein auf die große Reise gehen musste. Als der Freund mir davon erzählte, brach er in Tränen aus, denn so eine Freundschaft gibt es in diesem Leben nicht noch einmal, nicht für alles Geld der Welt.

Die klügste Antwort, die die reichsten Männer der Welt derzeit auf die Frage geben: Was tun mit all den Reichtümern? Verschenken. Bill Gates oder Warren Buffett, sie wollen als Wohltäter und nicht als Milliardäre in Erinnerung bleiben. Geld allein hilft in Sachen Unsterblichkeit nicht weiter – einen natürlich ausgenommen, da wir gerade bei Enten sind: Dagobert Duck. Viele Geschichten erzählen von Menschen, denen der Reichtum kein Glück brachte. Diese Geschichte erzählt davon, dass selbst eine Ente zum Verhängnis werden kann, wenn sie höher taxiert wird als andere.

Da war dieser Mann, so reich, dass er jeden Tag Geburtstag feiern konnte. Bis er starb. Er lag tagelang in seiner Wohnung, keine Verwesungsanzeichen – als wartete er darauf, dass ihn einer vermisste. Nennen wir ihn »Hans im Glück«. Er verdankte seinen Reichtum dem Vater. Der war Bauunternehmer, hatte ein Vermögen verdient, aber die Familie ruiniert. Scheidung, Internat, Liebesverrat. Über seine Kindheit schwieg Hans; eine verlorene Zeit, aus der er nur einen Schatz hinübergerettet hatte – die Comics von Donald Duck. Originalausgaben der ersten Hefte, ein Vermögen wert. Seine Lieblingsstory, gezeichnet von Carl Barks selbst: Eine Ente will den Ärmelkanal überqueren. Auf ihrem Schnabel eine Nudel. Auf der Nudel eine Pampelmuse. Klar, die Ente kann nur Donald Duck heißen. Klar auch: Donald verliert die Pampelmuse, kommt aber heil an Land. Ein Lucky Looser *eben, der berühmteste* Lucky Looser *der Welt. Donald Duck? Keine Frage, den kennen Sie. Gut, wenn Sie ihn so gut kennen, verraten Sie mir eins: Wann hat Donald Duck Geburtstag? Nach dem Willen seines Schöpfers Carl Barks am Freitag, dem Dreizehnten. Ein schlechtes Omen?! Würden Sie lieber Dagobert sein wollen, die reichste Ente der Welt? Und in Dukaten baden?*

Die Kriminalpolizei konnte übrigens nicht ausschließen, dass der Mann ermordet wurde, weil man seine Comic-Sammlung stehlen wollte.

In manchen Situationen stellt sich die Frage nach dem Sinn des Lebens erst gar nicht. Zumindest wäre es klüger, sie nicht zu stellen. Ich persönlich habe mich häufig im Tanzkurs nach dem Sinn des Lebens gefragt. Ungünstiger Zeitpunkt. Insbesondere beim Walzer linksdrehend. Wieso musste mich das Schicksal, kaum da ich die Rechtsdrehung einigermaßen gefahrfrei für die Partnerin aufs Parkett zirkeln konnte, wieder in eine andere Richtung zwingen? Die Frage ans Gegenüber: »Schatz, was ist der Sinn unseres Tuns?«, blieb ungehört, weil ich nie wagte, sie zu stellen. Den Tanzlehrer zu fragen wäre demütigend gewesen, denn ich kannte seine Antwort. Er war keiner dieser rückgratversteiften Turniertoreros in Schlaghosen, sondern ein lebenserfahrener Mann, Typus Al Pacino in *Der Duft der Frauen*. Er hätte mir ermutigend die Hand auf die Schulter gelegt und mit rauer Stimme zugeflüstert: »Der Sinn erschließt sich erst im Sein, mein Sohn.« Soll heißen: Wenn du erst mal tanzen kannst, stellst du keine dummen Fragen mehr.

Im Headbanging, das ist sehr wildes Kopfschütteln zu sehr lauter Musik, blieb ich ein Außenseiter, weil ich rasch Kopfschmerzen davon bekam und mein Kleinhirn wirr zu kreiseln begann, aber ich hätte noch größere Kopfschmerzen bekommen, wenn ich meine Kumpels nach dem Sinn dieses Tuns befragt hätte.

Petting, das sexuelle Geplänkel zweier unreifer Jugendlicher zum Zwecke der Gesprächsvermeidung, war eines der großen Rätsel meiner Jugend. Meine Unbeholfenheit wurde nur noch übertroffen von der Gereiztheit meiner Partnerinnen, die sich mehr erhofft hatten. Aber was bitte will man von einem Sechzehnjährigen erwarten, der gerade die *Ansichten eines Clowns* von Heinrich Böll gelesen hatte und sich die ganz großen Fragen des Lebens stellte – zu denen die Lokalisierung des G-Punktes nicht vorrangig gehörte. Damals wurde mir klar, dass das Leben eine einzige Abfolge von Missgeschicken ist, aber dennoch irgendwie Spaß macht.

Die Liste der Beispielsituationen, in denen es bei Strafe der Lächerlichkeit nicht angebracht ist, nach dem Sinn des eigenen Tuns zu fragen, können Sie gern selbst vervollständigen. Hipster, die sich über den ungelenken Ententanz der Eltern mokieren, tanzen ihrerseits mit stark verminderter Coolness nach südkoreanischen Weisen, »Gangnam Style«. Hardrocker stampfen auf durchgeweichten Kuhwiesen archaische Akkorde und strecken die Hände zum Teufelsgruß gen Himmel. Techno-Androiden zucken im Frequenzgang der *Electronic Dance Music*. Für den außerirdischen Beobachter, der ganz andere Erwartungen an die irdischen Intelligenzformen hatte, ist das alles gleichermaßen verwirrend.

Was ist der Sinn, wenn wir tanzen, singen, lieben? Wir stimmen uns auf die Paarung ein, würde ein Darwinist vermuten. Macht es deswegen weniger Spaß? Im Gegenteil! Die Schlussfolgerung: Der Sinn unseres Tuns erschließt sich nur im Tun selbst. Das Reden darüber ist sinnlos. Ich bin ein großer Anhänger der Schlagermusik, weil hier, auf leicht verständliche Weise, rhythmisch eingängig, Weisheiten für die Ewigkeit formuliert werden, die Bibliotheken an philosophischen Büchern überflüssig machen: »*Life is Life* … nananananana!« Die Glücksgleichung – Einstein hätte sie nicht prägnanter formulieren können.

In meiner schwierigsten Lebensphase – Sie vermuten richtig, es war die Pubertät – stieß ich auf ein Gedicht von Novalis, dessen Sinn sich mir so unmittelbar erschloss, dass ich fortan alle schwerfälligeren Poeten verachtete:

Wenn nicht mehr Zahlen und Figuren
Sind Schlüssel aller Kreaturen
Wenn die, so singen oder küssen,
Mehr als die Tiefgelehrten wissen,
[...]
Und man in Märchen und Gedichten
Erkennt die wahren Weltgeschichten,
Dann fliegt vor Einem geheimen Wort
Das ganze verkehrte Wesen fort.

Was wollte uns der Dichter sagen? Sie haben diese schreckliche Frage Ihres Deutschlehrers noch im Ohr. Gut, dann antworten Sie bitte, jetzt!

Der Sinn des Lebens ist: leben. Nein, nicht das Leben schlechthin, sondern einfach nur ... leben. Insofern ist die obige Liedzeile der Gruppe Opus zu korrigieren: Nicht *»Life is Life ...«*, sondern: *»Life is for living ...«*

Sie haben es im Ohr? Genau! Barclay James Harvest! Schreckliche Musik, schrecklicher Text. Tanzen Sie das Stück, dann wird Ihnen der Sinn des Gesagten schon klar. Sie glauben, ich albere hier herum? Keineswegs.

Ein Schulfreund, zu klein geraten und den bösesten Hänseleien ausgesetzt, ging für ein Jahr als Austauschschüler nach Amerika. Dort wurde an den Colleges Discotanz gelehrt und er kehrte als kleiner ... oops, als deutscher John Travolta zurück, was ihm die Liebe aller Frauen einbrachte, zumindest ihre Bewunderung. Das hat ihm vermutlich das Leben gerettet. Die Moral von der Geschichte? Für einen Tanzkurs ist es nie zu spät. Denn manche Fragen im Leben beantworten sich erst, wenn wir den Kopf ausschalten und die Beine bewegen. Horchen Sie in sich hinein! Was sagt Ihr Körper? Er ist es, der immer das letzte Wort hat.

Die Frage nach dem Sinn des Lebens stellt sich einem Sterbenden nicht. Sein ganzes Wollen ist aufs Leben gerichtet. Für die wenigsten Sterbenden ist der Tod eine Erlösung, für die meisten ist er das aufgezwungene Ende. Wenn der Tod naht, wollen die meisten nur noch eins: leben. Weiterleben mit aller Macht. Nur selten, dass Menschen wirklich klein beigeben und sagen: Ich will nicht mehr. Zu müde, zu viele Schmerzen, zu einsam. Was Angehörige berichten? Stoßseufzer der Hoffnung.

»Es ist so schön, das Leben, und wenn es nur noch ein paar Wochen sind, ein paar Tage …« Kleine Träume. Noch mal aufs Land fahren, ein Glas Wein trinken, die Störche auf den Dächern sehen, Käse essen. Das Leben soll weitergehen. Wenn nicht für mich, dann wenigstens für die anderen. »Ich will Gesang, will Spiel und Tanz, wenn man mich untern Rasen pflügt.«

Die Frage nach dem Sinn des Lebens wurde in den Gesprächen mit den Freunden und Angehörigen von Verstorbenen sehr selten gestellt. Im Angesicht des Todes ist die Frage überflüssig, weil die Antwort so klar scheint.

Wieso stellt sich die Frage dann immer wieder? Weil die Menschen unzufrieden werden, kaum dass sie über das Nötigste verfügen. Weil Sie ganz persönlich unzufrieden sind! Wir sind darauf ausgerichtet, immer mehr zu wollen, als wir haben. Dieser Trieb wird in Zeiten des Überflusses zur Plage. Die Frage nach dem Sinn des Lebens? So wichtig sie auch ist, stellen Sie sich vor, Sie würden jeden Morgen, jeden Abend Ihrer Freundin, Ihrem Freund, Ihren Bekannten damit auf die Nerven fallen. In einer Liebesbeziehung ist die Frage nach dem Sinn des Lebens ohnehin tabu, denn insgeheim erwartet jeder vom anderen, dass er die Antwort … nein, nicht weiß, das nicht, schlimmer: dass er die Antwort *ist*. Ich bin mit dir zusammen, also stellt sich die Frage nicht mehr. Denn etwas Besseres könnte ich mir nicht vorstellen. Alle Fragen des Lebens sind damit für mich beantwortet.

Glückliche Menschen fragen nicht nach dem Sinn ihres Glücks. Das hat sein Gutes. Nur, was tun, wenn unvermittelt die Katastrophe eintritt? Wo ist dann der Sinn?

Annähernd eine Million Tote seit Ende des Krieges, 3606 Opfer allein im Jahr 2012. Nein, keine Terroropfer, dann wäre der Aufschrei groß, es sind nur Verkehrstote. Da gilt eine Opferzahl von »nur« 3606 Toten im Jahr bereits als gute Nachricht.

Aber was, wenn es die eigene Frau ist, der eigene Mann? Was war das Glück des Zusammenlebens dann noch wert? Wenn der Mensch unerwartet stirbt … oder lange leidet, endlos lang, und vergeblich, denn sein Tod ist unausweichlich, ganz gleich, was Sie tun, ob Sie beten oder fluchen, er wird sterben. War es das wert, ihn gekannt zu haben? Was antworten Sie dann, wenn einer Sie fragen würde: Was ist der Sinn des Lebens? Weiterzuleben, mit all dem Kummer … war es das wirklich wert?

»Sie können ›Nein‹ sagen – und alles ist ungeschehen. Es wird so sein, als hätte dieser Mensch nie existiert. Das Unglück, von dem Sie gleich hören werden, und die Zeit davor. Es wird so sein, als hätte Ihr Sohn, Ihr Geliebter nie existiert. Sie haben die Wahl.«

Ein Hotel in Leipzig. Piloten und Flugbegleiter sind hier untergebracht. Eine junge Frau steht unten in der Halle. Endlich die SMS. Sie hat sich Sorgen gemacht. Ihren Freund nicht erreicht, obwohl er doch zu Hause sein müsste. Erleichtert greift sie nach dem Handy. Da tritt dieser Fremde an sie heran und fasst ihre Hand: »Warten Sie! Lesen Sie die SMS nicht. Noch können Sie sich entscheiden: Sie werden die letzten zwei Jahre mit ihm einfach vergessen. So als wären Sie ihm nie begegnet. Das wird Ihnen viel Kummer ersparen, glauben Sie mir! Überlegen Sie jetzt gut!«

Was würde sie tun?

Wie würden die Freunde sich entscheiden, wenn so ein Typ auf sie zukäme, breitschultrig, Holzfällerpranke: »Sie waren doch mit diesem jungen Mann befreundet? Irgendjemand hat mir geflüstert, dass Sie jedes Rennen auf der Playstation gegen ihn verloren haben. Und Sie, Sie sind mit ihm immer über die Landstraße geeiert, oder? Heizen war nicht seine Sache. Schnell fahren, aber mit Köpfchen. Damit ist jetzt Schluss, mit dem Motorradfahren. Und Sie, Sie werden nie wieder ein Rennen auf der Playstation gegen ihn verlieren. Er ist raus aus dem Spiel. Mein Vorschlag, der Ihnen viel Kummer ersparen wird: Vergessen wir doch einfach alles. Schlagen Sie ein und er wird nicht einmal mehr als Erinnerung existieren! Weder Sie noch seine anderen Kumpels werden das Gefühl haben, ihn vermissen zu müssen!«?

So was gibt es nur im Film, sicher. Aber was wäre, wenn in nicht allzu ferner Zukunft ein sechster Sinn nach Art eines emotionalen Routenplaners uns davor warnen würde, Menschen näherzukommen, denen etwas Schreckliches zustößt? Wie würden wir uns entscheiden?

Der junge Mann starb bei einem Verkehrsunfall. Ein Autofahrer hatte ihm die Vorfahrt genommen. Keine Chance als Motorradfahrer. Seine Freunde hatten darum gebeten, dass wir über ihn schreiben. Seine Freundin saß dabei. Es war einer meiner ersten Nachrufe, und ich hätte heulen können. Eine so wunderbare Frau, zum Verlieben. So ehrliche, nette Kumpels. So ein sinnloser Tod. Ich war hilflos und schämte mich dafür.

Wir haben viel gelacht an diesem Abend.

Wenn ich im Urlaub gefragt werde, was mein Beruf ist, antworte ich zuweilen: Nachrufschreiber. In den englischsprachigen Ländern löst diese Antwort kein Erstaunen aus, denn dort kennt man diese Form des öffentlichen Erinnerns: *obituaries* – kurze Lebensläufe berühmter und weniger berühmter Verstorbener finden sich in fast allen Zeitungen. Aber so häufig werde ich im Urlaub gar nicht nach meinem Beruf gefragt, denn es ist erstaunlich, wie selbstsicher die Menschen davon ausgehen, dass die eigenen Geschichten immer die spannenderen sind, sodass es taktvoller ist, möglichst viel von sich zu erzählen und den anderen erst gar nicht zu Wort kommen zu lassen. Wenn mich dann aber zuweilen doch einer nach meinem Tun fragt, weil ihm der Gesprächsstoff ausgegangen ist und Stillschweigen droht, dann erfolgt unweigerlich die Reaktion: »Oh, wie interessant! Aber ist das nicht furchtbar traurig?!«

»Nein, keineswegs«, antworte ich dann meist, »wir lachen viel zusammen …«

Prompt kramt das Gegenüber dann wieder eine heitere Anekdote aus seinem reichen Geschäfts- und Familienleben-Fundus, denn diese Antwort scheint ihm doch ein wenig unheimlich. Was gibt es da zu lachen, wenn es um den Tod geht?

Es wird tatsächlich viel gelacht in den Nachrufgesprächen. In all den Jahren ist es mir nur sehr selten passiert, dass ein Gegenüber in Tränen ausbrach. Hemmungsloses Weinen, das gar keinen Trost mehr zuließ, widerfuhr mir nie. Seltsam, grübelte ich manchmal, eine so große Liebe, ein so großer Verlust, aber das Gegenüber hat sich derart gut im Griff. Falsch gedacht. Die Situation hat den Sprechenden im Griff.

Es ist die Gesprächssituation, das anonyme Gegenüber, denn ich war ja keinem dieser Menschen je zuvor begegnet, es ist der Wille, sich nicht die Blöße des Selbstmitleids zu geben, es ist die Trauerarbeit, die ihre ersten Resultate zeigt, alles richtig – und alles falsch. Ich glaube, die Antwort ist eine andere. Wenn die Menschen über den Verstorbenen erzählen, nicht ihren Freunden, nicht den Verwandten, die ihn kannten, sondern einem Fremden, dann wollen sie zeigen, wie froh sie waren, diesen Menschen gekannt, gemocht, geliebt zu haben. Die Freude, dass er gelebt hat, überwiegt die Trauer über den Verlust bei Weitem.

Deswegen lachen wir so viel.

Was hat diese Feststellung mit der Frage nach dem Sinn des Lebens zu tun?

Ganz einfach, denken Sie an den Tanzlehrer: Der Sinn liegt im Sein. Es gab da diesen Menschen. Er hat gelebt. Ich habe ihn geliebt, wenn er liebenswert war, und gehasst, wenn er hassenswert war, und zuweilen hat sich das vermengt. Er war da, nun ist er fort. Ich vermisse ihn, ich vermisse ihn ganz schrecklich. Der Sinn des Lebens ist: da zu sein.

Meine Freunde haben Geheimnisse vor mir, ich habe Geheimnisse vor meinen Freunden, aber es sind nicht sehr viele. Beim

Billard erzählen wir uns so ziemlich alles, wir wissen viel übereinander, mehr wohl als die meisten Menschen übereinander wissen, was auch daran liegt, dass Sebastian in allen medizinischen Fachfragen sehr detailgenau ist und Hämorrhoiden für uns schon lange kein Tabuthema mehr sind. Sebastian ist überhaupt sehr auskunftsfreudig in allen existenziellen Dingen. Vermutlich weil er nichts mehr zu verlieren hat. Außenstehende mögen ihn für einen Gescheiterten halten. Mit seinem Einverständnis darf ich ihn auch durchaus so charakterisieren. Er hat als junger Mann schon ein Vermögen durchgebracht, weil er sich gern als Dandy sah und mit den falschen Freunden umgab. Wenn er sein Passbild von damals vorzeigt, dann weiß man, welchen Jüngling Thomas Mann vor Augen hatte, als er den *Tod in Venedig* schrieb. Aber Tadzio wurde erwachsen, kehrte Venedig und all seinen Versuchungen den Rücken, fand sich ein in das Alltagsleben, wie es alle leben, und genoss geradezu die Anonymität seines Daseins. In den großen Liebesdramen war Sebastian meist die Rolle des verständnisvollen Trösters zugedacht. In seinem Beruf als Headhunter ist er exakt so erfolgreich, wie es nötig ist, um nicht unangenehm aufzufallen. Andere Ambitionen kennt er durchaus, aber er weiß sie auch geschickt zu temperieren. Er hätte Maler werden können, aber das verbat er sich, weil er sehr bescheiden von sich denkt. Er hätte sich als Galerist versuchen müssen, aber da war leider schon kein Geld mehr da. Er geht gern und durchaus diszipliniert in die Sauna, aber daraus lässt sich beim besten Willen kein Lebensplan ableiten. Er ist mit einer wunderbaren Frau verheiratet, aber noch haben sie keine Kinder, obwohl er ein großartiger Vater wäre. Er hat literarisches Talent, aber worüber soll er schreiben, da sich das Leben bei ihm von seiner zurückhaltenden Seite zeigt? Sein Dasein ist ein großes Noch-nicht oder Nicht-mehr.

Woran das liegt, diese seltsame Verzagtheit, die das Schicksal mit Vernachlässigung straft? Sein Vater ist aus der Generation, die glaubte, mit ihnen wäre die Welt neu erfunden worden, da blieb gar keine Zeit, an das eigene Kind zu denken. Seine Mutter starb früh. Der Tod warf einen Schatten auf ihn, der blieb. Der Sinn seines Lebens … er würde in der ihm eigenen gesprächsverzögernden Weise einen sehr langen Anlauf nehmen und dann auf anekdotisch verschlungenen Wegen zu der entschiedenen Antwort finden: »Ich kann es beim besten Willen nicht sagen, also noch nicht.«

Wenn Sie mir die Frage stellen, was der Sinn seines Lebens ist, würde ich keine Sekunde zögern. Ohne diesen Freund wäre Berlin nicht zu ertragen, wäre das Leben nicht zu ertragen. Natürlich würde ich ihm das auf so pathetische Weise nie sagen, aber ich hoffe, er weiß es.

Was Sebastian anderen gibt, ist das Gefühl, nichts wirklich richtig machen zu müssen und dennoch ein wunderbarer Mensch sein zu können. Er lebt die Unentschiedenheit vor, mit einer Kraft, die andere für große Karrieren vergeuden, und hat deshalb das Glück, immer auf einen offenen Horizont blicken zu können. Was schwer ist. Nicht zufällig trägt ein Märtyrer seinen Namen. Er ist ein Niemand, denkt er sich vermutlich zuweilen, aber er ist ein ganz Bedeutender, weil er so geschickt hinter seinen eigenen Erwartungen zurückbleibt, damit ihm das Leben weitere Schicksalsschläge erspart.

Die Versuchungen beim Schreiben eines Nachrufs: Man will es besonders gut machen, besonders froh, besonders traurig, um so besonders viel Sinn zu erzeugen. Schön schreiben, berührende Worte finden. Angehörige legen häufig viel Wert darauf, dass wir feststellen: Er war ein liebenswerter Mensch. Aber das war ein Nazi-Verbrecher wie Adolf Eichmann im Kreis seiner Liebsten vermutlich auch. Ich war noch nie in der Situation, über einen schlechten Menschen schreiben zu müssen, besser gesagt, ich weiß es einfach nicht, denn natürlich kann es sein, dass ich Hymnen auf Halunken geschrieben habe, nur weil die Angehörigen mich nach Strich und Faden belogen haben. Aber das glaube ich nicht. Schon weil wir keine Hymnen schreiben. Wir schreiben über Menschen des Alltags, da erwartet keiner Heroisches, also müssen wir auch nicht lügen wie andere, die Menschen zu Helden machen, nur weil die Öffentlichkeit sie als Helden sehen will.

»Wenn einer dich fragt, was dein Vater so macht? Sag ihm: krumme Beine beim Kacken!« Es war nicht der schlechteste Rat, den der Vater seinem Sohn mit auf den Lebensweg gab. Aus dem Sohn wurde ein guter Fotograf, einer, der keinen falschen Respekt vor den Menschen hatte und deswegen umso mehr Liebe für sie empfand. Er starb in Venedig, erzählte mir seine Frau mit noch immer spürbarer Verwunderung, kurz nachdem sie mit Freunden am Lido Thomas Manns Novelle *Tod in Venedig* vorgelesen hatte. Was für eine seltsame Regie des Schicksals.

Der Sinn dieser Geschichte? Ich weiß es nicht. Das Schicksal spielt bizarre Spiele mit uns. Wir wissen nie, in wessen Geschichte wir vielleicht einmal die Hauptrolle spielen. Oder die beste Nebenrolle.

Worauf ich hinauswill? Richten Sie die Frage nach dem Sinn Ihres Lebens niemals an sich selbst. Sie sind im toten Winkel der Wahrnehmung. Sie können folglich gar nicht wissen, was der Sinn Ihres Lebens ist. Vielleicht wird Ihr Kind diese Frage beantworten können. Oder Ihre Freunde. Also, gehen Sie eine halbe Stunde spazieren, überlegen Sie nette Einladungsworte zum »Themenabend: Die Frage nach dem Sinn des Lebens«, und bitten Sie zehn Freunde zum Essen. Kommen Sie nicht gleich ins Grübeln, wenn nur sechs oder sieben zusagen. Verzichten Sie auf das Dessert, schlagen Sie stattdessen ein Gesellschaftsspiel vor: Alle sollen ihre zehn wichtigsten Fragen des Lebens notieren, reihum wird geantwortet, im Finale die Eine-Million-Euro-Frage: Was ist der Sinn deines Lebens?

Sie haben alle Joker, Fifty-Fifty, Publikum, Telefon oder Telepathie, soll heißen, Sie können anrufen, wen immer Sie wollen, in allen Büchern blättern, googeln, chatten, twittern … Und? Ich bin neugierig … Keine zufriedenstellende Antwort?

Gut, setzen Sie den Zusatzjoker: Fragen Sie mich! Ich weiß die Antwort. Ehrlich. Sie wissen sie auch. Immer noch nicht drauf gekommen? Sie wollen es unbedingt schwarz auf weiß. Sie wissen, der Kopf ist zum Denken da – aber er taugt auch, um gegen die Wand zu rennen. Aber gut, dann machen wir jetzt Ernst. Was ist der Sinn Ihres Lebens? Hier ist die letzte, die allerletzte Gegenfrage: Würden Sie die Frage einem spielenden Kind stellen? Würden Sie die Frage Ihrem eigenen Kind stellen?

III. Bin ich glücklich?

Nicht die Glücklichen sind dankbar.
Es sind die Dankbaren, die glücklich sind.
Francis Bacon

Das ist die Frage aller Fragen. Die Frage, mit der Sie morgens aufwachen und abends einschlafen sollten! Bin ich glücklich?

Sie sind glücklich?! Ja?! Wie schön für Sie. Aber was geht mich das an? Wollen Sie etwa damit prahlen, dass Sie glücklicher sind als andere? Sind Sie besonders stolz darauf? Halten Sie Glück für eine persönliche Leistung, für etwas, das Ihnen ganz allein zugehörig ist, weil Sie es durch Ihren Fleiß, Ihre Anständigkeit, Ihre Persönlichkeit verdient haben? Lächerlich! Glück ist ein Geschenk der Götter, und sie verteilen es nach Belieben. Sie entziehen es auch nach Belieben. Das nur als kleine Warnung! Uns bleibt da wenig mehr, als dankbar zu sein.

»Ich bin glücklich …« Gibt man etwa damit an, glücklich zu sein? Was für ein Dummkopf, der das tut!

Ich schwöre Ihnen, so oder so ähnlich denken die Menschen, wenn sie erfahren, dass ein anderer glücklich ist. Erst recht, wenn sie es persönlich von ihm erfahren. »Ich bin glücklich!« Würden Sie etwa Ihren Freunden gegenüber so mit Ihrem Glück prahlen? Jede Mitteilung dieser Art, so bescheiden Sie sie auch vorbringen mögen, wird als Prahlerei empfunden und verursacht Neidgefühle. Auch unter Ihren Freunden. Zählen Sie bitte nach –

finden sich in Ihrem Bekanntenkreis etwa mehr als ein oder zwei Menschen, die Ihnen von ganzem Herzen gönnen, glücklich zu sein? Sind Sie sicher?

Das Glück der anderen ist stets eine Zumutung, ihr Unglück hingegen fesselt uns. Erzähler halten sich an dieses Gebot seit biblischen Zeiten. Das »Anna-Karenina-Paradox«: »Alle glücklichen Familien gleichen einander, jede unglückliche Familie ist auf ihre eigene Weise unglücklich.« Einer dieser Sätze, die unwidersprochen bleiben, weil sie so einleuchtend scheinen. So einleuchtend etwa wie die Beobachtung, dass sich die Sonne um die Erde dreht.

Tolstoi, der Autor von *Krieg und Frieden*, Tolstoi, der Christ, dem Sündigen gerade in jungen Jahren ein großes Anliegen war, Tolstoi, der Autor, der nach eigenem Bekunden den Ruhm mehr liebte als das Gute, Tolstoi wusste sehr genau, was beim Leser ankommt. Tragödien faszinieren mehr als Komödien. Kummer würzt das Einerlei des Alltags. Wir freuen uns natürlich über jedes Happy End, aber noch schöner ist es, den Helden, die Heldin am Boden zu sehen. Weil wir ihnen dann die Hand reichen können. Wir fühlen uns besser, wenn es anderen schlecht geht.

Othello, Macbeth, König Lear, Hamlet, sie alle sind uns näher als … ja, als wer? Mir fällt kein wirklich glücklicher Held bei Shakespeare ein oder bei Goethe oder irgendeinem anderen Autor von Rang. Ihnen?

Romeo war glücklich mit Julia, aber mehr als einige romantische Stunden hat ihnen der Autor nicht gegönnt, haben wir ihnen nicht gegönnt, denn wer möchte Romeo und Julia schon alt werden sehen?

Anna Karenina? Unglücklich. Madame Bovary? Effi Briest? Unglücklich. Werther? Selbstmörder. Fürst Myschkin? Idiot und Epileptiker. Holden Caulfield alias der »Fänger im Roggen«? Ein Versager – wie fast alle literarischen Hauptdarsteller der Moderne. Ich kenne nur einen Glückspilz in der neueren Literatur, und der ist ein Hochstapler, und seine Geschichte ist Fragment geblieben, weil auch Thomas Mann dem Glück nicht so recht traute – ich spreche von Felix Krull. Ansonsten – nur tragische Helden.

Warum erzählen die Autoren so viele traurige Geschichten? Weil wir das Glück der anderen nicht wollen?! Ist das wirklich so?

»Alles in der Welt lässt sich ertragen«, reimt Goethe im Stil eines Kalenderspruchs, »nur nicht eine Reihe von schönen Tagen.« Darin sind sich die meisten Schriftsteller einig: Wir wollen unsere Mitmenschen leiden sehen. Auf der Bühne, in der Literatur, im Film, zuweilen auch in der Wirklichkeit. Nicht nur in dem banalen Sinn, dass wir Schadenfreude empfinden. Das tun wir unwillkürlich, überprüfen Sie sich, daran ändert keine noch so gute Erziehung etwas. Wenn der andere stolpert, schmunzeln wir, wenn er fällt … helfen wir. Wir wollen nicht wirklich, dass unser Konkurrent Schaden nimmt – und jeder Mensch ist zunächst ein Konkurrent –, wir wollen ihm nur ein wenig ein Bein stellen. Wir wollen am Flughafenschalter der Erste sein, wir wollen die ruhigeren Sitzplätze im Zug, die frischeren Brötchen beim Bäcker, das schönere Zimmer im Hotel … Wir wollen den anderen auf dem zweiten Platz sehen. Dann lächeln wir, unwillkürlich. Vom Gefühl der Schadenfreude können wir uns nicht befreien. Warum auch? Es ist ein Gefühl, dessen man sich nicht erwehren kann, es ist das gute Gefühl, dieses eine Mal vom

Schicksal bevorzugt worden zu sein. Vom Wunsch, einen anderen erniedrigt zu sehen, können wir uns hingegen durchaus frei machen. Zumindest bilden wir uns das ein. Die wenigsten empfinden dabei Genuss, allenfalls wohlige Schauer. Serienmörder dürfen durchaus ins Haus, aber nur zur Unterhaltung, als Bettlektüre oder für den gemütlichen Videoabend. Je zivilisierter wir uns geben, je friedlicher wir leben, desto größer ist die Zahl der Fernsehleichen und literarischen Auftragsmorde. Aber eben nur in der Kunst, so der beruhigende Einspruch unseres Gewissens.

Wir erfreuen uns am Leiden. Wir genießen Melancholie. Wir geben uns gern der Schwermut hin. Nichts Belebenderes als ein Gang über den Friedhof. Das ist nicht zynisch. Der Vorwurf des Zynismus trifft meist die falschen. Im Grunde ist er zu übersetzen mit: Es gibt Dinge, über die ich nicht nachdenken will, und wer immer mich dazu auffordert, ist böse. Der Tod der anderen lässt uns lebendiger sein. Unglück belebt. Die Gegenprobe: Glück verdummt. Wären wir alle glücklich, hätte das Leben keinen Sinn mehr. Wir würden wie die Lemminge dem großen Abgrund Langeweile zustreben. Das glauben Sie nicht?

Erinnern Sie sich an die Tage im Paradies?! War Adam glücklich? Wohl kaum. Sonst hätte er es nicht darauf angelegt, dass Eva all dem ein Ende macht. All dem – das ist die unendlich lange Reihe an glücklichen Tagen, die sich durch nichts voneinander unterscheiden. Sie stehen morgens auf – und sind im Paradies. Sie gehen spazieren und finden alles paradiesisch. Sie schlafen ein in der Gewissheit, am nächsten Tag wieder im Paradies zu erwachen. Aber was tun im Paradies? Es gibt nichts zu tun. Nichts zu verbessern, nichts zu verschönern, nichts zu beschweren. Wir müssen uns Gott als einen Schöpfer vorstellen, der so stolz auf seine Geschöpfe war, dass er sie in einem Freiluftgehege der luxuriösesten Art gefangen hielt. Das garantierte dem Menschenpaar beste Versorgung und ein langes Leben, aber es blieb ein Käfig. Die Frage muss Adam und Eva irgendwann zur Verzweiflung getrieben haben: Was tun wir hier? Und so entstand dieser verwegene Plan, der weithin unter dem Projektnamen »Sündenfall« bekannt ist. In der Not ihrer Langeweile entschlossen sie sich, das Weite zu suchen. Was als Vertreibung inszeniert wird, war im Grunde eine Flucht. Die Geschichte mit der Schlange und dem Apfel ist im Einvernehmen mit ihrem Schöpfer erfunden worden. Ein Alibi, das beiden Seiten hilft, das Gesicht zu wahren. Keine sonderlich gute Geschichte im Übrigen. Die Vorstellung, dass ein Mann tatenlos danebensteht, während seine Frau Äpfel stiehlt, ist einigermaßen absurd. Zumal wenn eine Schlange anwesend ist.

Es gibt kein Leben nach dem Tod. Zumindest habe ich nur wenige Menschen getroffen, die daran glauben. Und wenn es eins gäbe, dann bitte nicht im Paradies. Auch darüber waren sich die meisten einig. Das Marketingmodell Pauschalurlaub nebst All-inclusive-Garantie hat die Idee eines himmlischen Freizeitparks komplett entwertet.

Was daran komisch ist? Nichts. Die Suche nach dem Paradies, die Versprechungen eines besseren Lebens im Jenseits haben so viele Menschen das Leben gekostet und kosten es noch immer – ohne dass irgendjemand zu sagen wüsste, was dort wirklich glücklich machen sollte. Uns Mitteleuropäern geht es zu gut. Das Paradies ist keine Option mehr. Ein Sklave in römischer Zeit wird sich mit gutem Grund nach dem Jenseits gesehnt haben, ein Bauer im Mittelalter den Garten Eden herbeigewünscht haben, aber versuchen Sie mal einem Partygänger in Berlin-Mitte oder einem Londoner Investmentbanker den Himmel schmackhaft zu machen. »Ein Don Juan wird in die Hölle geschickt: das ist sehr naiv«, empfand schon Nietzsche. »Hat man bemerkt, dass im Himmel alle interessanten Menschen fehlen?«

Ich studierte in Heidelberg. Einer meiner besten Freunde, den ich noch aus der Schulzeit kannte, war ein sehr politischer Mensch und engagierte sich vom ersten Semester an in einer Gruppierung, deren Namen ich vergessen habe, deren Ziel mir aber nach wie vor in schlechter Erinnerung ist: die klassenlose Gesellschaft.

»Wir kämpfen für eine gute Sache.« Dieser Satz hat vermutlich mehr Unheil angerichtet als alle religiösen Glaubensbekenntnisse.

Es waren kluge Menschen in dieser Politgruppe, und ihr Arbeitseinsatz war bewundernswert. Natürlich feierte auch diese Politgruppe ab und an Partys, und ich machte es mir zur Aufgabe, auf diesen Partys in Einzelgesprächen herauszufinden, was die klassenlose Gesellschaft ist und wer zu welchem Zwecke darin leben will. Ich hielt die Frage für wichtig, schließlich drehte sich der ganze politische Kampf genau um diese konkrete Utopie, und alle sozialistischen und kommunistischen Länder der Welt hatten die klassenlose Gesellschaft als Planungsziel ausgegeben, wenn nicht schon verordnet.

»Was wäre die Aufgabe eines Schiedsrichters in der klassenlosen Gesellschaft, wenn ohnehin alle Spiele unentschieden ausgehen?« – »Wieso sollten sie unentschieden ausgehen?«, fragte mein rothaariges Gegenüber, dessen Sommersprossen mein Herz schon seit Wochen perforiert hatten. »Weil alle gleich sind!«, triumphierte ich. »Was für ein armseliger Witz«, schien ihr mitleidiges Lächeln zu sagen; »lass mal gut sein, wir wollen uns doch amüsieren heute Abend.« Ich schämte mich für meinen harmlosen Humor und mehr noch für mein dialektisches Ungeschick. Aber die Frage blieb. Was tun in einer klassenlosen Gesellschaft? Kein Text der Weltliteratur gibt darüber Auskunft. Mit einer Ausnahme: eine schreckliche Erzählung über die Zukunft, »Vision eines anarchistischen Kommunisten« oder so ähnlich betitelt, in der das Leben in einer postkapitalistischen Großkommune ausgemalt wird, und zwar in so bunten Farben, dass auch noch der Blindeste sieht, was ihn da Paradiesisches erwartet.

Schöne Frauen schlafen mit hässlichen Männern, schöne Männer mit schönen Männern, schöne Männer mit hässlichen Frauen, alles Eigentum ist geteilt und stets verfügbar, der Friede zwischen allen Völkern über alle gewesenen Grenzen hinweg garantiert, das Eigenheim vernichtet, der Schrebergarten planiert, desgleichen der Horizont, denn nirgends zeigen sich Ziele, es sei denn die allmähliche Besiedlung des Universums mit Friedensaktivisten, sofern denn der schadstoffarme Raketentreibstoff irgendwann funktionieren sollte. Der Text war erbärmlich langweilig, das Leben in der Utopie auch. Kein Mensch ist glücklich, wenn er hat, was alle haben. Weil er dann nicht mehr neidisch sein kann.

Wenige Menschen, die ich traf, wollten zurück ins Paradies. Noch weniger konnten sich darunter etwas vorstellen. Die Zeit der Utopien ist vorbei, wie im Himmel, so auf Erden. Das große Ganze, es zählt nicht mehr. Die Vision von einem kollektiven

Glück von einer neuen, schönen, besseren Welt, ist der Frage gewichen: Was wird aus mir und meiner Familie?

Gute Frage. Kennen Sie eine wirklich glückliche Familie? Besser gefragt: Wie unglücklich darf ein Vater sein, wie unglücklich eine Mutter, ohne dass die Kinder das Gefühl haben, in einer unglücklichen Familie zu leben? Der ganze Ärger bei *Anna Karenina* rührt ja daher, dass sie die Affäre nicht stillschweigend, sondern öffentlich inszeniert. Zu Lasten ihres Sohnes, und natürlich ihres Ehemannes.

Ich vermute, dass mein Vater nicht immer glücklich war, ich weiß zuverlässig, dass meine Mutter oft unter ihrer Rolle als Hausfrau gelitten hat, aber damit sind meine Eltern uns nicht fortwährend auf die Nerven gegangen. »Nicht vor den Kindern ...« Die bürgerliche Schweigepflicht, gern als bourgeoise Heuchelei verunglimpft, hat ihr Gutes, wenn es um die Erziehung geht. Meine beiden Schwestern und ich haben eine durchaus glückliche Kindheit verbracht, weil wir im Glauben gelassen wurden, in einer heilen Welt zu leben.

Dieses Glück in der Ehe, gründend auf der gemeinschaftlichen Verleugnung allen Unglücks, gibt es nicht mehr. Das dauerhafte Glück zu zweit gibt es nicht mehr, nach Meinung der Experten. Psychologen, Lebensberater, Paartherapeuten haben nachgewiesen, dass es nicht funktionieren kann. Monogamie ist eine Erfindung derer, die ohnehin schon immer einsam waren. Serielle Monogamie, die rasche Abfolge von Einzelbeziehungen, ist an ihre Stelle getreten, auch wenn noch nicht ganz klar ist, wie die Kinder in dieses wechselnde Paarungsgeschehen eingebunden werden sollen. Aber das interessiert nicht. Und die Kinder sind inzwischen so klug, dass sie sich ihren eigenen

Reim auf das seltsame Verhalten der Erwachsenen machen können. Die »glückliche Kindheit« ist schnell vorbei in diesen Tagen, vertane Zeit das viele Nichtstun, das vorschulische Trainingsprogramm für den hochpreisigen Berufseinsteiger kann gar nicht früh genug einsetzen. Der Wettbewerb beginnt bereits in den Köpfen der Eltern. Das spätere Unglück des Kindes auch.

Ich selbst hatte als Kind nichts zu tun. Das war mein Glück. Den Blockflötenunterricht gab ich mangels Talent auf. Mehrsprachigkeit war kein Thema in der Kleinstadt, wo Hochdeutsch Anstrengung genug war. Sportförderung war mit dem Ankauf eines gebrauchten Fahrrads hinreichend gegeben. Ansonsten hatte ich von Mittag bis Abend Freizeit. Die Welt schien ein einziges Glücksversprechen, Tag für Tag. Wann ging das verloren? Mit der Bildung.

Je mehr Bücher ich las, desto komplizierter wurde das Leben, desto schlechter wurden die Menschen. Das Rollenspiel »Cowboy und Indianer« genügte nicht mehr zur Auslotung aller menschlichen Dramen. Als ich das erste Mal die *Tagesschau* sehen durfte, beschlich mich der Verdacht, dass die Welt zu groß war für meinen Kopf. Es passte nicht alles hinein, was da so vor sich ging an Ungeheuerlichem. Ich blendete vieles einfach aus. Die Abwehrmechanismen gegen das Unglück da draußen funktionieren erstaunlich gut, wir lassen den Kummer der anderen nur selten nah an uns heran. Aber das geht nicht lange gut. Die sorglose Jugend war vorbei, als wir im Geschichtsunterricht über die Gräuel der Nazizeit unterrichtet wurden. Annähernd hundert Schüler wurden in die Aula gebeten, man zeigte einen Film über die Schrecken von Auschwitz, Bilder aus der Hölle, schwarz-weiß, schrecklicher als die schrecklichsten Albträume, und man erklärte uns … nichts. Wie können Menschen anderen Menschen so etwas antun? Keine Antwort, von niemandem. Nichts. Das Grauen war da, und wir wussten nicht, wohin damit. Wenig später informierte mich der Club of Rome über das nahe Weltende und die Grenzen des Wachstums, alles ein wenig viel für einen Pubertierenden, der ohnehin nicht mehr an den persönlichen Sonnenaufgang glauben mag.

Wie soll man da noch glücklich sein? Die Frage hat viele von uns beschäftigt. Wenn Menschen mit anderen Menschen so umgehen, wie kann dann überhaupt ein Mensch je glücklich werden? Oder je wieder Gedichte schreiben?, wie Adorno zu Recht fragte. Leider waren seine Antworten nicht ganz so verständlich. Ich war damals fünfzehn und beschloss, auf Familie und Karriere zu verzichten und mich gänzlich dem Studium der Schlechtigkeit des Menschen zu widmen, was nur unter Einsatz von vielen Zigaretten und vielen alkoholischen Getränken gelang.

Kurz: Ich wurde melancholisch. Und ein Menschenfeind. Jeder von uns war das vermutlich einmal. Bis es einem zu langweilig wird. Ich bin meinen Eltern noch immer dankbar dafür, dass sie selbst diese Entwicklungsphase überstanden haben, ohne mich ständig eines Besseren belehren zu wollen. Sie ließen mich einfach traurig sein. Kein Therapeut, kein Apotheker wurde bemüht, um mich wieder glücklich zu machen. Sie ahnten wohl, es kommt von ganz alleine wieder, das Verlangen nach Glück.

Es kam auch wieder, allerdings wurde es nicht leichter dadurch, dass sich dieses Verlangen jetzt auf Frauen richtete. Eine Frau ist für einen Mann etwas so Unerreichbares, zumindest auf einem Jungengymnasium, dass es völlig ausgeschlossen scheint, jemals dem Zustand der absoluten Vereinsamung entkommen zu können. Glücklicherweise gab es eine Mädchenschule ganz in der Nähe, und die Kontakte stellten sich wie von selbst her, zumindest zwischen den Unbefangenen, zu denen ich damals nicht gehörte und heute auch nicht.

Ich fand es schon immer extrem schwer, mit Männern zu diskutieren, weil sie häufig anderer Meinung sind, ich fand es noch viel schwerer mit Frauen zu diskutieren, weil sie so häufig wechselnder Meinung sind. Der Spaß daran ging mir erst später auf. Damals nahm ich mich viel zu ernst. Es haben sich in jener Zeit, Günter Grass sei es geschuldet, alle viel zu wichtig genommen, und wir nehmen uns noch immer viel zu wichtig. Das macht das Zusammenleben so schwierig. Bevor ich nach Berlin zog, ahnte ich nicht, wie schwierig. Berlin ist die Welthauptstadt der Egomanen, das macht sie für andere Egomanen so attraktiv. Und natürlich für Egomanieforscher. Hier versammeln sich alle, die ihre Pubertät ins Endlose verlängern wollen und den Weltschmerz und das gute Gefühl, auf Kosten anderer ewig Party machen zu können. Eine Stadt im Glückstaumel. Die Mauer fiel, die Love Parade marschierte, die Welt kam zu Gast, und … irgendwie warten alle darauf, dass noch irgendwas passieren muss. Das kann es doch nicht gewesen sein?!

Berlin war ein großes Experiment. Selten wurden auf so kleinem Raum so viele Emotionen frei. Was ist davon geblieben? Die einen trauen sich gar nicht mehr die Frage zu stellen, die anderen stellen sie unentwegt: Bin ich glücklich? Die Frage stellt sich dem Großstädter beim Aufwachen, beim Einschlafen, beim Joggen, beim Sex, bei der Arbeit, im Kino … Ständig ist er aufgefordert glücklich zu sein, alles andere wäre ein persönliches Versagen.

In der Kleinstadt, ja, da hausen der Mief und das Unglück, in der Provinz, da leiden die Menschen an ihrer Mittelmäßigkeit, und natürlich in Charlottenburg, aber hier, in Berlin-Mitte, dem Laufsteg der Geisteswelt, dem Epizentrum der Energiefreisetzungen, kann ich gar nicht anders als … glücklich sein. Sie lächeln. Da gibt es nichts zu lächeln. Die fortwährende Anstrengung, sich selbst als den glücklichsten Menschen der Welt erleben zu müssen, macht uns für andere zum Albtraum. Es gibt kein Gegenüber mehr, nur noch Erfüllungsgehilfen, Wegabschnittsgefährten, Claqueure, Liebe auf Zeit. Die Menschen finden immer schwerer zueinander, und erst recht nicht zum dauerhaften Miteinander.

»Ich vermisse das«, seufzt dann zuweilen der eine oder die andere, »das Familienessen am Sonntag.« – »Aber so ist es auch sehr schön«, kommt dann sofort entschuldigend hinterher, wenn die Freunde misstrauisch vom Sushi-Teller aufblicken und Sentimentalität vermuten, wo eigentlich Coolness herrschen sollte.

Wir können mit anderen Menschen nur schwer glücklich sein. Das war vermutlich schon immer so, aber da wir inzwischen ständig aufgefordert sind, uns mit uns selbst zu beschäftigen, fällt das zunehmend schmerzhaft auf. Männerfreundschaften gelten als antiquiert, Frauenfreundschaften halten nur noch bis zur ersten Schwangerschaft, weil die Karriereforderungen des Kindes keine Zeit mehr für anderes lassen als die Vollzeit-Kindererziehung. Männer sind mit Frauen seit jeher nur sehr selten wirklich zufrieden, und umgekehrt Frauen mit Männern sowieso niemals, erst recht, wenn sie selbst berufstätig sind und mehr Geld als der Mann verdienen. Da helfen nur Ratgeber, aber Ratgeber helfen augenscheinlich nicht, denn es gibt immer mehr von ihnen. Das Fortschrittsparadox: Je mehr Mediziner, desto mehr Krankheiten; je mehr Ratgeber, desto mehr Probleme. Es wird immer alles schwieriger. Alle sind mit allen unzufrieden. Kein Wunder, dass die Mordrate täglich steigt, zumindest wenn es sich ungestraft morden lässt. Augenblicklich scheinen die Autoren, neben der Demenz der Eltern, kein anderes Thema mehr zu kennen als die Unmöglichkeit der Liebe, es sei denn die des Serienmörders zu seinen Opfern, wahlweise die des Opfers zu seinem Serienmörder. Sartre hat recht behalten: Die Hölle, das sind die anderen. Bleibt das Glück, mit sich allein zu sein. Aber wer kann das schon?

Ich habe meinen Freund Sebastian oft nach dem Geheimnis seines Ego-Glücks befragt, aber ich kann nicht sagen, dass ich durch seine Antworten schlauer geworden bin: Badewanne und Sauna. Psychologen würden vermuten, dass er sich eine externe Geburtskammer sucht, eine Gebärmutter auf Stundenbasis, in die er sich zurückzieht, um nach jedem Aufguss einem Phönix gleich erfrischt ins Leben zu treten. Ich sehe das mit Neid, mag aber keine schwitzenden Männer in der Sauna, die unentwegt an sich herumschrubben und schlimmer schnaufen als die ersten Amphibien beim Landgang. Die Hoffnung auf Wiedergeburt entfällt für mich, zumindest die finnische Variante.

Mein Freund David ist ebenfalls am glücklichsten mit sich selbst, sofern es denn irgendeine Bastelei gibt, die ihn von allem Unwichtigen, insbesondere der ihn umgebenden Welt, ablenkt. David ist der Einzige von uns, der beim Militär war, bei der Nationalen Volksarmee, insofern ist er geübt darin, seine Zeit mit nutzlosen Dingen zu verbringen und so zu tun, als ob. Als ob die Partitionierung der Festplatte irgendeinen weitergehenden Nutzen hätte, außer dem, sich angeregt mit einem Sachverständigen des Support-Services seines Computerherstellers über die Bewerkstelligung einer solchen Partitionierung auszutauschen. David ist ein Mann, der Frauen wahnsinnig machen kann, weil es immer irgendetwas gibt, das wichtiger ist als das persönliche Glück. Bedienungsanleitungen zum Beispiel.

Ich weiß nicht, ob seine Fähigkeit zum Rückzug in sich selbst daran liegt, dass er in einer Diktatur groß geworden ist, wobei er die DDR niemals als Diktatur bezeichnen würde, weil das Außenstehende nicht wirklich beurteilen können, während er wiederum eine endgültige Beurteilung für aktuell nicht notwendig hält, weil es Wichtigeres zu tun gibt. Wozu er auch durchaus die Partitionierung seiner Festplatte zählen würde oder die Inbetriebnahme eines libellengroßen Hubschraubers für den Zimmergebrauch. Dinge halt, die Jungs Freude machen. David ist dank dieses Talents zur Hingabe ans Unwesentliche der beste Billardspieler von uns allen und ein sehr guter Badmintonspieler, er beherrscht auch wie kein anderer die Regeln der Interpunktion. Er ersteigert gern Dinge auf Ebay und verkauft sie ebenso gern wieder, er fotografiert sehr gern, ohne daraus eine Passion werden zu lassen, er ist sich einfach noch unschlüssig, was er mit seinem Leben anfangen soll. Und daran wird sich auch bis zum Rentenalter nichts ändern. Das macht ihn so sympathisch als Freund und so sperrig als Ehemann.

Mein Freund Florian ist ebenfalls am glücklichsten mit sich selbst, allerdings ist er auch in der Lage, zeitgleich über mehrere Egos verfügen zu können, sodass er sich immer im Zwiegespräch mit sich selbst oder mit anderen befindet, denn je nach Gemütslage ist er sich selbst zuweilen sehr fremd und die Dämonen sind ihm sehr nah, oder umgekehrt. Das will und mag er, glaube ich, gar nicht so genau unterscheiden. Diese Nähe zum Wahnsinn macht ihn in den Augen der Frauen ungeheuer attraktiv, in den Augen der Männer übrigens auch. Wenn er eine Frage an die Welt richtet, dann gleich mehrstimmig, sehr erwachsen, sehr kindlich, sehr trotzig, sehr emphatisch, sehr aufbrausend, sehr kleinlaut. Bin ich glücklich? Wenn er diese Frage stellt, dann immer so, als wäre sie ans Publikum gerichtet und er allein auf der Bühne. Dementsprechend fällt die Antwort aus: Natürlich nicht, natürlich ist er nicht glücklich. Wie könnte er glücklich sein, so allein auf der Bühne? Dazu noch ohne Applaus – und Mitspieler! Aber er wartet darauf, glücklich gemacht zu werden. Von Männern, von Frauen, von wem auch immer. Dieses Verlangen, überrascht zu werden vom Leben, macht ihn so anziehend. Er kann sich in Menschen und Situationen unmittelbar verlieben. Rücksichtslos. Bis zur Selbstaufgabe. Weil er sich Erlösung erhofft. Was ich wiederum nicht verstehen kann. Denn die Statistik spricht nun einmal gegen ihn, Erlösung gibt es nicht für alle. »Scheiß auf die Scheiß-Statistik!«, würde er mir entgegnen. Er neigt in seiner Emphase gern zu Wortwiederholungen, gerade auch bei unanständigen Vokabeln.

Ein nicht geringes Glück unserer Freundschaft beruht darauf, dass wir nicht so sind wie der jeweils andere. Wir würden unsere Persönlichkeiten ungern tauschen. Obwohl wir jeder den anderen zuweilen mehr schätzen als uns selbst. Ist das ein gutes Zeichen?

Bin ich glücklich? Wenn ich mit anderen nicht tauschen will, bin ich dann glücklich? Oder einfach nur träge? Und wenn ich nach einem gelungenen Billardabend wie gestern, an dem wieder einmal alle großen Fragen der Welt erörtert, wenn auch nicht geklärt wurden, Sebastian fragen würde, ob er glücklich ist, würde er entrüstet entgegnen: Nein, natürlich nicht, angesichts all der Probleme in der Welt, wie kann man da glücklich sein?! Und er würde sehr hintersinnig lächeln dabei, denn seine Antwort ist wahr und falsch zugleich.

Worauf ich hinauswill? Das Glück – gibt es nicht. Folglich können Sie gar nicht glücklich sein. Und ich auch nicht. Keiner von uns. Glück ist im Schöpfungsplan das kurze Atemholen zwischen zwei Katastrophen, es ist nicht mehr als eine Atempause auf dem Weg zur Hölle. Deswegen müssen wir uns für unsere schlechte Laune auch nicht schämen. Allen anderen geht es schlecht, warum sollte es uns da besser gehen? Zeigen wir es der Welt! Geben wir ihr die schlechte Laune zurück, die sie uns verursacht. Grollen wir am Morgen, zürnen wir am Abend, und in der Zwischenzeit schnauzen wir wahllos Passanten an, denn jeder, der hier sorglos durch die Stadt spaziert, ist mitschuldig am Unglück der anderen. Und in unserer freien Zeit? Lesen wir *Hamlet*. Oder tun zumindest so …

Sie vermuten es schon seit einiger Zeit, oder? Ganz klar: Ich rede Unsinn. Aber so habe ich vor einigen Jahren tatsächlich noch gedacht. So denken viele, gerade hier in Berlin. Wir reden über das Glück, als wäre es etwas, wofür man sich schämen muss. Ein Oldtimer-Cabriolet, das fünfundzwanzig Liter bleihaltigen Sprit verbraucht und nie bewegt werden darf. Und im Traum: Kalifornien, Sonnenschein, leichte Meeresbrise, immer die Küstenstraße lang, »Mendocino, Mendocino, ich fahre jeden Tag nach Mendocino.«

Wie wir leben, wie wir reden, was wir uns erhoffen – ist

dreierlei. Im günstigsten Fall sind wir schizophren. Das tut auf die Dauer nicht gut. Also: Beginnen wir von vorn! Beginnen wir bescheidener: Wer unter uns ist ein glücklicher Mensch? Wo finde ich ihn? Und was macht ihn so besonders?

»Vom kleinen Maulwurf, der wissen wollte, wer ihm auf den Kopf gemacht hat.« Die Geschichte vom kleinen Maulwurf, der unbedingt wissen wollte, warum ihm gerade so ein Mist passiert, war Rolands Lieblingsbuch in der Kindheit. Jeden Abend hat die Mutter ihm und seiner Schwester vorgelesen. Stapel von Büchern haben sie gemeinsam aus der Bibliothek geholt – und erst mal schön sauber gemacht.

Roland war ein sehr empfindliches Kind. Ein Wunder, dass er das erste Jahr überhaupt überlebt hat. Der seltene Immundefekt, an dem er litt, führt meist schon in den ersten Lebensjahren zum Tod. Er überstand eine Enzephalitis, eine Meningitis, eine Hepatitis, lag wochenlang im Koma, quittengelb.

Die Mutter ließ ihn nottaufen und bot dem lieben Gott einen Handel an: »Wenn du ihn überleben lässt, lasse ich ihn konfirmieren«, sofern er einwilligt.

Es dauerte seine Zeit, bis die richtige Medizin gefunden wurde, es dauerte seine Zeit, bis er sich durchgekämpft hatte. Er war klein, zart und furchtbar ängstlich. Er hatte Angst vor Hunden, er hatte Angst vor Fremden, kotzte sofort, wenn ihm jemand zu nahe kam, Therapeuten ließ er erst gar nicht an sich heran. Im Kindergarten war er der Kleinste, lutschte am längsten am Daumen.

Bei einer Trommelveranstaltung erlitt er einen epileptischen Anfall, wieder gab es Untersuchungsreihen, wieder eine neue Krankheit. Gegen seine Immunschwäche musste er sich regelmäßig im

Krankenhaus Injektionen geben lassen. Als er größer wurde, konnte er sich die Medizin selbst verabreichen. Jeden Sonntagmorgen setzte er sich zwei Stunden lang geduldig seine Infusion.

Roland wurde ein großer, kräftiger, hübscher Kerl, stand gelassen auf riesigen Füßen und eroberte sich langsam die Welt. In den ersten Jahren hatte er in den Comics nur die Bilder angeschaut, dann las er die Texte, und irgendwann griff er sich das erste Buch. Er wollte leben. Es gab so vieles, was glücklich machte: die gemeinsamen Abendessen, die Spieleabende mit Mutter und Schwester, Oma Erika besuchen, die Simpsons *sehen, mit Chris durch Berlin ziehen, bei Mario abhängen und zocken. Er liebte die Silvesterfeiern, wenn er akkurat den Karpfen filetierte und dann das Feuerwerk auf dem Dach zünden durfte.*

Die Lehrer mochten ihn, die Schüler mochten ihn, da waren sie sich einig: Roland, der netteste Mensch überhaupt. Der schlimmste Jungenstreich: ein paar abgeknickte Mercedessterne.

Wo blieb die Wut? Er war nie böse zu anderen, konnte keiner Fliege etwas zuleide tun. Was er an Aggressionen hatte, lebte er aus, wenn er über schwarzen Humor lachte oder Horrorfilme ansah, da floss Blut in Strömen.

Ansonsten blieb er ruhig und gelassen. Er ließ alles auf sich zukommen. Über die Furcht vor dem Ende sprach er nicht. Er hatte sich einen Merkspruch notiert, an den hielt er sich eisern: »Mut ist nicht immer laut, manchmal ist Mut die kleine Stimme am Ende des Tages, die sagt: Ich versuch's morgen wieder.«

Er wollte eine Freundin irgendwann, aber die Fragen, ob er denn schon und mit wem er denn schon und wann er denn mal, die nervten ihn entsetzlich. »Ich brauch halt noch Zeit.« – »Ich brauch eben ein bisschen mehr Zeit.«

Das ganz normale Leben wünschte er sich, aber er würde es nie wirklich leben können. Das wussten alle, die ihm nahestanden. Seine Lebenserwartung lag bei Mitte zwanzig, der Tod würde vermutlich durch Leukämie eintreten. Die Ärzte empfahlen notfalls eine Knochenmarkstransplantation, die Schwester stand als Spenderin bereit. Aber noch war es ja nicht so weit. Er hatte sein Leben im Griff. Das vergangene Jahr war sein bestes Jahr bisher.

Die Ausbildung als Fahrradmonteur hatte er abgeschlossen und einen guten Job mit tollen Kollegen in einem Betrieb für Rehatechnik gefunden. Er bezog eine eigene Wohnung nicht weit von der Mutter, fuhr sein eigenes Auto. Abends um sieben hatte er noch bei ihr angerufen: Pellkartoffeln oder Kartoffeln geschält? Er wollte ein Rezept aus dem Fernsehen nachkochen: Jagdwurst paniert in der Pfanne gebraten.

Vermutlich ein epileptischer Anfall. Die Mutter fand ihn am nächsten Tag in der Badewanne. Er hatte nach dem Essen noch kurz duschen wollen.

Manche werden seufzen: Was für ein armer, unglücklicher Junge! Aber das ist nicht wahr. Gemessen an der Liebe, die ihm entgegengebracht wurde, war er ein glücklicher Mensch. Gemessen an der Leistung, die er seinem Körper abgetrotzt hat, war er ein Held. Deswegen waren Mutter und Schwester wohl ein wenig enttäuscht, als sie meinen Nachruf lasen. Sie hatten sich mehr erwartet, das spürte ich. »Vielleicht hätte ich selbst über ihn schreiben sollen …«, meinte die Mutter. Ihr unausgesprochener Vorwurf: Ihr Junge war noch viel tapferer, als ich es geschildert hatte. Noch viel klüger, noch viel hübscher. »Besser, ich wäre gestorben und nicht er«, hatte sie im Gespräch gesagt und es ernst gemeint. Die vielen Jahre des Hoffens und des Bangens hatten sie zermürbt, aber die Liebe zu ihrem Kind war größer denn je.

»Wer hat mir auf den Kopf gemacht?« – Die Frage ist vielleicht nicht die anständigste, um einen Nachruf einzuleiten, aber es ist die gleiche Frage, die auch Hiob gestellt hat: »Warum hast du mich dir«, fragt er Gott, der ihn mit allen denkbaren Plagen heimsucht, »zur Zielscheibe gemacht? Warum bin ich dir zur Last geworden?«

Hiobs Frau, die das unsinnige Martyrium, dem ihr Mann ausgesetzt wird, nicht mehr mit ansehen kann, hetzt ihn auf gegen seinen Schöpfer: »›Noch hältst du fest an deiner Frömmigkeit? Fluche Gott und stirb!‹ Er aber sprach zu ihr: … ›Das Gute nehmen wir an von Gott, und das Böse sollten wir nicht annehmen?‹«

Die Frage hat sich Roland so nie gestellt. Wenn doch, hat er nie darüber gesprochen. Er hat andere nie seine Verzweiflung spüren lassen. Hat nicht gejammert, ist nicht zum Mörder geworden. »Mut ist nicht immer laut, manchmal ist Mut die kleine Stimme am Ende des Tages, die sagt: Ich versuch's morgen wieder.«

Wir würden spotten über diesen Satz, könnten wir nicht die Geschichte dazu lesen. Aber dieser vermeintlich so einfältige Satz hat ihm geholfen, sich jeden Tag das zu erkämpfen, was wir als selbstverständlich hinnehmen: Alltag. Ich hätte diesen Mut nicht aufgebracht, den Roland aufgebracht hat. Ich hätte den Hamlet gegeben und große Töne gespuckt: »Sein oder Nichtsein …«

Es gibt viele glückliche Menschen, aber auf die meisten sehen wir herab, und lernen wollen wir schon gar nichts von ihnen.

Oder spielen Sie Minigolf? Als Kind gelegentlich? Versuchen Sie es mal wieder. Einer der glücklichsten Menschen dieser Welt, wenn man den Worten seiner Witwe vertrauen darf, war ein passionierter Minigolfspieler. Minigolf ist, ob Sie es glauben oder nicht, ein Wettkampfsport. Bislang noch nicht bei den olympischen Spielen vertreten, aber weltweit spielen Millionen Menschen Minigolf, teils ernst, teils weniger ernst. Was daran glücklich macht? Es ist der Parcours des Lebens, nur im Kleinen, die Herausforderungen sind groß, aber machbar, jeder hat eine Chance und vor allem seinen Spaß, und am Ende wartet ein Kaltgetränk. So einfach ist das. Dietmar Thielmann, genannt Didi, war ein passionierter Minigolfspieler. Er war noch vieles mehr, aber vor allem war er ein glücklicher Mensch. Sein Geheimnis? Er tat alles, was er tat, mit Herz. Dieses Wort, das so antiquiert klingt, ist der Schlüssel zu allem: Passioniert.

Ob Sie passioniert Minigolf spielen oder Badminton, Doppelkopf oder Skat, schrebergärtnern oder Bienen züchten, Ihre Tauben auf Wettkampfflüge schicken oder Ihren Pudel zum Schönheitswettbewerb, solange Sie es leidenschaftlich gern tun, sind Sie vor den größten Übeln dieser Zeit gefeit. Sie werden niemals Langeweile oder gar Überdruss am Leben empfinden.

Passioniert kommt von Passion, Leidensfähigkeit ist Empfindungsfähigkeit, Empfindungsfähigkeit ist das Talent zum Glück. Es sind nicht die großen Helden, die am schmerzlichsten unter den Alltäglichkeiten des Lebens leiden, die großen Helden leiden für gewöhnlich an sich selbst und den ganz großen Fragen des Lebens, es sind die Alltagsmenschen, die unter dem Alltag leiden, dieser Wegstrecke, die sich so ereignislos vor uns aufzutun scheint. So ermüdend eintönig.

Aber das täuscht. Der Eintönigkeit kann man die seltsamsten Melodien ablauschen. Nicht hinter jedem Schrebergärtner verbirgt sich ein Spießer, und zuweilen verbirgt sich hinter einem vermeintlichen Spießer ein sehr großer Träumer. Einer der bedeutendsten Autoren der Weltliteratur war zugleich einer der unauffälligsten. Fernando Pessoa lebte in Lissabon und arbeitete als Handelskorrespondent. Er wurde nur 47 Jahre alt, galt als verschroben und trunksüchtig. Seine Gedichte und Prosastücke schrieb er unter wechselnden Pseudonymen, mehr als siebzig Namen wurden gezählt, kein anderer hat sich so in der Literatur vervielfältigt. Einer seiner ›Helden‹ war der Hilfsbuchhalter Bernardo Soares, Verfasser des *Buchs der Unruhe*. Als Schreiber war Pessoa ähnlich ausdauernd wie Sisyphos. Unermüdlich schrieb er am ›Roman‹ seines Lebens, Seite um Seite, klug und wachsam, ohne dass zu seinen Lebzeiten viele davon Kenntnis genommen hätten. Das ließ ihn traurig werden. In seinem Gedicht »Tabakladen« schrieb er: »Ich bin nichts. / Ich werde nie etwas sein. / Ich kann nicht einmal etwas sein wollen. / Abgesehen davon, trage ich in mir alle Träume der Welt.«

Kafka hätte es nicht besser formulieren können. Das Leben lässt sich ganz gut auch im Geheimen führen. Wir sollten also vorsichtig sein, bevor wir auf andere herabsehen. In jedem dicken Mann, der in einer ranzigen Eckkneipe phlegmatisch an seinem Bier nippt, könnte ein großer Dichter stecken, der Gottfried Benn zum Verwechseln ähnlich sieht. Alte Trinkerweisheit: Deckung vor den gröbsten Schicksalsschlägen findet man zuweilen am einfachsten unterm Tresen.

Es gibt Gegenden in Berlin, wo sich nie ein Tourist hin verirren wird, weil sie so abseitig sind, so spießig, die Schrebergartenkolonien in den Randbezirken zum Beispiel. Kleingärtner! Parzellen der Einfalt. Ein Dutzend Blumen, drei Beete Nutzpflanzen, ein Apfelbaum und eine feuchte Hütte, in der sich Leergutkisten stapeln. Da rümpfen auch jene die Nase, die sonst nie einen Gedanken ans Leben der anderen verschwenden würden. In diesen Paradiesen im Liliputformat habe ich die tapfersten Kämpfer gegen die Blattlaus und sonstige seltsame Launen des Schicksals getroffen, Armut, Siechtum und Tod eingerechnet. Die Verachtung der Gartenzwerge ist allgemein. Zu Unrecht. Manchmal sind sie Zeugen einer Sehnsucht, die nur noch keinen besseren Ausdruck gefunden hat.

Es gibt das Glück. Hier, heute, jetzt und immer. Es gibt viele glückliche Menschen, über die sich andere lustig machen, obwohl sie diese Menschen im Grunde beneiden müssten. Denn sie haben eine Passion. Ich habe einige von ihnen kennengelernt, aus den Erzählungen derer, die sie vermissen. Denn glückliche Menschen haben ein großes Talent: Sie machen andere glücklich.

Rolf Drescher hatte Klavier studiert, besaß Talent, Technik, Gespür für die musikalische Linie. Er war von seinem Können überzeugt, aber er kannte den Abstand zu den Weltbesten. Und so ging er damals zu Steinway. Seit den Fünfzigerjahren war er Repräsentant des Unternehmens im Ostblock.

»Ich möchte einen weichen Klang, einen weniger gläsernen …« Was der Pianist unter den Händen hat, entscheidet über sein Wohlergehen. Rolf Drescher kannte die Pianisten – und die Instrumente. Zudem war er trinkfest und kannte die Prinzipien des Naturaltauschs, Wodka gegen Hammerköpfe, alles mit stillschwei-

gendem Einverständnis der Behörden. In der Musik gab es den eisernen Vorhang nicht.

Das Moskauer Tschaikowski-Konservatorium hatte Steinway-Flügel, die Rundfunkanstalten, die Konzerthäuser. Nur die Pianisten nicht. Die Pianisten hatten kein Geld. Also machte Drescher kundige Klavierbauer ausfindig und schulte sie darin, alte Steinway-Flügel zu restaurieren, die dann den Pianisten günstig überlassen wurden.

Die Sehnsucht, die Sucht nach dem vollkommenen Ton, sie trieb die Künstler zu ihm, sie trieb ihn selbst um. Seine Provisionen hatte er angespart und in Hamburg dem dortigen Meister in der Klavierfertigung aufgetragen: Wenn ihr je einen besonderen Flügel baut, einen, von dem ihr überzeugt seid, dass er ein nicht zu übertreffendes Meisterstück ist, reserviert ihn mir und ruft mich an! Der Anruf kam nach zwölf Jahren. Er fuhr nach Hamburg, sah das Instrument, spielte einige wenige Töne und wusste, er war am Ziel.

Als dann, im Alter, die Wohnung eine kleinere wurde und er seinen Nachlass zu ordnen begann, wandte er sich an einen langjährigen Freund, den er nach wie vor siezte: »Ich weiß, Sie sind kein Pianist, aber mein Flügel würde es bei Ihnen gut haben. Ich kann nicht mehr für ihn sorgen.«

Sammler können sich in ihren Sammlungen verlieren und glücklicher denn je wiederfinden. Angler sind Menschen, deren Temperament mir auf ewig ein Rätsel sein wird, aber ihr Stoizismus, ihre Kraft zur Ruhe, lässt Philosophen staunen.

Gärtner, die sich ihr Paradies im Kleinen schaffen, Weltreisende, die nie ihren Schreibtisch verlassen haben, sondern die großen Routen nur mit dem Zeigefinger nachgefahren sind, aber darüber die wunderbarsten Berichte geschrieben haben. Glückliche Menschen? Ein Damenausstatter, dessen Glück es war, noch die anspruchsvollste Kundin mit einem Lächeln aus dem Geschäft gehen zu sehen. Eine Sekretärin, die in einem Verlagshaus Tag für Tag Bücher abtippen musste, was sie mit unglaublicher Freude und Leidenschaft tat, weil sie sich dabei wie eine Schriftstellerin vorkam.

All diese Geschichten wurden nie zu Büchern. Man muss sie auch nicht alle erzählen. Wenn man einmal erfahren hat, wozu andere Menschen in der Lage sind, dann ahnt man, wie häufig man selbst hinter seinen eigenen Möglichkeiten zurückbleibt.

Gehen Sie spazieren, erfinden Sie für jeden Entgegenkommenden eine Geschichte, eine glückliche Lebensgeschichte – oder eine unglückliche. Und wenn Sie mutig sind, fragen Sie nach, und wenn Sie nicht so mutig sind, setzen Sie sich in eine beliebige Eckkneipe, in der die Senioren ihr zweites Zuhause gefunden haben, und hören zu, was am Nachbartisch erzählt wird. Ich wette mit Ihnen, viele Lebensgeschichten, die Sie dort hören werden, sind anrührender als das, was Sie in Büchern gelesen haben. Deswegen schreibe ich so gern Nachrufe, das Leben ist meiner Fantasie immer um Längen voraus.

Bin ich traurig, wenn ich vom Unglück anderer höre? Bin ich glücklich, wenn ich vom Glück anderer höre? Ja. Ich freue mich mit Hans im Glück, wenn er seine Last los ist und wieder der Alte sein kann. Ich freue mich mit Sancho Panza über die Abenteuer, der er mit Don Quijote erlebt, und bin froh, wenn ich mir den Schädel nicht selbst an den Windmühlenflügeln zerschlage oder neben Dulcinea alias Aldonza Lorenzo der Vierschrötigen erwachen muss. Ich trinke gern mit Falstaff, der mir allemal lieber im Umgang ist als der Menschenfeind Richard II., und ich bin ein wenig neidisch auf Dr. Watson, der mit Sherlock Holmes jede Menge Abenteuer erlebt und dann doch in sein ruhiges Leben zurückkehren kann.

Die glücklichsten Figuren der Weltliteratur? Das sind jene, von denen stets nur nebenbei die Rede ist. Sterben ist Sache der Helden, Leben eine Aufgabe der Geduldigen.

»Ich habe keine Freude an den Menschen …«, seufzt Hamlet schlecht gelaunt wie immer, weil ihn seine Ungeduld stets unglücklicher macht, als er sein müsste. Sein Kopf eilt seinem Herzen immer weit voraus, das lässt ihn ewig mit allem unzufrieden sein. Etwas mehr Geduld!

Meine Mutter spielt seit fünfzig Jahren Lotto. Sie hat nie mehr als ihren Einsatz gewonnen. Ihre Chance, das große Los zu ziehen, ist heute so gering wie vor fünfzig Jahren. Wenn ich noch immer so altklug wäre wie mit siebzehn, würde ich ihr ihren Gesamtverlust vorrechnen. Dabei war ihr Gewinn viel größer, als ich ihn je beziffern könnte. Jede Woche war sie ganz nah dran, Millionärin zu werden, und sie ist es noch immer, noch immer ganz nah dran. Ein unbezahlbares Glück. Was sie mit all dem Geld anfangen würde? Eine neue Küchenmaschine, und den Rest verschenken. Allein der Gedanke daran ist ihr eine Freude.

Also los, trauen Sie sich! Wie verdoppeln Sie Ihr Glücksguthaben? Indem Sie es teilen. Es gibt nichts Schöneres. Das macht uns selbst glücklich. Die Frage mit der Sie morgens aufwachen und abends einschlafen sollten, lautet folglich: Wen habe ich heute glücklich gemacht?

IV. Bin ich schön?

Eine Hand wird zusehends schöner,
wenn man sie streichelt.
Peter Altenberg

Ganz klare Antwort: Ja. Die einfachste Frage in diesem Buch. Ja, ich bin schön. Also zumindest nicht hässlich. Nicht ganz so hässlich, wie ich früher immer dachte. Sie wollen Beweise? Ein Bild? Ein Bild habe ich gerade nicht zur Hand, zumindest kein Bild, das dem entspricht, was ich mir so von mir vorstelle. Man ist ja immer irgendwie anders, als man es sich denkt, und manche Menschen sind ja gar nicht fotogen vor der Kamera, in natura aber ganz hübsch, und umgekehrt. Da gehöre ich leider dazu. Ich sehe selten gut aus auf Bildern.

Bin ich schön? Ganz klare Antwort: Nein. Wer ist schon schön? Sie finden in jedem Gesicht einen Makel, ein falsches Lächeln zur falschen Zeit, verlegene Grimassen, mimischen Stress. Fotos lügen und für ein gemaltes Porträt fehlt die Zeit. Zudem, auch Maler verfälschen die Wirklichkeit. Wenn sie denn überhaupt noch auf Ähnlichkeit aus sind. Also, ganz klare Antwort: Nein. Ich bin nicht schön, und ich lege auf solche Äußerlichkeiten auch keinen Wert.

Ich bin hässlich, ich bin schön – je nach Stimmung. Wer schlecht gelaunt ist, findet sich und andere eher hässlich, konstatieren die Wissenschaftler des Schönen. Ob Sie sich selbst gefallen, wird folglich nicht im Spiegel entschieden, sondern im Bett. Der Wecker klingelt … und bevor Sie jetzt Ihre alltägliche Routine beginnen, tun Sie mir einen Gefallen und drehen Sie sich erst einmal zur Seite. Da liegt eine Frau oder ein Mann, wer auch immer, wollen Sie dieses Gesicht wirklich noch die nächsten dreißig Jahre neben sich sehen?! Sie leben allein? Auch gut. Dann legen Sie bitte prüfend die Hände auf die Bettdecke. Wollen Sie wirklich die nächsten zehn Jahre noch mit dieser Bettdecke verbringen? Das ist keine Scherzfrage. Finden Sie Ihre Bettdecke schön? Finden Sie Ihr Schlafzimmer schön? Mit diesen Bildern an der Wand?! Ohne Bilder an der Wand?! Mit diesen Möbeln?! Noch immer ohne Möbel? Tapsen Sie in den Flur, blicken Sie sich um. Was sehen Sie? Nichts?! Nichts, was einer Erwähnung wert wäre? Stolpern Sie ins Bad, vermeiden Sie den Blick in den Spiegel und mustern Sie bitte stattdessen den Duschvorhang! Dann die Klobürste, meinetwegen auch die Zahnbürste. Nehmen Sie ein Handtuch in die Hand! Wie viele Jahre haben Sie schon mit diesem Handtuch verbracht?! Ist es noch immer ein schönes Handtuch? Strapazierfähige Baumwolle. Wunderbare Erinnerungen an dieses kleine Hotel auf Rhodos, wo Sie es geklaut haben – gut, kann bleiben.

Gehen Sie weiter in die Küche, und bevor Sie gewohnheitsmäßig Ihr Müsli löffeln, sortieren Sie bitte die Bestandteile. Wann hatten Sie das letzte Mal eine frische Himbeere in Ihrem Körnertopf, oder eine Erdbeere? Können Sie sich noch an den Geschmack einer Blaubeere erinnern? Unterziehen Sie alles um sich herum einer wohlwollenden Prüfung. Ist das eigentlich schön, was da um Sie herum ist? Der Tisch, die Stühle, die Bilder an der Wand? Steht eine Blume auf dem Tisch?

Wozu diese Inventarisierung gut sein soll?

Glauben Sie ernstlich, ein Mensch könne schön sein, wenn er nur von hässlichen Dingen umgeben ist? Von der guten Laune ganz zu schweigen. Neunzig Prozent der Menschen scheint das mehr oder minder gleichgültig zu sein. Das sieht man ihnen an. Sich mit schönen Dingen zu umgeben ist nur für zehn Prozent der Menschen von großer Wichtigkeit, behauptet zumindest eine Umfrage.

Wann hatten Sie das letzte Mal eine Blume auf dem Frühstückstisch stehen? Eine Blume genügt, glauben Sie mir. Eine einzige Tulpe macht Ihr Leben schöner. Schenken Sie sich eine Blume!

Sie schütteln den Kopf? Das ist Ihnen zu albern. Dann stelle ich die Frage allgemeiner, mehr ins Bedeutende zielend. Überlegen Sie bitte ernsthaft! Wann haben Sie das letzte Mal etwas vollkommen Schönes gesehen? So schön, dass es Ihnen den Atem nahm, dass Sie hätten weinen können vor Glück oder zumindest heftig schlucken mussten vor Aufregung? Sie denken immer noch nach? Dann sollten Sie handeln! Die Idee mit der Blume war vielleicht gar nicht so schlecht …

Sie stürmen aus der Wohnung, wollen ins nächste Floristikfachgeschäft und prallen im Hausflur auf Ihren neuen Nachbarn, Quasi Quasimodo. Über den Namen mussten Sie schon lachen, als Sie ihn auf dem Klingelschild gelesen haben. Sie bremsen ab und denken sich: Was für ein hässlicher Name, was für ein hässlicher Mensch. Man sieht es Ihnen sehr deutlich an, dass Sie das denken, obwohl Sie ihm betont freundlich einen guten Morgen wünschen, und prompt sieht Sie Herr Quasimodo an, als hätte er noch nie ein abstoßenderes Gesicht als das

Ihre gesehen, den Glöckner von Notre-Dame eingeschlossen, aber er erspart sich jede Gefühlsregung und brummt stattdessen ein maximal inhaltsleeres Guten Tag, was Sie wiederum erbost.

Das Verhängnis nimmt seinen Lauf. Sie haben Herrn Quasimodo die Laune verdorben und er Ihnen die Ihre. Schönheit ist ein Spiegelphänomen, einer spiegelt den anderen. Beide beginnen Sie den Tag folglich schlecht gelaunt. Es hätte auch anders kommen können …

»Hässlich« und »schön« sind im Positiven wie im Negativen sehr wandelbare Begriffe, das wissen wir alle. Nennen wir es das »Quasimodo-Paradox«. In den Augen Esmeraldas, der Frau, die er liebt, wird er schön, denn sie sieht sein anderes Ich. Die Augen geben das bessere Spiegelbild. Deshalb sollten wir uns von dem statischen Schönheitsmodell der Medien- bzw. Werbeindustrie verabschieden – und Schönheit als eine Matrix begreifen, ein prozessuales Geschehen, in dem sehr viele Faktoren ineinandergreifen, gesteuert von unserem Imaginationsvermögen. Poetisch, mit dem Dichter Morgenstern, gesprochen: »Schön ist eigentlich alles, was man mit Liebe betrachtet.« Nüchtern formuliert: Die vermeintliche Hässlichkeit des Gegenübers ist nicht selten eine Mangelerscheinung des Betrachters, der sich unfähig zeigt, das physiognomische Potenzial des anderen zu erkennen.

Das Gegenteil des Schönen ist nicht das Hässliche, sondern das Missgünstige, Bösartige, Selbstgefällige, Mürrische oder Verstockte. Und hier der Beweis, der noch zu erbringen war: Fahren Sie frühmorgens oder nach Arbeitsschluss eine Stunde U-Bahn durch Berlin – und Sie wissen, was ich meine. Wenn jeder Zehnte lächelt, unwillkürliche mimische Verzerrungen eingerechnet, dann war das ein guter Tag für Berlin.

Die Frage nach der Schönheit stellt sich nicht vor dem Spiegel. Die Frage nach der Schönheit stellt sich, wenn Sie morgens vor die Tür treten – ich vermute, Sie leben nicht auf dem Land. Sie gehen auf die Straße und … laufen bitte nicht gleich los, sondern überlegen einen Moment: Ist die Welt, in der Sie leben, eine schöne Welt oder eine hässliche? Macht sie mich verdrießlich, kaum dass ich die Augen aufschlage? Ihr Stadtviertel, schön oder hässlich? Spazieren Sie einfach los! Eine Stunde in die Himmelsrichtung Ihrer Wahl. Vergessen Sie das mit der Blume. Wir haben einen besseren Plan: Wir suchen das schönste Gesicht der Stadt. Wir suchen es dort, wo die Stadt selbst ihr schönstes Gesicht zeigt. Beginnen wir bei mir, beginnen wir in Berlin.

Wenn ich vor die Haustür trete, bin ich meist unschlüssig. Welcher Weg? Es ist ein wenig wie im Märchen, drei Wünsche stehen mir frei. Oder wie bei Homer, nein, nicht Homer Simpson, der Dichter Homer: Sie haben den Apfel, vor Ihnen stehen Hera, Athene und Aphrodite und streiten um Ihr Obst, die Mächtige, die Kluge und die Schöne, jede will Sie auf einen anderen Weg führen. Hera verspricht die Herrschaft über die Welt, Athene Weisheit und Ruhm, Aphrodite die Liebe der Miss Universe. Zeus wusste sehr genau, warum er sich dieser Aufgabe entzog. Er delegierte die Entscheidung an Paris, einen gut aussehenden, aber keineswegs hochbegabten Königssohn, der mit seiner Fehlentscheidung in die Geschichtsbücher einging. Denn Helena, die Frau seiner Träume, war zwar unsterblich schön, aber verheiratet. Es gab sehr viel Ärger, kein Happy

End und einen Autor, der daraus eine der großen Erzählungen der Menschheit machte.

Helenas Geschichte birgt eine Menge Lehrstoff fürs eigene Schicksal, darunter auch die sehr schlichte Maxime: Überlegen Sie gut, welchem Ideal von Schönheit Sie nacheifern.

Wenn ich mir als Großstädter vorkommen will, *Urban Cowboy,* Flaneur, Karrierist, was auch immer mein Idol für den Tag sein mag, dann spaziere ich die Friedrichstraße hinunter. In den Zwanzigerjahren führte diese Flaniermeile geradewegs in die Hölle. Berlin war ein Sündenbabel und die Friedrichstraße die Hauptverkehrsader der Lüste. Bars, Varietés, Bordelle, eine Tummelstätte künstlich hochgezüchteter, gemeinster und raffiniertester Sexualität, wie der Philosoph Heidegger in einem Brief an seine Frau fasziniert raunt: »Die Menschen hier haben die Seele verloren.«

Wenn Sie heute die Friedrichstraße entlang Richtung Checkpoint Charlie gehen, spüren Sie nicht mehr viel davon. Im »Oscar Wilde Pub« geht es viel biederer zu, als es sich der Namensgeber erhofft hätte. In den zwei, drei provisorischen Nachtbars, die das Flair der Illegalität pflegen, üben sich Gelangweilte in der Kunst der Langeweile und geben sich gut gelaunt, solange die Stimulantien wirken. Der Friedrichstadt-Palast zeigt die längsten Beine der Welt und eine Fassade, die ebenso gut die Betriebskantine des VEB Frohsinn in Chemnitz hätte schmücken können. Gehen Sie einfach weiter, blicken Sie nicht rechts und links, bis Sie auf der Weidendammer Brücke stehen. Jetzt heben Sie den Kopf und sehen sich um! Einer der schönsten Blicke auf Berlin. Unter Ihnen fließt die dunkle Spree und lockt Selbstmörder, links sehen Sie das Bode-Museum, das den Fluss teilt wie ein majestätischer Dampfer. Getarnt durch eine triste Fassadenfarbe steht rechts das Berliner Ensemble, Spielstätte Bertolt Brechts, daneben erhebt sich seit Kurzem ein babylonischer Wohnturm: »yoo berlin«, *»inspired by«* Philippe Starck, maßlos eitel in seiner Konzeption, weil so wenig zur Physiognomie dieser Stadt passend wie der projektierte Gehry-Turm am Alexanderplatz.

Sie gehen über die Brücke, werfen einen kurzen abschätzigen Blick auf den Hotelneubau links, den Sie eilig hinter sich lassen, und blicken dann leicht melancholisch in den Hof des Admiralspalastes. Ein Amüsiertempel einst, weltberühmt, mit prächtiger Fassade, der unbeschadet den Krieg überstand, durch einen Investor aus seinem Dornröschenschlaf wachgeküsst wurde und nun, dank eines ganz und gar nicht hauptstädtischen Publikums, wieder in den Dämmerschlaf des Vergessens zurückzusinken droht. Sie blicken verschämt auf die andere Straßenseite. Dort erinnert der akkurat restaurierte »Palast der Tränen« an die Grenzschikanen der DDR, und ein Hochhaus, das keins werden durfte, steht für all die verlorenen Großstadtträume »Spreeathens« und ist zugleich Denkmal für einen, der mutiger und vorausschauender gedacht hat als viele andere der neueren Baumeister Berlins.

Mies van der Rohe hatte einst für dieses Areal einen gläsernen Wolkenkratzer entworfen, der Entwurf des Architekten Mark Braun war ähnlich luzid und kühn: ein Glasturm, nach außen zweigeteilt, im Inneren verbunden und von mächtiger Höhe.

»Think big« *heißt in Berlin jedoch: »Halt dich an die Traufhöhe.« In endlosen Querelen wurde der Entwurf auf ein kleinstädtisches Maß heruntergekürzt. Gulliver im Lande Liliput.*

Wer sich wie Mark Braun gern durch die Stadt treiben lässt, sieht viel baulich Misslungenes: die Notunterkünfte der 50er und 60er Jahre, die bauherrlichen Egoismen der 70er und 80er, die Spielereien der Postmoderne. Aber was Mark Braun auf diesen Spaziergängen viel mehr aufrüttelte, war die Zahl der Freiflächen. Keine andere Großstadt der Welt bietet so viel Gestaltungsraum. Aber in Berlin trauern sie einem Flughafen nach, anstatt sich auf die neue urbane Binnenfläche zu freuen. Lautstark wird ein Erhalt der Brache gefordert, kleinlaut ein Mangel an Wohnraum beklagt. Die historische Herausforderung einer Neubebauung des Schlossplatzes – und dann dieser Kniefall vor der Monarchie!

Aber Geschichte lässt sich nicht wiederholen. Geschichte wird gemacht. Der Abriss des Palastes der Republik ist Geschichte. Der Neubau des Schlosses hingegen ist mutlos. Die wiedervereinigte Republik traut sich keine neue Repräsentanz ihrer Identität zu und zieht wieder ins verschämt modernisierte Schloss ein. Dieses Zaghafte hasste Mark Braun. Aber er war Realist genug zu wissen, dass die Renditeerwartung der privaten Bauherren und die Knausrigkeit der öffentlichen Hand Mutiges selten zulassen. Dennoch visionierte er eine neue soziale Ordnung des städtischen Raums, generationengerecht, in der die Architektur nicht vereinsamt, sondern zusammenführt.

Der Vorausdenkende, so der Name des Prometheus, des Himmelsstürmers, dem die Götter seine Talente verübelten und ihm zur Strafe tagtäglich die Leber abfressen ließen – denn die galt bei den Griechen als Sitz des Temperaments. Als Mark Braun endlich zum Arzt ging, ergab die Untersuchung, dass der Krebs an der Leber annähernd zwei Kilo Metastasen gebildet hatte. Fassungslos nahm er die Diagnose zur Kenntnis, so plötzlich jeglicher Perspektive beraubt.

Mark Braun war ein Architekt, der Berlin gern schöner gesehen hätte, als Stadt, nicht als wirres Konglomerat von Bauten, die gegeneinander, nicht miteinander um den Blick des Betrachters buhlen. Mir schien, er litt körperlich unter dem, was er sah. Denn es ist so offensichtlich: Das einander Widersprechende macht krank. Die Monumentalität vieler Bauten, die nur dem Repräsentationswillen der Behörden und Unternehmen dienen, lässt den Blick jedes Betrachters erkalten, und das Herz gleich mit.

Die Friedrichstraße kreuzt den berühmten Boulevard »Unter den Linden«. Wer hier spazieren geht, will entweder zum Brandenburger Tor oder zum Fernsehturm, aber Sie gehen weiter geradeaus, blicken wie alle Paparazzi links in die Straße, wo Sie das Prominentenlokal Borchardt vermuten, staunen über die gläserne Fassade des Kaufhauses Lafayette, durch dessen Gourmetetage Sie geradewegs im Shoppingtunnel das Büroquartier unterqueren können, um nur eine Rolltreppe später zwischen Steakhaus und Friseur hinauszutreten auf den Gendarmenmarkt: Der Deutsche Dom, der Französische Dom, dazwischen das ehemals königliche Schauspielhaus, heute Konzerthaus, in dem vor dem Zweiten Weltkrieg die ganz großen Schauspiele aufgeführt wurden, die Spielstätte Mephistos, von Schinkel im klassischen Stil erbaut, das Berlin Gustaf Gründgens. Der schönste Platz der Stadt.

Hier, inmitten dieser Prachtbauten, entscheiden Sie bitte: Ist die Stadt schön oder hässlich? War Gustaf Gründgens schön oder hässlich als Mephisto? Er, der wie kein anderer das Maskenspiel der »besseren Gesellschaft« beherrschte, der den Charmeur gab und den Dämon zugleich, der das Theater über alles liebte, weil es dem schönen Schein huldigt, und der das Publikum dafür verachtete, dass es ihm erlag. Warum die Frage so wichtig ist? Viele glauben: Je schöner wir leben, desto schönere Menschen werden wir. Je mehr Nähe zu Reichtum und Macht, desto attraktiver wirken wir auf andere. Sie hören das mephistophelische Lachen von Herrn Gründgens? Nichts ist flüchtiger als die Aura des Erfolgs. Er hatte den Teufelspakt mit dem Regime geschlossen und wäre beinahe daran zugrunde gegangen. Er hat Hitler in vorderster Linie gedient und zugleich sein eigenes Spiel zu spielen versucht. Die mephistophelische Mahnung? Jeder, der den Einflüsterungen des Teufels nachgibt und sich den Dämonen des Ehrgeizes und der Geltungssucht ergibt, verliert unweigerlich sein Gesicht und wird selbst zum Maskenträger im Spiel der Mächtigen.

Der Gendarmenmarkt ist der Sammelplatz der Wichtigen und der Schönen geblieben, jener, die in den Fernsehanstalten ringsum arbeiten oder in den Büros der Banken und Lobbyisten und die sich in der Mittagspause, so die Sonne wärmt, auf dem Platz zum Picknick treffen. Im Rücken des Konzerthauses ist die Newton Bar, benannt nach dem Fotografen des kühlen, des inszenierten Schönen, dorthin würde ich Hera bitten, jene Göttin, die ihren Wählern die Herrschaft über die Welt verspricht, und ihr in Ruhe erklären, dass mich all das nicht interessiert, nein, keine Macht für mich bitte, denn sie lässt die

Gesichter nicht schöner werden, nur starrer, maskenhafter. Kein Apfel für Hera.

Wenn Aphrodite mich an die Hand nimmt, kaum da ich aus dem Haus getreten bin, führt sie mich die Oranienburger Straße hinunter, vorbei am Tacheles, dieser pittoresken Kaufhausruine, in der sich – ausgehalten vom Senat – die Künstler-Avantgarde eingerichtet hatte, bis die Touristen den Ort überrannten. Einige Meter weiter, auf der linken Straßenseite, steht die Neue Synagoge, ausgebrannt, als Fassade bewahrt, davor und danach reiht sich Lokal an Lokal, aber die Fluktuation ist hoch, das Flair der Straße scheint verflogen, bis es Abend wird.

Nachts ist die Oranienburger Straße ein Catwalk der käuflichen Supermodels, *Fashion and Flesh* im Ganzjahresbetrieb, denn hier ist der bekannteste Straßenstrich der Stadt. Und anders als in der Kurfürstenstraße, wo sich die Halbwüchsigen und Drogensüchtigen verkaufen, hat dieses stolzierende Auf und Ab der Huren nichts Armseliges. Die Frauen, die hier stehen und um Freier werben, gelten als die schönsten ihrer Zunft. Ihre Gesichter sind meist undurchdringlich, weil viel zu vollkommen geschminkt, aber ihr Auftritt ist selbstbewusst und ohne billige Allüren: ein Laufsteg der Venus.

Ich wechsle die Straßenseite, spaziere durch den Monbijoupark, dieser Liegewiese mit kargem Baumbestand, hinüber an die Spree, unterquere die S-Bahn-Gleise und blicke auf die Museumsinsel, Toten- und Schatzinsel zugleich, eine riesige Asservatenkammer all dessen, was Sammler und Gelehrte, Fürsten und reiche Bürger aus aller Welt an Schönem zusammengetragen haben. Im Monbijoupark stand einst ein kleines Schloss, das als Unterkunft für die Geliebte des Königs diente. Auf der Museumsinsel hingegen ist Nofretete zu Hause, Hauptfrau des Herrschers Echnaton, neben der Mona Lisa die schönste Frau der Welt, museal gesehen.

»Die Schöne ist gekommen«, so die Übersetzung ihres Namens, die Schöne kam nach Berlin, weil es seinerzeit einen Kuhhandel zwischen ihrem Ausgräber und den ägyptischen Behörden gab. Schönheit hat immer auch ihren Preis.

Was an dieser Frau ist wirklich schön? Der Blick auf ihr Antlitz, der Blick ins Gesicht lebender schöner Menschen lehrt: Wir lieben Symmetrie. Die Forschung berichtigt, wir bewundern Symmetrie, aber wir lieben sie nicht. Das vollkommen schöne Gesicht brennt sich nicht ein in unser Herz. Nofretetes Kopfhaltung ist majestätisch, ihr Ausdruck bezaubernde Arroganz, nach Meinung aller Sachverständigen ist sie schön zu nennen, weil sehr korrekt im Gesichtsaufbau, aber ihre Schönheit macht nicht eine Sekunde froh – jene ausgenommen, die an ihr modellierten.

Schönheit, sofern sie sich als klassische definiert, oder einfach nur als mehrheitskonforme, hat etwas atemberaubend Langweiliges. Deswegen ist sie so leicht reproduzierbar. Unzählige Büsten der Nofretete zieren die Museumsshops, eine gleicht der anderen zum Verwechseln. Das Auge wird müde davon, die Kopien entwerten das Original. Ob Barbie oder *Baywatch*-Beauty, Gesichter kommen in Mode, werden zu Konfektionsware und sind vergessen, kaum dass ein neues »schönstes« Gesicht auftaucht. Oder kennen Sie noch die Schönheitskönigin vom letzten Jahr?

Was viele dennoch nicht daran hindert, sich genau jenes Gesicht anpassen zu lassen, das sie in den Medien als schönes

Gesicht präsentiert bekommen. An die tausend Spezialisten nehmen allein hierzulande jährlich etwa hunderttausend kosmetische Eingriffe vor, weitere zweihunderttausen werden von Nichtfachärzten durchgeführt. Die Folgen sind meist sichtbarer, als es den Patienten lieb ist. Michael Jacksons Antlitz war schon zu Lebzeiten eine Totenmaske, weil es am Reißbrett der Chirurgen entworfen wurde. Operativ optimierte Gesichter zerstören die Persönlichkeit, weil sie die Geschichte auslöschen, die in diesen Gesichtern zu lesen war. Dennoch beharren viele auf dem Wunsch, durch das Skalpell schöner zu werden, als sie es sind, weil sie sich davon ein glücklicheres Leben erhoffen. Auf den ersten Blick scheint das vernünftig, überdurchschnittlich schöne Menschen haben – statistisch gesehen – mehr Erfolg, mehr Geld und natürlich viel mehr Bewunderer als unscheinbare Menschen. Aber sie haben selten wirklich Glück im Leben. Das macht sie so interessant für Geschichtenerzähler und Therapeuten, aber so untauglich als persönliches Vorbild. Nofretetes Fluch: Vollkommene Schönheit bringt Verderben. Die Zahl derer, die das bezeugen, ist beklemmend groß. Marilyn Monroe, James Dean, Marlene Dietrich, Horst Buchholz, Romy Schneider, Helmut Berger, sie alle würden unterschreiben: Überdurchschnittliche Attraktivität ist ein Verhängnis, denn sie lässt andere glauben, in diesen Gesichtern sei das Glück zu finden. Dabei ist es nur der mimische Ausweis einer erfolgreichen genetischen Variation. Schönheit, sofern wir sie ausschließlich als Optimierungsresultat anziehender Merkmale begreifen, ist nur eine evolutionäre Hilfestellung für die Fortpflanzung. Nichts anderes sagen die winkenden Transparente, wenn Clooney sich in Cannes zeigt: »George, ich will ein Kind von dir …«

Ich würde also nach kurzem Bedenken Aphrodite in die Riva-Bar bitten, ihr einen Cocktail spendieren, möglichst bunt, einen zuckersüßen Granatapfel-Prosecco-Cocktail, etwas in der Art, und ihr dann das sagen, was sie ohnehin schon weiß, dass ich aus der Sache mit Paris und den drei Grazien gelernt hätte und ein Troja genug sei und Angelina Jolie keineswegs eine schöne Frau, nein, niemals, ich finde sie geradezu abstoßend in ihrer Affektiertheit, weil die Schönheit immer nur eine des Herzens sei, was man halt so vor sich hin brabbelt in einer Bar, allein, mit der Idee des Schönen im Kopf und der Sehnsucht nach etwas ganz anderem im Herzen. Willkommen bei Homer, nein, nicht dem Dichter, willkommen bei Homer Simpson. Prost!

Bleibt Athene und ihr Versprechen des unsterblichen Ruhms, sofern sich Schönheit und Geist verbinden. Ich wohne in der Novalisstraße, und das ist kein Zufall, denn ich bin ein abergläubischer Mensch. Als ich die Wahl hatte zwischen der Schlegelstraße und der Novalisstraße, war meine Entscheidung klar. Novalis starb jung, aber er reimte unsterblich Schönes, Schöneres als Schlegel. So dachte ich, aber inzwischen muss ich den Namen meist buchstabieren, weil den Dichter der blauen Blume kaum noch einer kennt. Insofern hat er Schlegel nichts mehr voraus.

Nach einigen Schritten auf der Torstraße biege ich in die Tucholskystraße ein. Kurt Tucholsky, seinetwegen bin ich nach Berlin gekommen. Er und Erich Kästner und Bertolt Brecht und Walter Mehring und Carl Zuckmayer und Mascha Kaléko und Irmgard Keun und Vicki Baum und tausend andere machten Berlin in den Zwanzigerjahren zur Welthauptstadt der Literaten und Lebenskünstler. An der Kreuzung zur Auguststraße gibt es zwei Lokale, in denen sie sich wohlgefühlt hätten: das verhalten mondäne »Keyser Soze«, benannt nach einem Gangsterboss aus dem Film *Die üblichen Verdächtigen*, und ein paar Schritte weiter das abgelebtere »Zosch«, ehemals Versammlungsort der Modernisierungsverweigerer. Über dem »Zosch« lebte einer der großen Diskutanten und Büchersammler der Stadt, Wilfried M. Bonsack, gelernter Theologe, Philosoph, Literaturwissenschaftler, Dichter, Kleinverleger, Weltweiser, Pfeifenraucher, Kanapeebesitzer und Herr eines literarischen Salons, in dem er mehr als dreißig Jahre lang die Schönen und die Klugen empfing, argwöhnisch beäugt von der Staatssicherheit der DDR, die Konspiratives argwöhnte.

Nach dem Mauerfall wurde es ruhiger um ihn. Er kam mit dem neuen Leben, den ruppigeren Manieren, dem anderen Tempo nicht so gut zurecht. Er wurde ein wenig lebensmüde. Das Gesicht war blass. Die runde Brille bündelte nicht mehr so recht, was die Realität ihn zwang wahrzunehmen: dass er ein Fossil war, ein Überbleibsel aus den Schriftzeiten der Menschheit, das verlegen und maulwurfsblind ins digital erleuchtete Zeitalter blinzelte. Es gab eine Menge Manuskripte in seiner Wohnung, Gedichte und Bücher, Selbstgedrucktes im Eigenverlag, Geschenke von Autoren und Freunden, Bilder und Zeichnungen an der Wand, handgemalt von Künstlerkollegen, unverkäuflich, unschätzbar im Wert, nicht verhandelbar zum Verkauf. Zehntausend Bücher werden es wohl gewesen sein, die er um sich versammelt hatte wie all die Freunde, die er regelmäßig zu seinem jour fixe *lud, um über Gott und die Welt zu reden.*

Berlin war einst berühmt für diese Salons, in denen, so will es die wohlwollende Geschichtsschreibung, unter der Aufsicht schöner Damen Staatsmänner, Künstler und Gelehrte im freien Dialog zusammenfanden, um sich der eigenen Feinsinnigkeit zu erfreuen. Rahel Varnhagen ist die Schutzpatronin all dieser Schöngeister, Nicolaus Sombart war ihr würdigster Zögling. Der Sohn des berühmten Soziologen Werner Sombart unterhielt im Westteil der Stadt, unweit der fashionablen Pariser Straße, einen Salon, der das genaue Gegenteil der Bücherhöhle war, in der Wilfried Bonsack seine Gäste empfing. In Sombarts geräumiger Altbauwohnung duftete es stets nach Lilien, der Hausherr lagerte auf dem Kanapee und empfing mit großer Geste seine illustren Gäste, die zuweilen bekannter, zuweilen einfach nur arroganter waren als jene in Bonsacks Salon des Ostens.

Am auffälligsten war Nicolaus Sombart selbst. Ein ungewöhnlich schöner Mann, der ganz und gar durchdrungen war von seiner eigenen Bedeutung und es daher nur für legitim hielt, die Bewunderung aller anderen einzufordern. In seinem *Journal intime* gibt er ausführlich Rechenschaft darüber, wie Schönheit und Geist immer wieder eine selbstverständliche Allianz zu seinen Gunsten eingingen.

Oscar Wilde hätte sich dort sicher wohlgefühlt, es waren stets sehr kluge und sehr anziehende Menschen geladen, die vorwiegend vom Enthusiasmus für sich selbst zehrten, bis das Zuviel der Jahre das Zuviel der Eitelkeit nicht mehr austarierte.

Sombart war ein Schöngeist, wie Wilfried Bonsack auch, der eine in unverbrüchlicher Treue stets sich selbst zugewandt, der andere der Schönheit, die ihm selbst versagt worden war.

Athene stellt ihre Jünger vor keine ganz leichte Aufgabe: Wer sich der Schönheit des Geistes zuwendet und das Wechselspiel zu beherrschen meint, wird nicht selten zum Narziss, wenn er sich selbst als Geist vergötzt; vergöttert er hingegen die Schönheit des Gegenübers, dann führt er eine Schattenexistenz als unglücklich Liebender, die geradewegs zum Verschwinden des eigenen Egos führt. *Der blaue Engel* oder Eliza Doolittle, Professor Higgins oder Professor Unrat, ich erschaffe mir das Schöne in wahnsinniger Hybris selbst, oder ich verliere mich darin bis zur Selbstpreisgabe.

Die Pariser Straße, die Boheme des alten West-Berlin, verlor nach dem Mauerfall ihren Glanz, die Auguststraße hingegen, das Quartier Wilfried Bonsacks, wurde zur Flaniermeile für Sammler aus aller Welt, die besten Galerien der Republik siedelten sich an. Wer hier entlangspaziert, weiß, was wirklich schön ist, zumindest gibt er sich so. Natürlich ist auch der unsterbliche Oscar Wilde unter den Flaneuren, denn, so würde er beiläufig anmerken, während sein Blick schon die Auslagen der Boutique gegenüber mustert, das Schöne ist eine immerwährende Obsession, etwas, das auf der Stelle gefangen nimmt, das einen auf die Knie sinken lässt. Wie die Kleider, ach was Kleider, wie die Kostümkunstwerke im Showroom von Wolfgang Joop, dem »Wunderkind« der Berliner Modeszene, Zwillingsbruder von Dorian Gray. Sein Verkaufsraum ist eine der schönsten Galerien in der Auguststraße, denn so eitel sich ihr Schöpfer auch immer geben mag, so ist doch Mode etwas, das immer den Blick für den anderen, für das Gegenüber bewahrt.

Bei vielen der herkömmlichen Galerien der Straße scheint es hingegen, als dächten die Künstler nur mehr an einen Einzigen mit Hingabe – auch da ist das Schöne eine Obsession, allerdings nur in Gestalt einer heftigen Liebesaffäre mit dem eigenen Ego.

Ich würde die Auguststraße inzwischen meiden, wären da nicht auf halber Höhe ein Fußballplatz und schräg gegenüber Clärchens Ballhaus. Neben der Mode ist Tanz, sofern er denn als Gesellschaftstanz praktiziert wird, die eleganteste Form der Harmonisierung von Geist und Schönheit. Und einer der illustresten Orte, um Tanzende zu beobachten, ist Clärchens Ballhaus, wo die Zwanzigerjahre niemals enden.

Hier haben Selbstdarsteller keine große Chance, dazu ist es viel zu eng. Wer sich durch die Menge der Tanzenden hindurchpflügen will, muss seine Schritte beherrschen. Das tun meist die älteren Damen und Herren am besten, am leidenschaftlichsten. Nichts ist trostloser als zwei Mitte-Menschen, jung, erfolgreich, ein Kind, zwei Wohnungen, drei Berufe, viel ererbtes Geld, ausgesprochen kunstsinnig, die sich auf der Suche nach der verlorenen Leidenschaft in eifrig memorierten Tangoschritten über das Parkett schieben, als gelte es Designermöbel zu verrücken. Eros ist für sie nur mehr eine Zentrifugalkraft. Was auch immer in diese Menschen gefahren ist, Liebe ist es nicht, Leidenschaft auch nicht. Vielleicht klingt das Wort »flirten« deshalb so altmodisch in dieser Szene der *Young Urban Mobiles*. Flirten: Geist und Schönheit in einem Zwiegespräch auf Augenhöhe bringen, das hört sich sehr altmodisch an, wunderbar altmodisch, habsburgerisch geradezu.

In einem Haus am Ende der Straße lebte György Fehéri, Schriftsteller, Übersetzer, einer, der aus Budapest nach Berlin gekommen war, weil er auf ein neues Leben hoffte, denn nur hier war seine medizinische Versorgung garantiert.

Zweimal scheiterte die Transplantation einer neuen Niere, sein Immunsystem war zu stark. Es folgten siebenundzwanzig Jahre und sechs Monate Dialyse. Viermal die Woche vier Stunden. »Wenn jemand Zeit zum Lesen braucht, kann ich die Dialyse nur empfehlen«, scherzte er.

Seit er zwanzig war, dachte er Tag für Tag an den Tod, und doch hat er ihm bis zuletzt keine Macht über sich und seine Gedanken eingeräumt.

»Er konnte nicht verstehen«, erzählt Birke, seine letzte, seine große Liebe, »dass manche Leute, die in einer Beziehung leben, sich sozusagen ›vom Markt nehmen‹, also in Kleidung, vielmehr aber in Verhalten und Gestik, asexuell daherkommen. Er hat noch in schwierigsten Zeiten im Krankenhaus die Schwestern als weibliche Wesen wahrgenommen und sich selbst um Charme und Liebenswürdigkeit bemüht. Darin war keine Spur von Anmache. Dieses Sich-nicht-gehen-Lassen war einfach eine selbstverständliche Umgangsweise. Die leise Spannung zwischen Mann und Frau gehört zum Leben.«

Eros ist Schönheit. Schön ist, was uns zum Leben verlockt. Schön ist, was uns über den Tod hinwegtröstet. Von der Auguststraße sind es nur wenige Schritte zum Friedhof der Sophienkirche, einem der schönsten Orte, die ich in Berlin kenne, denn er scheint völlig unberührt von allem Zeitlichen. Dort würde ich selbst gern meine letzte Ruhe finden.

Wissen Sie, wo Ihr Grab sein wird? Überlegen Sie es beizeiten. Sie tun sich selbst einen Gefallen, aber mehr noch den Menschen, die um Sie trauern wollen. Denn es trauert sich schöner an einem schönen Ort. Auf der Nachrufseite ist immer das Bild eines Friedhofs zu sehen. Es gibt sehr viele schöne Friedhöfe in der Stadt, aber immer weniger Menschen, die sich dort ein Grab wünschen, das auch ihren Namen trägt. Die Menschen wollen der Toten nicht mehr gedenken, vielleicht wollen sie auch einfach nicht mehr an den Tod erinnert werden. Das macht ihn umso mächtiger. Immer mehr Erinnernswertes gerät in Vergessenheit, weil das Gegenwärtige so viel Raum einnimmt.

Das klingt sentimental, woraus Sie folgern können, dass wir bereits in der Nähe des Billardsalons sind. Er liegt am Hintereingang zu den Hackeschen Höfen, in denen Tag für Tag Tausende von Touristen das alte Berlin suchen. Glücklicherweise verirren sich nur wenige davon in den Billardsalon. Sie steigen die Treppen hinauf in den ersten Stock, öffnen die Stahltür und sind in einer anderen Welt. Wim Wenders war schon hier und viele andere Berühmtheiten, denn der Ort ist magisch, was auch daran liegen mag, dass André die Wände in tiefem Blutrot gestrichen hat. Worin sich dieser Salon von allen anderen Salons der Stadt unterscheidet? Prominenz zählt hier nicht.

Ich persönlich habe kein großes Talent zum Billardspielen. Aber ich setze mich gern an die Bar, bevor es losgeht. André hat das Talent, die besten Cocktails zu mixen und die nettesten Bedienungen anzuheuern. Wenn ich also den Apfel noch in der Tasche hätte, fiele es mir sehr schwer, eine Entscheidung zu treffen. Laure, Kristina oder Anne. Anne ist sehr schüchtern auf den ersten Blick, Typus Athene inkognito, und gerade das macht sie so anziehend. Sie wirkt, als wäre sie aus einem Roman von Dostojewski davongehuscht, weil ihr die Helden letztlich doch ein wenig zu dämonisch sind. Aber – sie bleibt in sicherer Entfernung stehen, neugierig, was nun aus Fürst Myschkin wird. In ihr vermute ich zuweilen die Lebensangst ihrer Generation, die ein wenig verloren auf all die vielen Wege blickt, die sich vor ihr auftun. Laure hingegen würde einem Typen wie Raskolnikoff einfach einen auf die Mütze geben, weil sie Wichtigtuer nun mal nicht mag und jeder, der sich zu ihr an die Bar setzt, auch gefälligst Manieren zeigen muss. Laure schminkt sich sehr rote Lippen, hat eine wunderschöne Stimme und einen tollen Busen, an den sich allerdings nur einer drücken darf. Alle anderen hat sie aber auch lieb. Kristina wiederum ist Aphrodite in Person, aber mit Herz, einem sehr kaltschnäuzigen Herzchen zuweilen, was sie zur Hüterin all der gebrochenen Herzen in dieser Stadt macht. Welche bekommt den Apfel?

Keine Ahnung, ich bin zu alt, als dass ich noch Geschenke an junge Frauen verteilen würde. Ich weiß nur eins: Alle drei sind wunderhübsch, viel schöner als alle Tresen-Models in den Clubs ringsum, und das ist völlig unabhängig vom Alkoholisierungsgrad, wobei ich zugeben muss, dass alle drei mehr Whiskey als Cola ins Glas füllen.

Mein Freund David kommt meist ein paar Minuten nach mir. Ein drahtiger, gut aussehender Bursche, Haare auf der Brust, Typus lesender Holzfäller mit Bedarf an Langzeitdeodorants. Er spielt sehr gut Billard, und wenn ich ihn fragen würde, ob er sich für gut aussehend hält, würde er mir vermutlich nur den Vogel zeigen. Aussehen ist für ihn nicht wichtig, das verleiht ihm eine unwahrscheinliche Lässigkeit, die er clever, aber unauffällig ausspielt, was ihn wiederum sehr zufrieden mit sich selbst stimmt. Mein Freund Sebastian wurde mit Anzug geboren, weil ihm Anzüge nun einmal gut stehen, und da es seine

Zeit dauert, bis ein Anzug sitzt, kommt er meist eine halbe Stunde zu spät. Als Anzugträger unter Anzugträgern würde er nicht sonderlich auffallen, obwohl er rothaarig ist und meist Bart trägt, aber so geben sich derzeit viele Großstadt-Robinsons, partiell ungezähmt. Hier im Billardsalon ist er allerdings immer einen Hingucker wert, denn er zieht sein Jackett nie aus, was auch noch den Letzten irgendwann begreifen lässt, dass dieser Anzug nicht der Bekleidung dient, sondern ein Seelenkorsett ist.

Florian ist unser Bohemien, unmöglich, dass sich je eine Frau in ihn verlieben könnte, so schlampig, wie er auftritt, unmöglich, dass sich eine Frau nicht in ihn verlieben könnte. Ein James Dean ohne Porsche, gerade vom Fahrrad gestiegen, schweißnass, im H&M-Anzug, unverschämt nonchalant getragen, sodass jeder Herrenschneider sich ihn in die Anprobe wünschte.

Ist mir das Aussehen meiner Freunde wichtig? Sicher ist es das. Ich will, dass sie gut aussehen. Und sie sehen gut aus, weil sie in diesem Quartett gut aussehen. Schönheit ist ein Symmetriephänomen. Aber nicht zwischen Spiegel und Ego, sondern zwischen den Menschen. Prinzip: *Sex and the City*. Das Quartett funktioniert nur, weil es die Unterschiedlichkeiten perfekt inszeniert. Samantha Jones in vierfacher Gestalt wäre ein Albtraum, obwohl – es gibt schlimmere Träume. Billardsalonscherz.

Das schöne Gesicht ist das gute Gesicht. Wie ich darauf komme? Ich freue mich immer wieder, meine Freunde zu sehen. Es sind einfach gute Jungs. Kann ich ihnen das ansehen, ob sie gute Menschen sind? Meine Mutter sah immer sofort, wenn ich gelogen hatte. Vermutlich wackelten dann meine Segelohren. Sie sah aber auch, wenn ich schlecht gelaunt war oder Liebeskummer hatte oder etwas in mir rumorte, was ich selbst noch nicht einmal wahrnahm. Wahrscheinlich kam ich deshalb auf die Idee, mich im Studium mit Physiognomik zu beschäftigen, der Lehre, aus dem Gesicht der Menschen ihr Wesen zu lesen.

Konnte man Hitler ansehen, dass er ein schlechter Mensch war? Die Meinungen gehen stark auseinander. Hätte er den Krieg gewonnen, wäre die Sache allerdings klar zu seinen Gunsten entschieden worden. Stalin, Mao, Pol Pot, erzählen die Gesichter etwas von dem Schrecken, den diese Männer verbreitet haben?

Nicht wirklich. Deshalb: Verlassen Sie sich nicht auf den ersten Eindruck, auf das, was Sie im Gesicht eines anderen sehen, zu sehen glauben. Es ist trügerisch. »Wir urteilen stündlich aus dem Gesicht und irren stündlich.« Das stellte schon Lichtenberg fest, prominentester Gegner des Gesichtskundlers Lavater und jeder allzu schlichten Moralisierung der Physiognomik. Denn – Zitat Lichtenberg –, »wenn die Physiognomik das wird, was Lavater von ihr erwartet, so wird man die Kinder aufhängen, ehe sie die Taten getan haben, die den Galgen verdienen«.

Physiognomik ist angewandter Aberglaube. Wie Horoskopie. Was nicht heißt, dass es sich von Zeit zu Zeit nicht lohnen würde, spaßeshalber den Gesichtsausdruck Ihres Gegenübers zu erkunden. Außerdem ist es ein sehr charmanter Gesprächseinstieg: »Du siehst aber gar nicht gut aus heute … Kummer?«

Ich sehe meinen Freunden an, wenn sie schlecht gelaunt sind oder Liebeskummer haben, was ohnehin nur noch selten der Fall ist. Ich sehe ihnen an, wenn sie Drogen genommen haben, was glücklicherweise gar nicht mehr der Fall ist, gelegentliche Joints ausgenommen. Kokain sah man sofort an. Es erkaltet das Ego der Person auf der Stelle. Deswegen ist Koksen bei uns streng verboten. Es macht größenwahnsinnig und hässlich.

Das Gesicht ist eine Seelenlandschaft. Alles hinterlässt seine Spuren. Manche Menschen leiden unter dem, was sie tun, so stark, dass es ihnen tatsächlich im Gesicht geschrieben steht. Denken Sie an Willy Brandt. Was für ein schönes, ausdrucksstarkes Gesicht. Andere hingegen scheinen alle Spuren hinweglächeln zu können.

Vor einer Weile machte der Schriftsteller Martin Walser Schlagzeilen, weil er in einem öffentlichen Streitgespräch mit dem Philosophen Peter Sloterdijk feststellte: »Das Gesicht von Angela Merkel ist schön.« Großes Gelächter, heftiger Widerspruch. Jeder kann sich täglich überzeugen, dass Angela Merkel, die Kanzlerin der Bundesrepublik Deutschland, alles andere als eine klassische Schönheit ist. Und von der Aura der Macht, die bei Männern so gern herbeigeredet wird, wenn es gilt, kleine Gestalten großzureden, kann bei ihr auch keine Rede sein. Sie gilt als unscheinbar. Eine der mächtigsten Frauen der Welt.

Wie kam der Schriftsteller zu dieser befremdenden Feststellung? Wieso widersprach der Philosoph so heftig?

»Die Fähigkeit, etwas schön finden zu können, ist die wichtigste Fähigkeit überhaupt«, konstatierte Walser und erklärte damit nichts. Schönheit liegt im Auge des Betrachters, das war schon den Griechen klar. Es braucht zwei Menschen, um einen Menschen schön zu finden. Eine sehr schlichte Erkenntnis, die manchen Narzissten vor erhebliche Probleme stellt, sobald er sich vom Spiegel entfernt.

Was im Erscheinen von Angela Merkel so angenehm überrascht, ist ihre unprätentiöse Haltung. Sie gibt sich natürlich, ganz und gar nicht narzisstisch. Ob das nun einstudiert ist oder ihrem Wesen tatsächlich entspricht, lässt sich aus der Distanz nicht beurteilen. Aber sie wirkt, als sei sie im Einklang mit sich und ihrem Tun. Das ist schön. Einer, der mit sich übereinstimmt, wirkt anziehend.

Sloterdijk verstand Walser nicht, der Philosoph verstand den Dichter nicht. Weil er ihn nicht verstehen wollte. Walsers Einlassungen waren Sloterdijk vermutlich zu unkompliziert. Als hätte sich eine Putzfrau in den Tempel der Weisheit geschlichen und die angeregte Debatte der Philosophen über das Schöne an und für sich nach einem kurzen Blick auf die Versammelten mit einem kernigen »Schön ist anders« beendet.

Das Schöne ist im Erklären nicht greifbar, nur im Tun, nur in der Anwesenheit. Ein Gedicht ist schön, ein Roman, selten eine philosophische Streitschrift. Was das Schöne anbelangt, sind die Philosophen immer im Hintertreffen. Schon rein äußerlich.

»Die schönen Männer haben mich nie interessiert, ich habe mich immer in die hässlichen verliebt«, gesteht die Philosophin Agnes Heller in ihrer Autobiografie. Auf die Frage der Interviewerin, warum, antwortet sie: »Weil sie charmanter waren. Hässlich darf ein Mann sein, aber kein Streber, Parvenü oder Mitläufer. Ich habe mich ausnahmslos in unattraktive, aber kluge Männer verliebt, eigentlich nur in Philosophen. Ich liebe Menschen mit Intellekt. Intellekt ist der Ausdruck der Persönlichkeit, ebenso wie das Gesicht Ausdruck der Persönlichkeit ist. Für mich waren diese Männer nicht hässlich, sie waren schön.«

Das Aussehen zählt nicht, wenn es um das Wesen der Schönheit geht. Sloterdijk wusste vermutlich genau, was Walser sagen wollte, oder Victor Hugo in Gestalt des Glöckners von Notre-Dame, aber er brachte es nicht übers Herz, den beiden recht zu geben. Weil er damit der Poesie den Vorrang vor der Philosophie eingeräumt hätte, er hätte zugeben müssen, dass Schönheit mehr gilt als Wahrheit. »Mehr als schön ist nichts.« Ein seltsam unbeholfener Satz des Schriftstellers Walser, der ausspricht, wie mächtig die Sehnsucht ist, nicht die nach Wahrheit, sondern die Sehnsucht nach Schönheit.

Was hat Angela Merkel mit der Mona Lisa gemein? Irgendetwas muss es geben, wenn beide für schön gelten können.

»Die bewundernswertesten Gesichter«, so Leonardo da Vinci, »sind diejenigen, deren Ausdruck die Empfindungen der Seele am besten offenbart.« Aber wie offenbart sich Seele in diesem Gemälde? Drei Aspekte sind es, die in der Forschung hervorgehoben werden:

Die Bedeutung der Hände. Sie fallen nicht direkt ins Auge, werden aber wahrgenommen und vermitteln das Gefühl einer in sich ruhenden, vertrauenswürdigen Persönlichkeit. Selten ein Bild, auf dem Frau Merkel ihre Hände nicht zur Venusraute zusammenschließt, diskrete Magie, weil stille Suggestion mütterlicher Verlässlichkeit. Zweitens, der Mythos schlechthin: das Lächeln der Mona Lisa. Es wurde viel hineingedeutet, herauslesen lässt sich allerdings nichts. Ein Vergleich mit dem Standard-Lächeln unserer Tage lässt die Bedeutungsdifferenz begreifen. Die Prominenz lächelt für die Kamera – oder für den Spiegel, ein Allerweltslächeln, das keine Gefühlsregungen vermittelt. Frau Merkel hingegen lächelt nach Art der Mona Lisa.

Drittens schließlich: Mona Lisa lässt uns unsicher zurück, was ihre Sympathiebekundung anbelangt. Lassen wir den Kopf der Mona Lisa virtuell mehr nach links kippen, glauben wir etwas leicht Abschätziges, Kaltes in ihrem Blick wahrzunehmen; kippen wir den Kopf hingegen in die Richtung, in die ihre Augen blicken, intensiviert sich die Lieblichkeit des Blicks. Schönheit, so müssen wir schlussfolgern, ist ein Kippphänomen. Leonardos Kunst bestand darin, durch eine nahezu unmerkliche Neigung des Kopfes einen subtilen Sympathieeffekt zu erzeugen. Frau Merkels Kunst besteht darin, ihren Kopf immer ein wenig schräg zu halten. Wir sind von ihr angezogen, können uns aber, wie ihre Kabinettsmitglieder, ihrer Zuneigung nie ganz sicher sein – mit der Folge, dass wir gezwungen sind, sie immer und immer wieder anzusehen. Neuere Forschungen bestätigen: Menschen, die beharrlich als sympathisch wahrgenommen werden, werden auch eher als schön wahrgenommen. Der scheinbare Widerspruch zwischen »Für mich bist du schön!« und »Gott, ist die/der hässlich« löst sich genau dann, wenn die Optik des Herzens die Wahrnehmung des abschätzigen Blicks ablöst.

Wir stehen wieder am Anfang. Denken Sie an Ihren Nachbarn. Lächeln Sie ihn an! Ja, doch! Lächeln Sie Herrn Quasi Quasimodo einfach mal an. Denken Sie an die schöne Esmeralda. Es tut sich nichts? Versuchen Sie es morgen wieder. Treten Sie aus der Haustür, mit dem festen Vorsatz, dass Sie niemals den Versuch aufgeben werden, Quasimodo zum Lächeln zu bringen. Eines Tages wird es Ihnen gelingen! Ich schwöre Ihnen, in diesem Moment lächeln Sie selbst Ihr nettestes Lächeln seit Jahren und sehen bedeutend schöner aus als an all den anderen Quasimodo-Morgen zuvor. Glauben Sie mir, niemand wird Sie jemals schön finden können, wenn Sie sich nicht zu einem Lächeln durchringen.

Schön ist alles, was man mit Liebe betrachtet. Schön ist, wer geliebt wird. Schön wird, wer liebt. Sehr schwer, sehr einfach. Sehr schwer, weil die Menschen immer glauben, sie hätten Wichtigeres zu tun, als sich um die schönen Dinge des Lebens zu kümmern. Immer wenn es um die ganz großen Fragen geht, erscheint die Frage nach der Schönheit plötzlich sehr nebensächlich. Aktivisten haben für Äußerlichkeiten keine Zeit. Che Guevara mit einer Blume in der Hand – lächerlich.

»Zu welcher Sehenswürdigkeit darf ich Sie fahren?«, fragte der Taxifahrer in Kambodscha höflich. »Zur Müllkippe!« – »Bitte?« Er drehte sich zu dem Paar hinter ihm um. Die Frau nickte lächelnd. »Zur Müllkippe!«

Zabbalin, die Müllmenschen, leben überall auf der Welt, Frauen und Kinder meist, die sich vom Müll ernähren, die am Müll sterben. Wer etwas über den Zustand unserer Zivilisation erfahren will, macht sich auf Müllkippen schneller kundig als in Bibliotheken.

»Ein Tempel mehr oder weniger, das muss ich nicht sehen.« Das Tuol-Sleng-Genozid-Museum, das ehemalige Foltergefängnis der Roten Khmer, das musste sie sehen. Und das Revolutionsmuseum in Hanoi.

In China diskutierte sie nächtelang über die Kulturrevolution. In Syrien ging sie auf den Markt, wollte einen Teppich kaufen, eine ganze Woche zogen sich die Verhandlungen hin, in der Zeit erfuhr sie alles über die Arbeit, die in diesem Teppich steckte. Von Aleppo aus fuhr sie mit ihrem Mann ins Umland, am frühen, frischen Morgen, von den Hängen wehte der Geruch von Mimosen, mittags beim Bauern gab es Brot, getunkt in Olivenöl, und Landeskunde aus erster Hand. In Marokko diskutierte sie mit den Bäuerinnen über die Wassernutzung, redete ihnen Mut zu, sich nicht von den Männern überstimmen zu lassen. Wo auch immer sie war, sie hatte eine Frage parat.

Annemarie Tröger wollte den Sozialismus, aber nicht mit aller Gewalt. Sie war nicht feige, stand meist in der ersten Reihe, wenn die Wasserwerfer heranrollten, aber sie sah sich nicht als Täterin. Die Arroganz, eine Revolution zu wollen, die die Menschen nicht wollten, war ihr fremd. Viele Dialektiker des großen Aufbruchs dachten nicht sonderlich dialektisch, sie wollten einfach nur recht behalten, Gegenpositionen eliminieren. Die Dialektik des guten Lebens, die wenigsten haben sie vorgelebt. Der Umgangston in der Studentenbewegung war zuweilen sehr rüde, die Toleranz gegenüber Andersdenkenden in den eigenen Reihen gering, unmenschlich gering.

»Brot und Rosen« stand auf dem Transparent der amerikanischen Textilarbeiterinnen, die 1912 für mehr Rechte gestreikt hatten, »We want bread and roses, too«.

Annemarie Tröger kämpfte bis zum Umfallen für eine bessere Welt. Sie bemerkte gar nicht, dass sie sich selbst dabei zu verlieren drohte. Aber irgendwann war es zu viel. Die Eitelkeiten der Mitstreiter, die Aussichtslosigkeit ihres Tuns. Sie wollte zur Ruhe kommen, Frieden finden, es schön haben zu Lebzeiten. Sie fand ihre Ruhe bei dem Mann, den sie liebte und der sie über alles liebte. Das Gesicht dieses Mannes ist eines der schönsten Gesichter, die ich je gesehen habe.

Sein Gesicht strahlte Trauer aus und Liebe, es ließ Mitleid aufkommen, aber mehr noch Freude, dass er seiner großen Liebe tatsächlich begegnet war.

Es war eine seltsame Geschichte, denn nachdem ich mit ihm gesprochen hatte und mich daran machte, den Nachruf auf sie zu schreiben, hoffte ich auf einen glücklichen Zufall. Ehrlich gesagt, ich erwartete ein kleines Wunder, ihm zuliebe.

Im letzten Jahr, als sie bereits wusste, dass sie sterben würde, legte sie ein Beet an, pflanzte Himbeeren, Johannisbeeren, zupfte Unkraut mit Andacht. Der Tod trennt und er bringt zusammen. Die Trauer, dass ein Mensch geht. Die Freude, dass er gelebt hat. Wie gern waren sie zusammen über Friedhöfe gegangen, Père Lachaise, Montparnasse. Wer war das? Was für eine Geschichte verbirgt sich hinter dem Namen? Wer war sie?

Für ihn war sie Anna, die Liebe seines Lebens, die er gehen lassen musste: »Lass los, stirb, ich komm irgendwann nach …«

Von mir wird nichts bleiben, fürchtete sie immer. Zum Schreiben war sie zu verzagt, zu nachdenklich. Es gibt so viele Menschen, tröstete er sie, die voll Wut von dir reden und voll Liebe. In deren Erinnerung lebst du.

Als die Trauerreden gehalten wurden, kam es sofort zur Debatte über ihr wahres Wesen, so hitzig und lautstark, wie sie es geliebt hätte. Wenn ich mal sterbe, bleiben von mir – so viele Erinnerungen.

Und eine Blume: »Siberian Iris ›Annemarie Troeger‹«.

Er hatte sich so sehr gewünscht, dass etwas von ihr bleibt, etwas, das an ihre Schönheit erinnern würde. Die Blume, die ihren

Namen trägt, war eigentlich einer anderen Frau zugedacht. Die Namensgleichheit war ein Zufall. Er wusste davon nichts. Es war ein weiterer Zufall, dass ich von der Existenz dieser Blume erfuhr. Ein Zufall, der sich der Kraft seiner Liebe verdankt, so mein Verdacht. Ein kleines Wunder.

Bin ich schön? Jeder Mensch, der geliebt wird, ist schön; schön ist jeder Mensch, der liebt. Das schönste Gesicht? Diese Frage können Sie nur selbst beantworten. Aber stellen Sie die Frage beizeiten, denn die Antwort gilt für alle Ewigkeit: In welche Augen wollen Sie in der Stunde Ihres Todes sehen?

V. Was ist wahr? Was ist falsch?

Die Wahrheit erkennen wir immer erst dann,
wenn wir mit ihr absolut nichts
mehr anzufangen vermögen.
Oscar Wilde

»Nach dem aktuellen Stand der Dinge sind Sie gesund!«

Die Chemotherapie blieb ihr erspart, das war die gute Nachricht; die schlechte war, dass in den Entlassungspapieren ein falscher Befund stand: Man hatte ihren sehr seltenen Tumor mit einem häufiger auftretenden verwechselt.

Zwei Jahre lang schien alles gut zu gehen, dann kamen die Beschwerden wieder. »Aber gute Frau, Sie sehen doch jünger und gesünder aus als ich!« Die Fachärztin wiegelte ab, selbst als die Beschwerden stärker wurden. »Grippale Symptome?! Haben Sie denn keinen anständigen Hausarzt, zu dem Sie gehen können?«

Zu diesem Zeitpunkt waren bereits zwei neue Knoten ertastbar. »Kommen Sie in vier Wochen wieder.« Die genauere Untersuchung ergab: Metastasen überall.

Eine Kapazität nahm sich ihrer an, ein Spezialist für jenen Tumor, der in ihren Entlassungspapieren stand. Der Professor war sehr angetan von ihrer Schönheit, sehr zuversichtlich, was die Heilungschancen mit einem ganz neuen, sehr teuren Medikament anbelangte.

»Eine wunderbare Fügung«, so fand er, »und die Heilung würde ich gern filmisch dokumentieren lassen.«

Drei Monate später ergab die Nachuntersuchung, dass sich der Krebs weiter ausgebreitet hatte. Das Medikament hatte nicht angeschlagen, konnte gar nicht wirken, denn es handelte sich ja – das ergab die erst jetzt durchgeführte Laboruntersuchung – um einen anderen Tumor. Haftbar für diesen Irrtum war niemand, denn die ursprünglichen Befunde waren nicht mehr auffindbar; ein Wasserschaden, so hieß es.

Damit war der Fall für den Professor erledigt. Und der Film natürlich auch. Sie wurde weitergereicht. Keine Kraft zur Anklage, obwohl sie so vieles als demoralisierend empfand: für drei todkranke Menschen eine Gemeinschaftstoilette, Männer und Frauen gemeinsam; das Gebaren vieler Ärzte, die als Gesundungstechniker auftraten, zuweilen die Grenze zur Menschenverachtung streifend. So wurde sie eines Nachts von einer Ärztin mit der Frage geweckt: »Hat man Ihnen in den letzten Wochen eigentlich mal die Wahrheit über Ihren Zustand gesagt?«

Die Fachärztin hatte versagt, sofern denn stimmt, was mir erzählt wurde. Der Professor hatte versagt. Hat auch die Ärztin versagt, die sie nachts weckte, um ihr die Wahrheit zu sagen? Ich weiß es nicht. Was denken Sie?

Was ist wahr, was ist falsch? Die Frage lässt sich nur von Fall zu Fall entscheiden. Das klingt, als wollte ich mich um eine klare Antwort drücken. Bevor ich begann Nachrufe zu schreiben, war ich in Fragen der Moral auch keineswegs so zögerlich. Mein Repertoire an klugen Ratschlägen war erstaunlich groß, wie alle Autoren neigte ich ein wenig zur postmodernen

Reflexionshypertrophie, kurz: zur Besserwisserei. Inzwischen denke ich anders. Sicher, die Wahrheit ist den Menschen zumutbar. Die Frage ist nur, wann und wie – und wessen Wahrheit.

In den folgenden Fällen denken Sie bitte einfach nur über eins nach: Welches Gefühl löst das Schicksal dieses Menschen in Ihnen aus? Ist es ein wahres Leben oder ein falsches? Eine seltsame Frage, werden Sie einwenden. Eigentlich wäre es doch naheliegender zu fragen: War es ein glückliches Leben, ein erfülltes, ein erfolgreiches? Nein, das denke ich nicht. Mir ist es wichtiger, in den Gesprächen mit den Angehörigen herauszuhören, ob es ein wahres oder ein falsches Leben war. Warum das so entscheidend ist? Die schlimmste Antwort, die ich mir vorstellen kann, wenn andere mein Leben eines Tages infrage stellen werden: Er hat sich sein Leben lang selbst belogen. Was nichts anderes bedeutet als: Er hat das wahre Leben versäumt, ausgelassen, einfach nicht gelebt. Das möchte ich mir in der letzten Stunde nicht sagen müssen. Und von anderen will ich es schon gar nicht hören oder gar in einem Nachruf zu Lebzeiten lesen. Es gibt zu viele Besserwisser da draußen.

Haben Sie Erfahrungen mit Ärzten? Dr. House? Eine rühmliche Ausnahme, denn dessen Diagnosen sind zumeist richtig. Aber manchmal ist die Diagnose schrecklich einfach, und dann ist die Frage, wie damit umgehen, die viel schwierigere.

In Berlin starben viele Menschen an Aids. Jeder auf seine ganz eigene Weise. Jeder dieser Menschen brauchte einen guten Arzt. Nicht jeder bekam ihn.

»HIV positiv.«

Wie oft muss man sich den Tod wünschen, bis er endlich eintritt? Thomas Schultz hat gern gelebt, aber als es nicht mehr ging, wollte er in Würde gehen. Das wurde ihm nicht leicht gemacht.

Als er der Familie eröffnete, in einer Pizzeria in Koblenz, einfach so in die Runde hinein: »Ich bin schwul«, verschlug es dem Vater den Appetit, und die Mutter begann zu weinen. Das war es dann aber auch schon. Die Enttäuschung über die ausbleibenden Enkel hielt sich bald die Waage mit der Neugier auf das ganz andere Leben ihres Sohnes, das gar nicht so anders war. Er nahm sie mit zu seinem schwulen Stammtisch, stellte ihnen seine Freunde vor, brachte seinen Liebsten mit nach Hause.

Zu Hause, das war ein Dorf im Sauerland – eine behütete Kindheit, eine Schwester, ein Bruder mit Segelohren wie er selbst, Ferienfreizeiten, in denen die Koffer erst gar nicht ausgepackt wurden, Messdienerpflichten, jeden Sonntag Kirche.

Thomas war altersgemäß melancholisch, schrieb Tagebuch, vergötterte Thomas Mann, verfasste Gedichte, darunter eins so anrührend, dass seine Schwester es auswendig lernte – obwohl er es nie wieder hören wollte. Er hatte eine Freundin damals, Karin, eine Elfe von Gestalt, die ihm das Stricken beibrachte.

Zu seiner Sexualität fand er im Studium, aber ihm blieb nicht viel Zeit, sie unbekümmert zu leben. Thomas Schultz war dreißig, als er erfuhr, dass er HIV-positiv war. Er wusste nicht, wer ihn angesteckt hatte, wollte es gar nicht wissen.

»Hoffentlich wird er dreidreißig. Hoffentlich wird er wenigstens so alt wie Jesus«, bat seine Mutter. Damals kursierten in den Medien Bilder von HIV-Erkrankten, die wandelnden Leichnamen glichen.

»War es das wert?«, fragte ihn seine Schwester. »Nein, aber es

hat Spaß gemacht …« – »Findest du es nicht ungerecht?« – »Ungerecht? Wieso? Man hat im Leben keinen Anspruch auf irgendwas … Warum nicht der andere, der viel böser ist, viel blöder als ich? Das zu denken bringt nichts.«

Thomas Schultz hatte keine Angst vor dem Tod, vor dem Jenseits, wohl aber vor dem Sterben.

Er bekam ein Karzinom im Oberkiefer, eine schwierige Operation, hoffnungslos, es völlig zu entfernen. Ein zweites auf der anderen Seite des Kiefers kam hinzu, dann war die Zunge betroffen, er konnte immer schlechter sprechen, kaum noch essen, wurde durch eine Sonde ernährt.

Er verbrachte noch einige Frühlingstage in Paris, fuhr mit einem Freund aufs Land, kaufte noch immer für die anderen Champagner ein, nippte selbst am Tee. Und wenn er doch einmal aufbrauste, weil ihm das Leid zu viel wurde, schämte er sich im nächsten Augenblick.

Auf seiner Tour de Force durch die Krankenhäuser hatte er einen kleinen Teddy an seiner Seite, zusammengeflickt wie er selbst – denn immer wieder kam er zurück, aber irgendwann war Schluss. Als er nicht mehr sprechen konnte, wollte er auch nicht mehr leben.

Ich hatte Ärzte stets im Verdacht, ihren Beruf nur auszuüben, um verdammt viel Geld zu verdienen. Den Verdacht habe ich zuweilen immer noch. Aber es ist mir inzwischen egal, wenn sie nur ihre Arbeit gut machen. Denn wenn sie wirklich gute Ärzte sind, dann würde kaum ein Mensch mit ihnen tauschen wollen, so unmenschlich fordernd ist dieser Beruf.

Die Aids-Hysterie war groß in den Achtzigern.

1983 wurde der Viruserreger isoliert; 1985 gab es den ersten Test. Damals lebten bereits neuntausend Infizierte in Berlin, zweitausend akut Aidskranke warteten auf Hilfe. Aber die mangelnde Kenntnis über die Krankheit schuf allenthalben Verwirrung und Widerstand. Eine Strafe Gottes, orakelten viele – als sei das Risikospiel verseuchter Blutkonserven ein von der Vorsehung inszeniertes gewesen.

Krankenschwestern verweigerten die Pflege von Aidskranken, weil ihre Männer daheim den Geschlechtsverkehr verweigerten, aus Angst, sich auf Umwegen anzustecken. Ärzte verschickten die Befunde per Post, weil sie die Panik der Patienten fürchteten oder ihnen einfach die Worte fehlten. Patienten wiederum verweigerten die Behandlung, weil sie die Infektion nicht wahrhaben wollten: Ohne Diagnose keine Krankheit. Bis dann nicht selten Selbstmord als letzte Ausflucht vor der Wahrheit blieb.

Unzählige Tragödien. Proben wurden verwechselt, häufig wurden die Ergebnisse der ersten Probe von der zweiten widerlegt. Und selbst nach dem Tod dauerten die Dramen an: Angehörige flehten die Ärzte an, die wahre Todesursache doch bitte zu verschleiern.

Von den siebzigtausend niedergelassenen Ärzten versorgten anfangs weniger als hundert den Großteil der Infizierten. Gerd Bauer war einer von ihnen.

Das erste Medikament kam erst 1987 auf den Markt, Ende 1989 verlor Gerd Bauer noch immer jede Woche einen Patienten. Darunter Bekannte und Freunde. Das muss man ertragen können.

Von Statur her war er eine unauffällige Erscheinung, von dem schiefen Gang abgesehen und der etwas hängenden Schulter, Fol-

gen eines schweren Autounfalls in jungen Jahren. Der Vater war früh gestorben, kein Elternhaus, in dem Praxis und Rotary-Mitgliedschaft vererbt wurden, kein Halbgott im blütenweißen Kittel. Gerd Bauers Spezialgebiete: Hämatologie, Onkologie – Blut und Krebs. Ein kräftezehrender Beruf.

Gelegentlich ist er vor Patienten eingeschlafen. Die tätschelten ihm dann die Schulter und rieten wohlmeinend: »Jetzt gehen Sie aber mal in Urlaub, Herr Doktor!« Natürlich folgte er dem Rat nicht.

Viel verbreiteter als Aids, und kaum weniger gefährlich, ist die Viruserkrankung Hepatitis C, gerade in Krankenhäusern und Arztpraxen besteht ein erhöhtes Ansteckungsrisiko. Gerd Bauer kannte sein Berufsrisiko, er scheute es nicht. Und er starb daran.

Hätte er besser in Urlaub gehen sollen? War es falsch, sich kräftemäßig so auszubeuten? Die vermutliche Antwort: Er konnte nicht anders. Er konnte seine Patienten nicht im Stich lassen. Aber ist Kaltschnäuzigkeit da nicht manchmal besser?

»Diesmal gehen wir gründlich vor: eine elektrophysikalische Untersuchung der Schwachstellen im Herzmuskel. Routine«, beruhigte der Arzt. »In vier Tagen spaziert Ihr Mann aus der Klinik!« Stattdessen: sechs Wochen Koma, denn es wurde bei diesem ganz alltäglichen Eingriff die Herzwand perforiert, versengt geradezu. Die Folge: unstillbare Blutungen. »Das war der Statistikfall«, so die Antwort des Arztes auf die Nachfrage der Frau. »An sich, wie gesagt, war es ein Routineeingriff.«

Routine. Verwaltungsabläufe. Das Budget. Sterbende sind auch ein Kostenfaktor.

»Sehr geehrter Herr Borchert,
ich berechne Ihnen für den Transport des Leichnams Borchert, Jörn Michael, Transportdatum 15. 10. 2004, durch den Fahrdienst des Landesinstitutes für gerichtliche und soziale Medizin eine Transportgebühr, 119,50 Euro, und für die Verwendung einer Hygea-Hülle zusätzlich 31,50 Euro …«

Die Bürokratie ist ein Fluch für jede Gesellschaft. Die Bürokratie ist ein Segen für jede Gesellschaft. Ich meine das nicht ironisch. Im Einzelfall führen Verwaltungsakte manchmal zu absurden, zu grausamen Fehlentscheidungen. Aber wer je in einem Land gereist ist, in dem sich für Geld Gefälligkeiten kaufen und verkaufen lassen, der wird Gesetzestreue nicht mehr nur für eine altmodische Tugend aus den Tagen des Michael Kohlhaas halten.

Viele Menschen aus der Generation meiner Eltern waren und sind stolz darauf, gesetzestreu zu sein, das wurde ihnen oft zum Vorwurf gemacht. Wärt ihr das auch unter Hitler gewesen? Aber Hitler war nicht gesetzestreu.

Das Ermächtigungsgesetz führt ein seltsames Fortleben. »Souverän ist, wer den Ausnahmezustand bestimmt.« So die Definition des Tyrannen von Carl Schmitt. Den Ausnahmezustand erklären – das ist zum Gesellschaftsspiel derer geworden, die sich gern als Anarchisten sehen, weil sie ihre persönliche Freiheit für weitaus wichtiger halten als die Persönlichkeitsrechte der anderen. Was wiederum eine gute Definition des Spießers ist.

Berlin ist die Hauptstadt der Spießer. Jeder hier hat eine große Klappe, erst recht im Straßenverkehr, wo sich am einfachsten studieren lässt, was Großstädter unter Demokratie verstehen, nämlich das Recht, im Einzelfall immer neu entscheiden zu können, was in ihrem ganz persönlichen Fall Recht und Unrecht ist. Das ist lustig, zuweilen.

Die Polizei kontrolliert Autofahrer, die zu schnell unterwegs sind. »Aber hier war doch nichts los …« Sie kontrolliert Fahrradfahrer, die ohne Licht auf dem Gehweg fahren, das Handy am Ohr. »Aber ich behindere doch keinen …« Die Polizisten sind meist geduldig und bekommen dann dennoch irgendwann den Vorwurf zu hören: Faschist.

Kluge Leute, denn es sind selten die Dummen, die so dumm argumentieren, glauben tatsächlich, sie hätten das Recht, im Einzelfall zu entscheiden, wie die Gesetze auszulegen sind. Soll heißen: wie die Gesetze zu ihrem Vorteil auszulegen sind. Denn sie entscheiden über den Ausnahmezustand. Das ist albern, kräftezehrend für andere und nicht selten tödlich. Der Egoismus vieler Verkehrsteilnehmer kostet Jahr für Jahr mehr Menschenleben als alle Kriege und Terroranschläge weltweit. Es gibt einen Krieg, den wir gar nicht zur Kenntnis nehmen, weil wir uns nicht als Täter begreifen wollen.

Von wem lernen wir, was wahr und falsch ist? Von den Eltern, sicher. Mein Vater ist ein unaufgeregter Pantheist, meine Mutter eine etwas sentimentale Katholikin. Den richtigen Umgang miteinander haben sie erst allmählich gelernt, aber geliebt haben sie sich wohl immer. Dafür brauchten sie keine Vorbilder.

Wir gingen früher regelmäßig in die Kirche, ich wollte sogar

Messdiener werden, aber mein Vater hielt mich davon ab. Er wusste, dem Pfarrer war im Umgang mit seinen Messdienern nicht zu trauen, alle in der Gemeinde wussten es. Nur die Kinder nicht, die er in Religion unterrichtete.

Am gläubigsten ist mein Vater wohl, wenn er die Vögel im Garten füttert. Gott ist in allen Wesen, bevorzugt in den kleinen gefiederten, nur nicht in den Katzen, die es auf Singvögel abgesehen haben. Mein Vater hat mich einiges gelehrt, was mir gar nicht so auffiel in der Jugend, weil er keine aufdringliche pädagogische Art hat. Er hat seine Ideale einfach vorgelebt.

Aber es kommt die Zeit, da hört man nicht mehr auf seine Eltern, weil man nicht mehr auf seine Eltern hören will. Das hat mit der Wahrheit dessen, was sie sagen oder vorleben, nichts zu tun. Man will einfach anders sein.

Die größten Moraltheologen für mich als Heranwachsenden waren Charles Dickens, Mark Twain, Astrid Lindgren, Enid Blyton und natürlich Karl May. Später dann Erich Maria Remarque, Manès Sperber, Norman Mailer, Hans Fallada, die pathetischen Moralisten, die so schön traurige Geschichten erzählen konnten. Bücher, die mich zum Weinen brachten, die ich fünf, sechs, sieben Mal gelesen habe, weil ich so gerührt war von meiner Rührung. Bücher haben mich sehr beeindruckt. Und Menschen, die sich mit Büchern auskennen. Gute Lehrer haben mich beeindruckt, immer schon. Weil sie wissen, was wahr und was falsch ist. Oder zumindest so tun.

Man tritt nicht schlampig vor die Klasse. Da hatte sie klare Prinzipien. In allen anderen Erziehungsfragen auch. Wenn eine Petze ankam, winkte sie gleich ab: »Davon glaub ich kein Wort!«

Sie konnte sich da ganz und gar auf ihre Einfühlungsgabe verlassen. Wenn sie eine Kinderzeichnung sah, wusste sie sofort um die besonderen Talente des Kindes, selbst das Lieblingsspielzeug konnte sie herauslesen. Sie wusste, wann ein Kind lügt und wann nicht. Wann Strenge notwendig war und wann Nachsicht. Deswegen hat sie auch ungern aufgegeben, wenn einer ihrer Schüler mit dem Pensum nicht klarkam und auf die Hilfsschule wechseln musste. Das war eine persönliche Niederlage.

Für manche Erzieher sind Kinder nur die Staffelträger des eigenen Ehrgeizes, für sie waren Kinder einfach Wohlbefinden. Das Anstrengendste sind ja ohnehin nie die Kinder, sondern die Eltern. Die alles besser wissen, weil sie nur das Beste wollen für ihr Wohlstandseinzelwunderkind, wenn nötig auf Kosten der anderen. »Wissen Sie, mein Kind kann ja praktisch schon lesen, rechnen und Englisch fast auch schon …«

Patchwork: verschiedene Stoffflicken harmonisch so zusammensetzen, dass sich ein Muster ergibt. Das war ihr Konzept von Pädagogik – und ihr Hobby im Alter. In harter künstlerischer Konkurrenz zu ihrem Mann, der sich in Aquarell versuchte und eigens noch einmal die Hochschule besuchte. Was sie nicht ungern sah, denn: Das Lernen hat nie ein Ende.

Frieda Rossdeutscher hat ihren Schülern Lesen, Schreiben und Rechnen beigebracht. Das können andere auch. Aber sie hat sie darüber hinaus den Unterschied zwischen Recht und Unrecht gelehrt. Und keiner hat in ihrer Gegenwart gewagt, über etwas so Altmodisches zu grinsen.

Middlemarch, ein Roman von George Eliot. Eine tausend Seiten lange Reise durch die englische Provinz, eine lange Wegstrecke, mit vielen klugen Stolperstein-Sätzen: »Die schwierige Aufgabe, eine fremde Seele zu erkennen, ist nichts für junge Leute, deren Bewusstsein hauptsächlich aus den eigenen Wünschen besteht.«

Cornelia Bienert erklärte dieses Buch in ihren Klassen zur Pflichtlektüre – und die Schüler liebten es. Etwas zumuten heißt: Kindern helfen, neugierig auf sich selbst zu werden. Kinder aufs Leben vorbereiten. Auf das wahre Leben und auf das falsche. Auf Menschen vorbereiten, die einem Gutes tun wollen, und auf Menschen, die einem nur schaden wollen. Das gibt es. Es gibt böse Menschen. Das ist eine Wahrheit, die sich nur sehr schwer in ein Kinderherz senkt.

Sie lehrte die Kinder zu fliehen. Und die Kinder ahnten nichts davon. Nachts brannten die Synagogen, am Tag darauf, dem 10. November 1938, rief die Lehrerschaft von Caputh ihre Schüler zusammen, über einhundert, und stürmte gemeinsam mit der Schützengilde das jüdische Kinderheim.

Gertrude Feiertag, die Leiterin, stellte sich ihnen entgegen und bat um freien Abzug für die Kinder. Die Situation war oft geübt worden, denn schon seit Jahren hatte es Beschimpfungen und Steinwürfe gegeben. Der Mob wütete bis zum Abend in dem Gebäude, zerhackte Möbel, zerschmetterte Geige und Klavier, zerschlug, was zu zerschlagen war. Die hundert Kinder des Heims konnten von ihren Lehrern nach einer dramatischen Flucht durch die Wälder heil nach Berlin gebracht werden. Mit Ausnahme des hübschesten Mädchens, das vergewaltigt wurde.

Das Kinderheim in Caputh, wenige Schritte vom Sommerhaus Albert Einsteins entfernt, ist idyllisch gelegen. Der Blick schweift über die Wälder, die Havel, den lang gezogenen Ort. Gertrude Feiertag hatte das Heim zunächst als Erholungsstätte für jüdische Kinder gegründet, später entwickelte es sich zu einer Schule für all jene, die vom deutschen Unterricht ausgeschlossen waren, Schüler wie Lehrer.

Sophie Friedlaender hatte 1933 ihr Staatsexamen abgelegt, mit Hitlers Machtantritt wurde es wertlos. Sie kam nach Caputh und verfiel sofort dem Zauber des Ortes – auch wenn es ihr zunächst schwerfiel, sich an den Heimalltag zu gewöhnen. Sie unterrichtete die Kinder ihrer Klasse in allen Fächern, einschließlich Gärtnerei und Lebenskunde. Und abends lehrte sie ihre Kollegen Englisch.

Es waren viele unglückliche Kinder im Heim, Kinder, die mehr erlebt hatten, als Menschen zuzumuten war. Kinder, die bleiben durften, auch wenn die Zahlung der Eltern ausblieb. Und das Erste, was es zu lindern galt, war meist das »Muttiweh« – das erste Mal weg von der Mutter. Unterrichtet wurde ohne festen Lehrplan, da es keine Lehrbücher gab. Dafür gab es ein klares Ziel: zur Selbstständigkeit erziehen. Da sie von anderen als Juden beschimpft wurden, sollten die Kinder verstehen, was Jude zu sein bedeutet und dass es galt, darauf stolz zu sein. Da alle wussten, dass die Emigration bevorstand, war es auch ein Lernen für die Flucht und fürs Exil. Sprachen waren wichtig, Waldläufe, Schwimmunterricht. Jeder Ausflug war zugleich Evakuierungsübung – ohne dass die Kinder es wussten.

Viele Vertriebene blieben in den fremden Ländern, wurden dort heimisch. Viele kamen zurück, ohne zu hassen. Wenn ich fragte: Wie konnten Ihr Vater, Ihre Mutter hierher zurückkehren, nach Deutschland, hier leben, im Land der Täter, aus dem man sie so brutal vertrieben hatte, dann erhielt ich oft die Antwort: Da gab es keinen Groll. Keinen Groll der Juden gegen die Deutschen. Das habe ich oft nicht verstanden. Vielleicht ist es so: Zurückgekehrt sind nur die Menschen, die wirklich vergessen wollten. Vielleicht auch verzeihen. Auf alle Fälle aber vergessen. Dinge, die man eigentlich nicht vergessen kann, weder als Deutscher noch als Jude.

Die Vergangenheit ist in Berlin immer sehr nah. Nicht nur dank der Stolpersteine, die daran erinnern, wie viele Nachbarn hier vertrieben wurden. Die Vergangenheit ist so gegenwärtig, weil der Stadt etwas fehlt. Ihr fehlen die Menschen von damals.

Es hat den wenigsten seinerzeit wirklich leidgetan, dass die Nachbarn vertrieben wurden. Mitbekommen haben es alle. Viele haben davon profitiert. Jeder wusste, es ist falsch. Jeder wusste, hier geht Ungeheuerliches vor sich. Aber nur wenige haben sich empört.

Aufmarsch der Dorfjugend. Auf der einen Seite alle Jugendlichen in Uniform: die Jungs von der Hitlerjugend und die Mädchen vom BDM. Auf der anderen Seite die Kinder ohne Uniform. Ein SA-Mann weist auf die Uniformierten: »Das ist Deutschlands Zukunft! Und dort«, der Arm schwenkt rechts, »der Abschaum der Jugend.« Annemargot tritt vor, zieht die Uniformjacke aus, wirft sie dem SA-Mann samt BDM-Ausweis vor die Stiefel und rennt davon.

Es gab viele Menschen, die sofort erkannten, dass Hitler ein schlechter Mensch war. Abitur brauchte es dafür nicht. Der Philosoph Heidegger erkannte es nicht. Viele andere kluge

Deutsche erkannten es auch nicht. Nicht weil sie zu dumm waren, so mein Verdacht, sondern weil sie hofften, Gewinn auf Kosten anderer zu machen.

Es gab viele namenlose Helden. Viel mehr namenlose Täter. Menschen, die davon profitierten, dass ihre Nachbarn deportiert wurden. Wohnungen wurden frei. Gutes Mobiliar war günstig zu erwerben. Stellen waren neu zu besetzen. Vermögenswerte konnten unterschlagen werden. Firmen wechselten zu Spottpreisen die Besitzer. Dahinter steckte selten Judenhass. Meist war es nur Gier. Selbstsucht. Gedankenlosigkeit.

Die Frage, wie es geschehen konnte, dass ein vermeintlich so kultiviertes Volk wie die Deutschen plötzlich der Barbarei anheimfiel, ist einfach zu beantworten. Wir sind täglich in Versuchung, uns barbarisch zu benehmen. Das Böse ist allgegenwärtig. Manchmal ist es nur die leise Verachtung, die ein Gewinner dem Verlierer entgegenbringt: »Deine Armut kotzt mich an.« Ein Stoßseufzer, den Bettler und Schnorrer tagtäglich hören, auch wenn er nicht laut geäußert wird. Meist ist es einfach nur dumme Ignoranz.

»Interessiert mich nicht«, die schnöselige Auskunft, wenn Kokser nach der Herkunft des Kokains befragt werden. Der Drogenkrieg ist ganz fern, der Dealer ein guter Freund. Der Unterton der Frage drohend: »Willst du uns hier etwa den Spaß verderben?«

Frauen, die drei Schritte hinter den Männern gehen müssen; Kinder, die so blass sind, als hätten sie noch nie das Meer gesehen; feine alte Damen, die in ihren geräumigen Handtaschen Leergut sammeln; murmelnde Greise, die ihre letzten Tage auf der Parkbank absitzen. Unser Glück ist, dass wir gar keine

Zeit haben, alle Tragödien zur Kenntnis zu nehmen, die um uns herum geschehen. Sie geschehen, weil wir gar keine Lust haben, sie alle zur Kenntnis zu nehmen. Die Wahrheit ist: Wir könnten Tag für Tag etwas dafür tun, das Unheil in der Welt zu verringern. Die Wahrheit ist aber auch: Wir sind damit komplett überfordert.

Es gibt gute Menschen und es gibt böse Menschen. Menschen von einer so unfassbaren Bösartigkeit, dass man sich vor ihnen in Acht nehmen muss. Oder ist es doch nur Gedankenlosigkeit? Exakt die Gedankenlosigkeit, unter der wir zuweilen selbst leiden?

Sie war auf dem Land aufgewachsen. Mit fünfzehn war sie zu Hause rausgeworfen worden. Der Vater war an Krebs gestorben. Die Mutter zog zu ihrem neuen Freund in den Westen. »Um die beiden Hunde mach dir keine Sorgen, Töchterchen, die werden eingeschläfert!«

Peggy Eckhardt hat nie viel Glück gehabt. Einer der Menschen, die es anderen leichtmachen, aber die selbst immer nur Schläge einstecken müssen. Mit Thomas war es anders. Wenn er aufwachte, lag da oft ein kleines Geschenk, so dankbar war sie. In den Tagen zuvor hatte Thomas noch ihr Fahrrad wintertauglich gemacht. Licht, Bremsen, alles okay. Damit sie ohne Probleme zur Arbeit fahren konnte.

Auf diesem Fahrrad wurde Peggy Eckhardt am frühen Samstagmorgen des 4. Oktober von einem Autofahrer zu Tode gebracht. Eine von vierundzwanzig Fahrradtoten im letzten Jahr. »Auf dem Weg zur Arbeit: Altenpflegerin Peggy, 29, von irrem Raser getötet«, titelte die BZ, *und: »Er ließ sie einfach liegen.«*

Der Mann war betrunken. Vermutlich war er betrunken, denn es gab keine Bremsspuren. Oder war es eine Frau? Statistisch gesehen unwahrscheinlich.

Ohne zu bremsen, ist er in sie reingefahren, ohne zu bremsen, ist er weitergefahren. Obwohl das Auto stark beschädigt gewesen sein muss: gesprungene Frontscheibe, Motorhaube und Kotflügel verbeult. Die riesige Blutlache war noch Stunden nach dem Unfall auf der Straße zu sehen.

Herzlos die Mutter? Oder doch nur überfordert von der Situation? Der Autofahrer ein Mörder? Oder lebte er danach ein rechtschaffenes Leben weiter? Was ist wahr, was ist falsch? Wahr ist: Das Schicksal kann uns manchmal schrecklich überfordern.

Falsch ist: Einfach aufzugeben. Falsch ist: Sich darüber ein Urteil anzumaßen, wenn andere aufgeben.

Selbsttötung erfordert viel Mut. Mut, den er oder sie sich fürs Leben hätte aufsparen können, wird mancher einwenden. Aber wenn das Leben trostloser scheint als der Tod …

Ich leistete meinen Zivildienst in einem Rehabilitationszentrum in Heidelberg ab. Wir betreuten behinderte Mitarbeiter, die dort in einem innovativ-integrativen Wohnturm zusammenlebten. Entsprechend überspannt war die Architektur. Wir – das waren ein Dutzend Zivildienstleistende, Praktikantinnen und zwei hauptamtliche Pfleger. Ich hatte den Kriegsdienst verweigert, weil ich das Soldatenleben absurd fand, ich war kein Helfer aus Passion – den Zivildienst empfand ich als verschwendete Zeit. Ich musste fremde Menschen waschen, obwohl ich nackte Körper schon immer als viel zu nackt empfand; ich musste mich um ihren Appetit und um ihren Stuhlgang sorgen, was mich eigentlich nichts anging, ich tat Dinge, die ich mir nie zugetraut hätte. Insofern war es eine gute Erfahrung.

Behinderte, das merkte ich schnell, waren keine besseren Menschen, ein Gebrechen macht nicht weiser oder demütiger, es verbittert zuweilen einfach nur. Und es ist lästig. Manche zerstört es.

Ich hatte Wochenenddienst. Wir wussten, einige Bewohner waren außer Haus, andere wurden von ihren Verwandten versorgt. Eine ruhige Schicht. Sonntag früh klopften wir an der Tür des Penthouses, die schönste Wohnung, ganz oben im Turm. Ein reicher Erbe wohnte dort, ich wusste nichts Persönliches über ihn. Aus pflegerischer Sicht war er etwas anstrengend, weil er immer sehr penibel seinen Tee zubereitet wissen wollte … mit einem kleinen Teelöffel Rum bitte, aus der Flasche dort oben rechts. Er war ein gut aussehender Mann, der seine Beine nach einem Unfall nicht mehr bewegen konnte. Er kleidete sich fein, er roch gut. Ansonsten war er sehr schweigsam.

An diesem Morgen fanden wir ihn tot im Bett. Selbstmord. Eine Woche später räumten seine Verwandten die Wohnung aus. Die nicht ganz geleerten Spirituosenflaschen stellten sie uns ins Pflegezimmer. Ich vermute, er starb an der Lieblosigkeit seiner Umgebung, aber sollte ich mich selbst dazuzählen, zu den Lieblosen?

Mein erstes Buch, *Scharlatane,* erschien im Eichborn Verlag. Der Lektor war Uwe Gruhle, ein wundersamer Literaturgnom, ein wenig Rumpelstilzchen, ein wenig kleiner Muck, der immer verschmitzt dreinzublicken schien, denn sein eines Auge schielte stark. Oder war es ein Glasauge? Ich weiß es nicht mehr. Man musste ihn lieben. Viele liebten ihn. Was er tat, war gut. Er hat etwas von Büchern verstanden, nicht nur aus buchhalterischer Sicht. Er hätte noch sehr viele gute Bücher machen können. Viele Autoren, viele Leser hätten ihm das gedankt.

Eines Tages setzte er sich in den Schnee, trank sehr viel Alkohol und starb. Er kannte die Methode aus einem Selbstmörderbuch, das er selbst verlegt hatte. Es ist eine sehr schmerzlose Art zu sterben. Hunderte kamen zu seiner Beerdigung, so schien es mir damals. Warum er sterben wollte, weiß ich nicht. Er war klug genug, es selbst zu wissen. Wir können anderen nicht immer helfen. Aber im Nachhinein wäre man dankbar, wenn sich die Chance gezeigt hätte. Hätte ich ihm wirklich helfen können? Wahr ist: Wir wollen mit dem Kummer der anderen nicht wirklich etwas zu tun haben.

Vier Millionen Deutsche sind schwermütig, manche sagen, es seien acht Millionen. Dreiunddreißig Millionen in Europa. Jeder Sechste stirbt daran. Und die Zahlen steigen weltweit – in den reichen Ländern.

Die besorgte Frage der Mutter: »Ist er jetzt eigentlich glücklicher in seinem Job?« Die Antwort des besten Freundes: »Nein, er ist nur seriöser geworden.«

Er war nicht allein. Die Mutter, der beste Freund, die Freundin. Der Karrierepakt. Keine Kinder im Haus. Stattdessen: zwei Wurlitzer Jukeboxen, bestückt mit Hunderten CDs. Und, penibel katalogisiert, mehrere Hundert CDs im Schrank. Er konnte sich jeden Musikwunsch erfüllen, aber er wusste nicht mehr genau, welche wirklichen Wünsche ihm noch geblieben waren.

Die Tristesse der materiellen Welt. Der praktischen Vernunft. Er war nicht antriebsschwach, nicht handlungsunfähig in den alltäglichen Dingen: Im ICE wollte er wissen, ob er in Neustadt oder in Mannheim umsteigen muss. Der Schaffner konnte die Auskunft nicht geben. Also stieg er in Neustadt aus, tat so, als wolle er aussteigen: ein Bein auf dem Bahnsteig, ein Bein im ICE. »Dieser Zug fährt nicht ab, bevor ich nicht die Auskunft habe!«

Keine Kompromisse im Kleinen. Da war er ganz souverän. Den Zug konnte er aufhalten, den eigenen Niedergang nicht.

Manisch depressiv, bipolar, das erklärt viel und nichts. Schon die Diagnose ist zwiespältig: hilfreich zu wissen, woran man ist – stark die Verführung, sich von nun an in die Krankheit hineinzusteigern. Als wäre das Ende unausweichlich.

»Wenn Sie Ihr Leben beenden wollen, beenden Sie Ihr Leben! Aber dafür müssen Sie doch nicht sterben!« Es gab kluge Ratschläge. Von vielen Seiten.

Therapiesitzungen, Einzelgespräche – aber auch das war eine Bühne, er nahm die Rolle des Kranken an, spielte mit und hätte doch gern die Maske fallen lassen. Und natürlich nahm er Medikamente. Suchte die Hilfe der Ärzte. Wurde in den letzten Wochen zum pharmazeutischen Versuchsfeld.

»Ich will nicht sterben, aber ich hab so Sehnsucht danach.« Das sah man ihm nicht an. Vielleicht wurde er deshalb nicht so ernst genommen.

Er hätte nicht unbegleitet aus der Tagesklinik gelassen werden dürfen. Obwohl er Medikamente nahm. Aber er konnte sich auf sich selbst nicht mehr verlassen. Dann helfen auch Medikamente nicht mehr. Die Angst, es nicht zu schaffen, die Angst, etwas versäumt zu haben, lässt sich nur auslöschen, wenn man sich selbst bis zur Unkenntlichkeit auslöscht. Auf dem Rückweg in die Klinik ist er aus dem Wagen gestiegen.

»Du, ich such mir schon einen Baum aus«, hatte er der Mutter Wochen zuvor gesagt. »Ich funktioniere nicht mehr.« Den Irrtum ließ er sich nicht mehr ausreden. Von keinem.

Er war nicht allein. Nicht ungeliebt. Er hatte Erfolg. Nüchtern gesehen fehlte es ihm an nichts. Nur Lebensmut hatte er keinen mehr. Aber wie viel Mut braucht es, vom achtzehnten Stock zu springen?

Wohin fliehen wir vor der Herzlosigkeit der anderen? Oder ist diese Kälte nur eingebildet, weil wir uns nicht trauen, unsere Mitmenschen wirklich zu fordern? Das wahre Leben, das falsche Leben … Anfangs fällte ich noch klare Urteile. Je mehr Geschichten ich hörte, je mehr Nachrufe ich schrieb, desto schwerer fiel es mir, eine klare Meinung zu haben. Eine traurige Geschichte folgte auf die andere, wer will darin einen Sinn entdecken können? »Ich könnte nicht dauernd über Tote schreiben«, wird mir oft gesagt. Wahr ist: Gelegentlich packt einen der Weltschmerz. Denn das Scheitern der anderen ist gar nicht so fern. Die Versuchung, sich selbst aufzugeben, kennt jeder von uns. Und wenn es nur darum geht, eine Stunde länger zu schlafen, weil man die Welt da draußen so früh noch nicht ertragen kann. Ein Stündchen nur – oder zwei. Abtauchen.

»Trauer nicht über dein Sterben, trauer über dein Leben!« Seine letzte Flasche war eine Flasche Brennspiritus. Er hat es nicht mehr gepackt runterzugehen. An den Kiosk, eine Flasche Schnaps kaufen wie in den Tagen und Wochen zuvor. Essen brauchte er nicht. Er wollte sich in den Tod saufen. Das hat er geschafft. Sonst nicht allzu viel.

Sein Vater, ein Goldkettchenträger, der den Benz nur aus der Garage holte, wenn es galt, Frauen zu beeindrucken. Ansonsten fuhr er Moped. Er hat seinen Sohn nicht geliebt. Er hatte kein Herz und empfand das nicht als Mangel. Der eine weiß, was Liebe ist. Der andere nicht. Zur Tragödie wird das erst, wenn beide aufeinandertreffen.

Die Ehe der Eltern ging früh in die Brüche. Bruder und Schwester galten fortan als verschiebbare Konkursmasse. Peter hat sich damit nie abfinden können: nicht mit der Gedankenlosigkeit der Zeugung, nicht mit dem Verrat der Trennung.

Immer wieder hat er darüber gegrübelt, immer wieder darüber geschrieben: »Bitte höre, was ich nicht sage ...«

Die Lehre als Fernmeldemonteur brach er ab. Da war er kaum zwanzig und heroinsüchtig. Von der Sucht kam er los, als er seine krebskranke Mutter pflegte und zu Grabe trug, da war er einundzwanzig.

Eine regelmäßige Arbeit wollte er nicht. Er hatte ja immer was zu tun. Für Kumpels gearbeitet, in der Hasenheide getrommelt. Er hätte auch gern gemalt, wäre auch gern Ökobauer geworden. Immer hoch hinaus in den Träumen: den Meister machen, den Techniker, den Ingenieur – und dann eine Firma gründen. »Eigentlich hab ich gigantische Potenziale.«

Er wusste, dass er sich in die Tasche log. Und trank. Er war süchtig nach einem besseren Ich und entfernte sich immer mehr davon. Der Weg aller Trinker führt irgendwann in die Gosse. Da wurde er gefunden. Sein End war ein grausamer Kalauer, von der Sorte, die er zuweilen selbst gern produzierte: Er war nie auf den Kopf gefallen, und genau das widerfuhr ihm.

»Ich kann gar nicht so viel saufen, wie ich kotzen möchte.« Der Satz wird Max Liebermann zugeschrieben, dem jüdischen Maler, der neben dem Brandenburger Tor wohnte und der miterleben musste, wie die Nazis seine Stadt in Besitz nahmen, und der gottlob nicht mehr miterleben musste, wie seine Frau daran starb, weil er ihr in den Tod voranging. Ist es falsch in diesem Zusammenhang das Wort »gottlob« zu verwenden? Erinnern ist schwer, die richtigen Formen des Erinnerns zu finden noch viel schwerer.

Wir tun viel dafür, an die Gräuel der Nazis zu erinnern. Gehen Sie spazieren! Stolpersteine allenthalben. Gedenkstätten, Gedenkreden, Gedenktage, wir tun viel, wir tun nicht genug für die Menschen, die von ähnlichen Gräueln heimgesucht wurden, uns von ihrer Kultur her aber ferner sind. Da können wir unmöglich Täter gewesen sein. Also müssen wir uns auch nicht um die Opfer kümmern. Die Wahrheit ist: Wir unterscheiden zwischen den Opfern, die uns etwas angehen, und jenen, die uns kaltlassen. Kein Mensch weiß genau, wie viele Kriegsopfer in Berlin wohnen, Menschen, die den Krieg, den Bürgerkrieg, die religiöse oder rassische Verfolgung mit knapper Not überlebt haben. Die Wahrheit ist: Es will auch keiner so genau wissen. Wen interessiert schon, ob der Dealer im Görlitzer Park Kindersoldat in Sierra Leone war oder mit knapper Not dem Völkermord in Ruanda entkam oder dem Schlachten in Zentralafrika. Der Vietnamese nebenan, Bootsflüchtling – *so what?* Kambodscha, die Roten Khmer? Ich kann nicht in das Herz jedes Menschen hineinhören. Selbst die Nächsten sind uns zuweilen nicht nah genug. Das ist nur menschlich. Das ist unmenschlich.

Auf Laos gingen mehr Bomben nieder als im Zweiten Weltkrieg über Deutschland und Japan. Fünfhundertdreißigtausend Fliegerangriffe, um die vietnamesischen Truppenbewegungen auf dem Ho-Chi-Minh-Pfad zu unterbinden. Thi-Thus Mann war Vietnamese. Sie mussten fliehen wie hunderttausend andere, fanden Zuflucht in einem Flüchtlingslager in Thailand. Ihr zweiter Sohn wurde im Lager geboren. Ihr erster Sohn war kaum vier, als er sah, wie Soldaten ins Lager kamen, sich Frauen griffen und in Hütten schleppten. Jahre später fragte er nach, denn er mochte es nicht glauben, was die Bewacher den Bewachten angetan hatten, aber es traf zu, bestätigte seine Mutter.

Thi-Thu Nguyen, das war ihr Flüchtlingsname, welcher ihr Schutz geben sollte vor Verfolgern. Aber es gab keinen Schutz, nur wahnsinnige Angst vor Übergriffen, und in einer dieser Panikattacken griff sie ihren eigenen Mann mit dem Messer an und kam, noch während die Familie im Lager war, sechs Monate ins Gefängnis.

Vier Jahre Lagerleben, dann erst fand die Familie Zuflucht in Deutschland. Alles schien sich zum Guten zu wenden. Thi-Thu brachte eine Tochter zur Welt. Die Nachgeburt hielt sie für ein zweites Kind, das ihr, so glaubte sie, von den Schwestern geraubt wurde. Die Ärzte diagnostizierten eine Schwangerschaftspsychose. Sie wusch ihr Kind mit Urin, ein altes laotisches Ritual, um es vor bösen Geistern zu schützen, daraufhin erklärte man sie für vollends verrückt und wies sie dauerhaft in die Psychiatrie ein. Zehn Jahre lang, ohne dass auch nur ein Dolmetscher hinzugezogen wurde.

Ihr Mann ließ sich scheiden, ihre Kinder wurden zu Pflegeeltern gegeben. Sie selbst wurde mit Medikamenten stillgestellt.

Zehn Jahre in der Psychiatrie, Zeit genug, Psychosen zu entwickeln, Gespenster zu sehen.

Sie hat viel gemalt, wie besessen, aber von Besessenheit keine Spur in den Bildern. Die immer wiederkehrenden Motive: Vögel, Fische, Tempel, die Welt der Heimat, in farbenfrohen, nicht selten in goldenen Glanz getaucht.

Die Diagnose: Unheilbares Heimweh. Heimweh nach sich selbst. Aber wo verbirgt sich unser wahres Ich? In der Geburtsurkunde? Im Reisepass? In Bildern? In Büchern? In Liedern? Wohin können wir uns retten, wenn die Welt um uns herum zum Gefängnis wird? Die Bilder, die Thi-Thu gemalt hat, halten sie dem prüfenden Blick stand? Vermutlich nicht. Ich habe mir die Bilder nicht zeigen lassen.

Ich habe viele Bilder von verstorbenen Künstlern gesehen, gute und schlechte, nach handwerklichen Kriterien beurteilt, aber das ist nicht von Bedeutung. Entscheidend ist: Bei vielen Bildern empfand ich nichts, bei manchen Bildern hingegen sah ich sofort: Das ist es! So war er, so hat sie gedacht.

Ich frage in den Gesprächen mit den Angehörigen immer nach: Welche Bücher hat er geliebt, welche Musik hat sie gehört, welche Bilder gern gesehen? Sie hat so viel gelesen, heißt es dann oft. Oder: Er liebte Musik über alles. Wer wurde gelesen, welche Musik über alles geliebt? Manchmal macht mich das Unwissen der Freunde und Angehörigen ärgerlich. Ich denke mir dann: Habt ihr wirklich keine Ahnung, wer sein Lieblingsautor war? Oder ihr Lieblingskomponist? Inzwischen glaube ich, das ist völlig egal. Ganz gleich, wen sie lasen oder wem sie zuhörten, das Wichtige war nur: Sie fanden Ruhe und

Glück in der Kunst. Es gab etwas, das sie von sich selbst ablenkte.

Kunstwerke sollen trösten. Kinder spüren sofort, wenn das gelingt. Schlechte Kinderbücher belehren, gute verzaubern. Sie erinnern sich? Lernen ist eine Evakuierungsübung, Lesen ist eine Evakuierungsübung. Was gibt es Schöneres, als sich mit Huckleberry Finn davonzustehlen …?

Es blieben die Bücher. Denn das war ihr Leben im Geheimen – sie hatte, platonisch, versteht sich, unzählige Herzensfreunde und -freundinnen unter den bildenden Künstlern wie unter den Autoren. Aber ihre Auswahl war streng: Die Artisten des Worts blieben ihr zeitlebens fremd, einer wie Thomas Mann war ihr viel zu kalt. Wärmen mussten die Worte. Keine Schönredner, Begleiter für den Tag sollten die Dichter sein. Und sie konnte zwischen Tand und Talent unterscheiden, das beweist der Schatz, den sie hinterlassen hat. Kladden, kleinkariert, mit handschriftlichen Einträgen, Zeitungsausschnitten, getippten Zitaten. Ihre Lektüretagebücher. Hunderte von Sinnsprüchen, deren Wert nicht selten darin besteht, dass sie von Autoren stammen, die nicht mehr gelesen werden, die bald in keinem Lexikon mehr vermerkt sind. Erfolgsautoren von gestern wie Christian Felix Weiße, ein großer Freund gewagt gereimter Volksweisheiten, die zu vertonen sich Mozart nicht zu schade war: »Wie sehr lach' ich die Großen aus, / die Blutvergießer, Helden, Prinzen, / denn mich beglückt ein kleines Haus, / sie nicht einmal Provinzen! / Wie wüten sie nicht wider sich, / die göttergleichen Herrn der Erden! / Doch brauchen sie mehr Raum als ich, / wenn sie begraben werden?«

Solche Verse hielten sie wach und unruhig, und stets war sie bereit, andere an ihren gesammelten Preziosen teilhaben zu lassen. Nicht selten ergriff sie im Privaten wie auch bei öffentlichen Vorträgen das Wort und belehrte dank ihres guten Gedächtnisses und ihres reichen Zitatenschatzes ihr Gegenüber eines Besseren.

Margarete Schönemanns letzter Wunsch – anstelle von Grabschmuck erbat sie sich Spenden für die SOS-Kinderdörfer. Es kamen 780 Euro zusammen.

Kalendersprüche. Die helfen keinem. Die helfen einem. Wenn nur einem Menschen geholfen wird, hilft das keinem. Das war mein Trugschluss. Immer schon. Als ich von den vielen traurigen Geschichten überwältigt wurde, die ich als Heranwachsender las, dachte ich, die Welt ist nicht mehr zu retten. Das Böse hat triumphiert.

Was ich durch das Schreiben der Nachrufe begriffen habe: Wenn jeder nur einem Menschen hilft, hilft das allen. Die Liebe des einen rettet das Leben des anderen. Das klingt einfältig, ist es auch. Aber es wirkt, sofern jeder mittut. Nicht, dass Sie mich missverstehen: Wir sind nicht nur da, um uns für andere zu opfern. Wir sind da, weil andere zuweilen in uns ihr Glück finden. Und wir in ihnen. Ein Lotteriespiel, in dem es mehr Hauptgewinne gibt, als wir glauben mögen. Ihre Chancen, glücklich zu werden, stehen also gar nicht so schlecht. Sie sind sogar ziemlich gut! Das ist die einzige Wahrheit, die im Leben wirklich zählt. Lassen Sie sich von anderen nichts einreden, von wegen: Das Glück ist immer tränenweit entfernt. Der Spaß der Klugen ist es, das Leben trostlos erscheinen zu lassen, damit sie noch klüger dastehen. »Ich hab es ja immer schon gewusst …« Nichts haben sie gewusst.

Es gibt viele Wahrheiten, Wahrheiten, die wir uns gar nicht mehr zumuten wollen, weil sie so schrecklich sind, so vertrackt, oder weil sie – ganz im Gegenteil – so schlicht, zu schlicht scheinen. Und unter all diesen Allerweltswahrheiten gibt es eine, die immer gilt, auch wenn sie grausig im Ohr klingt: »Das Leben geht weiter!« Die Gewissheit, die sich dahinter verbirgt, ist banal und schon oft besungen worden: »Und immer, immer wieder geht die Sonne auf!« Und immer wieder geht sie unter. »Mein Fräulein! sein Sie munter«, tröstet in diesen Fällen Heinrich Heine, »Das ist ein altes Stück; / Hier vorne geht sie unter / Und kehrt von hinten zurück.« Würde ich Ihnen diese Zeilen ins Poesiealbum schreiben, Sie würden sie überblättern, überalterte Weisheiten.

»Glauben Sie fest an die Liebe!« Würde ich Ihnen diesen Satz im Gespräch zuraunen, auf einer Party, einfach so, Sie würden mich für einen haschgetränkten Seniorenhippie halten, der an intellektueller Diarrhö leidet. Nicht einmal ins Ohr flüstern dürfte ich Ihnen so etwas. Keine Sorge. Ich würde Ihnen so einen Satz nie einfach so zumuten. Nicht weil ich mich fürchte, lächerlich dazustehen, sondern weil Sie ihn nicht glauben würden.

Die Wahrheit kann ich nur sagen, wenn ich die richtige Geschichte dazu erzähle. In diesem Kapitel wurden viele Geschichten erzählt, weil ich mich davor scheute, einfache Sätze wie den folgenden zu formulieren, Sätze, von deren Wahrheit ich felsenfest überzeugt bin: Geben Sie niemals auf! Denn Sie wissen nicht, wer noch auf Sie wartet.

Er hat ans Leben geglaubt, zu Recht, denn neun Monate vor dem Ende traf er die Liebe seines Lebens. Da hatte er schon keine Haare mehr, keine Wimpern, keine Augenbrauen, keine Hoffnung, dass sie mit ihm im Gespräch bleiben wollte. Aber sie wollte.

Sie verlobten sich, sie fuhren nach Venedig, sie reisten an die Orte seiner Kindheit, Aschersleben, das alte Haus, Schweinebär, so hieß der Vermieter.

Er war ein Wunschkind gewesen, innig geliebt schon im Mutterleib. Er war der Schatz seines Vaters, mit dem er in der nahe gelegenen Grube badete, unterm Sternenhimmel zeltete und mit dem er brach, als der Vater dem Suff verfiel und die Mutter bedrohte. »Geh weg«, riet er ihr, und sie ging.

Nach der Krebsdiagnose hörte Kris mit dem Rauchen auf, aber Pizza und Kuchen gab er nicht auf. Im Krankenzimmer hatte er eigene Bettwäsche mit Blumen und eine Seerose aus Stoff, weil sonst keine Blumen erlaubt waren.

Als er noch über Land fahren konnte, suchte er sich ein baufälliges Haus aus und ein Grundstück, das er begrünen wollte. Unter seinen Sachen fand sich eine Zeichnung: sie, seine große Liebe, er selbst und ein Kind, das Ball spielt. Das hat er sich und seinen Schwiegereltern gewünscht: »Ich war noch nie verheiratet«, so stellte er sich vor, »habe keine Kinder, aber ich habe Krebs.«

»Und«, fügte er hinzu, »ich bin der glücklichste Mann der Welt.«

Woran Sie erkennen können, dass ein Satz wie dieser wahr ist? Tränen Ihre Augen?

VI. Was soll ich tun?

»Oh nein, ich esse nichts Neues,
bevor ich es nicht schon mal gegessen habe.«
Homer Simpson

Nichts. Tun Sie erst einmal nichts.
Nein, kein Scherz, das ist mein völliger Ernst. Es ist Ihr freier Tag. Meinetwegen Sonntag. Frau und Kinder sind außer Haus – oder waren nie drin. Freund, Freundin auf Reisen. Eltern weit weg. Ein Tier kam nie infrage, zu viel Verantwortung. Sie sind allein, liegen im Bett, niemand ging, niemand wird kommen. Absolut keine Verpflichtung. Power-Yoga fällt aus, der Lauftreff hat sich vertagt. Kein Wanderverein lockt, keine Gesangsrunde lädt zur fröhlichen Bootsfahrt. Nichts, niemand kann Sie jetzt aus dem Bett locken.

Was tun Sie? Bitte ernsthaft! Sie sehen, die Qual fängt schon an. Drei, vier Stunden Nichtstun … etwas Schlimmeres kann man den meisten Menschen gar nicht zumuten. Sie müssen sich mit sich selbst beschäftigen. Manche lassen sich in solchen Situationen lieber Elektroschocks geben, glaubt man einer Forschungsgruppe der University of Virginia.

Nein, Sie greifen jetzt nicht nach einer dieser »To-do-Listen«, hundert Dinge, die ich tun soll, bevor ich darüber nachdenke, warum ich sie tue. Als könnte man dem Tod davonlaufen oder ihn überlisten. Das sollte Ihnen doch klar sein: Sie haben keine Chance. Sie werden sterben. Also, was wollen Sie vorher noch alles erledigen?

Hände weg vom Handy! Sie können jetzt niemanden anrufen. Keiner hilft Ihnen. Mit sich selbst beschäftigt sein, heißt: alle Spielzeuge ruhen lassen. Sie liegen einfach da. Spätestens nach drei, vier Minuten haben Sie begriffen: Nichtstun will gelernt sein.

Aus dem Leben eines Taugenichts, erstes Kapitel, erster Absatz: Wie ich lernte, all das nicht zu tun, was von mir erwartet wird.

Träumen Sie!

Träumen Sie Tagträume. Der Philosoph Ernst Bloch hat ein dickes Buch darüber geschrieben. Der Titel ist zum geflügelten Wort geworden, den Inhalt haben allerdings nicht sehr viele zur Kenntnis genommen: *Das Prinzip Hoffnung.*

Wovon träumen Sie, wenn Sie träumen? Die Welt umsegeln, die Wüsten durchwandern, im Dschungel campieren? Was würden Sie sein wollen? Reich, mächtig, berühmt? Sie sollten nicht ganz unvorbereitet sein, wenn die Fee an Ihr Bett tritt und Ihnen die Erfüllung dreier Wünsche anbietet – vorzeitige Auszahlung der Lebensversicherung ausgeschlossen. Die meisten wünschen sich … wenig mehr als das, was sie schon haben. Für das Wenige braucht es allerdings keine Fee. Und wenn es zum Letzten kommt? Was erträumt sich ein Sterbender?

Vierzig Dinge, die man gern macht, listete er auf: in Flüssen und Seen schwimmen, trommeln, in kleinen Flugzeugen fliegen, essen, reden, lesen, streiten, in die Ferne sehen … Ihm fallen mehr als vierzig Dinge ein, viel mehr. Aber: »Irgendetwas davon soll mal jemand machen, der sich kotzelend nach einer Chemotherapie fühlt.«

Er konzentrierte sich darauf loszulassen. Das ist zuweilen schwieriger als zuzupacken. Mit einem Freund hatte er vor Jahren eine gemeinsame Reise in den Jemen unternommen. Eine Wanderung über die Hochebene. Er selbst immer voran. Auch als das Gelände schwieriger wurde. Den höchsten Felsen erkletterte er noch aus eigener Kraft. Aber ohne die Hilfe des Freundes gelangte er nicht mehr nach unten.

Diesmal half ihm seine Frau herabzusteigen. Von dem Gipfel der Erwartungen.

Der Mut besteht darin, irgendwann zu sagen: Jetzt ist es gut. Ich kann nicht mehr. Nicht, dass er klein beigegeben hätte, er wollte nur zur Ruhe kommen: »Vom Strecken der Waffen geht ein seltsamer Friede aus.«

Nein, Sie sollen sich selbst nicht aufgeben. Nicht vor der Zeit. Sie sollen einfach vom Gipfel Ihrer Erwartungen herunterkommen! Das schaffen Sie nicht? Bergab ist für Sie schlimmer als bergauf? Dann suchen Sie nach Vorbildern!

Wessen Leben wollen Sie gern führen? Kommen Sie mir jetzt nicht mit Schauspielern, Sportlern oder anderen Schaustellern des öffentlichen Lebens. Die wenigsten Menschen, über die ich schrieb, wollten gern berühmt sein. Für einen Tag, ja, viel lieber noch für eine Nacht, aber niemals für ein ganzes Leben. Inzwischen weiß jeder, wie hoch der Preis dafür ist, im Rampenlicht zu stehen. Viel zu hoch meist.

Reich wären Sie gern? Wie reich? So schwerreich wie Mark Zuckerberg, Bill Gates oder Warren Buffett, Männer mit Milliarden, die keinen Schritt vor die Tür setzen können, ohne Angst um ihr Leben haben zu müssen? Eher mittelreich? Oder nur ein bisschen, ein ganz klein wenig zu viel Geld? Das sind kindische Fragen! So kindisch auch wieder nicht. Würden sich Steuerbetrüger diese Fragen vorher stellen, bliebe ihnen viel Ärger erspart.

»Ich möchte gern klug sein, gebildet.« Das ist für viele Menschen ein echter Lebenswunsch. Besserwisser äußern den nicht. Die halten sich schon seit Kindergartentagen für unglaublich clever. Bescheidene Menschen denken anders. Sie sehen immer Spielraum nach oben.

»Ich möchte gern ein guter Mensch sein.« Was keine einfache Sache ist. Das wissen vor allem die, denen das Leben immer wieder eine Falle stellt. Oder die sich selbst gern eine Falle stellen. Gute Menschen sind selten. Aber das Bedürfnis, gut zu sein, hat fast jeder. Wen sollte man sich da zum Vorbild nehmen? Mandela? Mutter Teresa? Unmöglich, deren Leben zu leben.

Wo finden Sie Vorbilder? Kluge Menschen, gute Menschen. Ich habe an den Universitäten, die ich besucht habe, nur einen Menschen getroffen, der mir wirklich imponierte. Und der ähnelte sehr stark meinem Vater. Er war Dozent in Heidelberg, zum regulären Professor wurde er nur gnadenhalber befördert. Für Intrigen war er sich zu schade. Er trug immer einen grauen Anzug und ein hellblaues Hemd. Oder war es ein dunkelblauer Anzug? In den über dreißig Jahren seiner Lehrtätigkeit hat er kaum drei Tage wegen Krankheit gefehlt. Nie ist er zu spät gekommen. Er war stets fordernd, selten abweisend, immer höflich. Er versah seinen akademischen Dienst, wie Kafka ihn versehen hätte.

Die meisten Berühmtheiten hingegen, die ich traf, waren Selbstdarsteller oder Poseure. Oder sie enttäuschten, wenn es um das ging, was ich eigentlich von ihnen erwartete: das menschlich Herausragende. Hans-Georg Gadamer, einer der berühmtesten Philosophen des letzten Jahrhunderts, intellektueller Zögling Heideggers, Erneuerer der Lehre vom Verstehen, Hermeneutik genannt, war lange Professor in Heidelberg. Er lebte bis zu seinem Tod in der Stadt. Ein ungewöhnlich langes Leben. Ich sah ihn ab und an mit einem seiner Schüler in der Weinstube sitzen, ein sehr munterer Greis, selten ohne Lächeln, meist behaglich in sich selbst ruhend. Das blieb er auch, als er in einer seiner letzten Vorlesungen nach den Gräueln des Nationalsozialismus befragt wurde. Er ließ sich nicht aus der Ruhe bringen. Die Vertreibung seiner jüdischen Kollegen bedauerte er, auf seine eigene Karriere in jenen Jahren ging er nicht weiter ein.

Diese Selbstgefälligkeit der Intellektuellen, kaum spürbar bei ihm, viel unangenehmer bei seinen jüngeren Kollegen, die sich daranmachten, die Universität zu ihrem Nutzen zu erneuern, hat viele Studenten vom Denken abgehalten – zum rücksichtslosen Karrieremachen hingegen animiert. Kluge Menschen sind selten gute Menschen. Sie haben es einfach nicht nötig, glauben sie.

Nicht anders war es in der Literatur oder in der Kunst. Ich habe in all den Jahren nicht einen Autor, nicht eine Autorin getroffen, die ich als Vorbild hätte ansehen können. Schon gar keine bildenden Künstler. Nahezu alle leiden an unheilbarem Narzissmus. Das gilt auch für die meisten Redakteure und Moderatoren, die von der Kunst der anderen leben. Bei ihnen addiert sich zur Eitelkeit ein Minderwertigkeitskomplex, den kein noch so starkes Scheinwerferlicht ausblenden kann.

Irgendwann musste ich mir eingestehen, dass ich auf der

Suche nach Vorbildern einen viel zu weiten Umweg gegangen war. Ich hätte im Elternhaus beginnen können. Absurder Vorschlag für einen Pubertierenden. Aber je älter mein Vater wurde, desto mehr Respekt flößte mir seine Lebensleistung ein.

Meine Vater hat eine einfache Lebensregel: »Immer eins besser«. Dieser Spruch hat mich in der Jugend wahnsinnig gemacht, denn er schien so unfassbar banal. Immer eins besser, das war nicht unbedingt als Aufforderung zum verschärften Konkurrenzkampf zu verstehen, sondern als Geste der Großherzigkeit.

Für ihn, der aus kleinbürgerlichen Verhältnissen stammte und der oft genug von Menschen vermeintlich besserer Herkunft gedemütigt oder herablassend behandelt worden war, hieß »eins besser« nur: Ich zahle es ihnen nicht mit gleicher Münze heim. Wenn, dann nur mit Leistung. Und unbeirrbarer Höflichkeit. Das hat er – Choleriker, der er zuweilen ist – nicht immer durchgehalten. Dennoch hielt er sich ein Leben lang an seine Maxime, und diese Zuverlässigkeit hat ihm Glück gebracht.

In den Augen anderer mag vieles, was er tat, als Sturheit erscheinen. Er blieb seiner Frau treu. Er erstritt sich, als ihn der Konzern frühzeitig in den Ruhestand schickte, nicht die Abfindung, die ihm zustand, sondern nur die Summe, die er für anständig hielt. Er verkaufte nie sein Elternhaus, obwohl die Bundesstraße, an der es liegt, zunehmend verkehrsreicher wurde. Er hat seinen Kindern immer alle Freiheiten gelassen, obwohl er ihr Tun nicht immer verstand. Er hat den lieben Gott einen guten Mann sein lassen und sich nie groß ins Leben anderer eingemischt. Und wenn, dann meist nur zum Guten. Sein Geheimnis: Er ist nicht eitel.

Hören Sie zu!

Die meisten Menschen reden lieber, als zuzuhören. Das ist völlig unabhängig von ihrem Bildungsgrad. Arme Menschen reden genauso gern zu viel wie Reiche, dumme Menschen plappern nicht hemmungsloser drauflos als kluge. Selbst wenn sie so tun, als ob sie zuhören würden, reden die meisten in Gedanken schon weiter. Der Monolog wird einfach stumm fortgeführt. Ich selbst war da nicht anders. Ich wusste immer alles besser in jungen Jahren. Was einigermaßen paradox ist, denn weder hatte ich die Lebenserfahrung noch all die Kenntnisse, die meinen Größenwahn einigermaßen hätten legitimieren können. Aber ich hatte Mut zur Meinung, freundlich gesagt. Nur war die meist falsch. Zumindest vorlaut.

Wenn Sie zuhören, entgehen Sie diesem Dilemma. Der große Gewinn dabei ist: Sie können beliebig viele Leben auf Probe führen. Ich höre besonders gern Menschen zu, die ganz anders sind als ich, weil ich weiß, dieses Leben will ich nicht führen. So nicht, niemals. Ich höre auch gern denen zu, die es zu mehr Geld, zu mehr Publicity, zu mehr Ansehen gebracht haben. Denn irgendwann, unweigerlich, kommen sie in ihren Erzählungen an einen Punkt, an dem sie stocken. Jeder ist auf seine Weise mit irgendetwas unglücklich. Je unglücklicher, desto prahlerischer.

Hören Sie weg!

Die Lautesten finden oft am meisten Gehör. Die Hochstapler, die Angeber, die Versager. Die Menschen, die etwas zu sagen haben, scheuen meist das Licht der Öffentlichkeit. Sie sind zu bescheiden dafür oder zu traurig. Wer wirklich Kummer hat, schweigt meist. Was mich hingegen immer wieder erstaunt, ist, dass schlecht gelaunte Menschen so viel Gehör finden. Jeder bedrängt jeden mit seinen Problemen, alle haben Sorgen, jeder Zweite scheint neurotisch. Dabei haben die wenigsten einen Grund dazu. »Wer den Holocaust überlebt hat«, konstatierte die Philosophin Agnes Heller, »ist nicht neurotisch.« Ihr ging offensichtlich das falsche Problembewusstsein ihrer Mitmenschen auf die Nerven.

Die Unterscheidung zwischen wirklichen Sorgen und angemaßten scheint den meisten immer schwerer zu fallen. Hüten Sie sich vor diesen lautstark Verdrossenen. Denn ihr Ehrgeiz ist es nicht, das Elend aus der Welt zu schaffen, sondern es mit anderen zu beklagen. Jeder, der Sie vom Glücklichsein ablenken will, vermehrt das Unglück in der Welt.

Seien Sie nicht so selbstlos!

Beten Sie, Psalm 139: »Ich danke dir dafür, dass ich wunderbar gemacht bin …« Daran ist nicht zu rütteln. Sie müssen immer daran denken: Sie sind ein wunderbarer Mensch. Ob Sie das nun in der Bibel lesen oder im Spiegel wahrzunehmen glauben, egal, es stimmt – solange Sie sich nicht das Gegenteil beweisen.

Belohnen Sie sich dafür. Im Ernst. Verwöhnen Sie sich! Je zufriedener Sie sind, desto zufriedener können Sie andere machen. Das Gegenteil gilt natürlich auch.

»Der Egoismus spricht alle Sprachen und spielt alle Rollen«, bemerkte La Rochefoucauld süffisant, »sogar die der Selbstlosigkeit.« Jeder kennt das, dieses Lamento derer, die sich für andere aufreiben. Mütter sind Meisterinnen darin, Männer in der Midlife-Crisis, Konzernchefs, Dramaturginnen, wichtige Menschen in wichtigen Berufen, die in ihrem fatalen Hang zur Selbstausbeutung nicht umhinkommen, sich auch noch dafür zu bewundern.

Lassen Sie es sein. Werden Sie misstrauisch, wann immer Sie diesen Tonfall des Verzichts hören: »Nicht mehr in diesem Leben ...« Es ist nicht wirklich Verzicht. Es ist die Klage derer, die sich etwas vorenthalten, weil sie aus dem Klagen ihren Gewinn ziehen. Was Sie sich in diesem Leben nicht gönnen, werden Sie schwerlich im nächsten erhalten. Das gilt insbesondere für Wurstwaren. Also überlegen Sie bitte gut, was Sie als Letztes einkaufen.

Sie wurde weniger und weniger in den letzten Jahren, und dennoch zog es noch immer alle zu ihr hin. »Was wollt ihr noch von mir? Ich bin doch nur noch ein Hauch.« – »Auch ein Hauch kann noch wärmen!«, entgegnete eine Bekannte.

Ihr letzter großer Ausflug ging ins KaDeWe. Dreiundneunzig war sie da. Zwei Wochen vorher begann die minutiöse Planung: »Wir machen das so: erst in die Strumpfabteilung, dann zu den Mänteln und dann die Lebensmittelabteilung, diese Mettwurst, die gibt's nur da!«

Die Vorfreude wurde bis zum letzten Tropfen ausgekostet, erst dann zog sie los mit ihrer Freundin. Und als sie ins Taxi stieg, trat das Lächeln in ihr Gesicht, das all ihre Freunde jetzt so sehr vermissen. Denn alles, was Herta Sowa tat, war ein Kompliment an das Leben.

Daran können Sie sich ein Beispiel nehmen.

Vertrauen Sie den einfachen Wahrheiten.

Ich muss zugeben, ich bin voreingenommen, was die Auswahl an Lebensweisheiten anbelangt. Der Schriftsteller Ernst Jünger, im Krieg selbst oft genug dem Tode nah, hatte ein Faible für »Letzte Worte«. Er sammelte sie, wohl in der Annahme, dass in der Todesstunde sich ein höherer Sinn im Gesagten zeigt. »Mehr Licht«, versprach sich Goethe, oder war es eine Forderung? »Welch ein unvergleichlicher Verlust«, klagte Auguste Comte bei seinem Hingang, hoffentlich nicht ohne Augenzwinkern. Nicht wenige Prominente werden schon zu Lebzeiten bedacht haben, was sie als Letztes äußern, wenn ihnen denn noch die Gelegenheit gegeben wird. Berühmte letzte Worte! Meiner Ansicht nach stammen die klügsten von Hertha Dubitzky.

Fünfzig Jahre lang ging sie zum gleichen Friseur. Sie mochte Pommes, aber keinen Fisch. Hörte gern Volksmusik, auch live, auf großer Bühne.

Ein solches Leben will man immer auf überhörte Wünsche hin abfragen. Aber die gab es nicht. Sie war glücklich inmitten ihrer Familie. Zehn Urenkel, ein Ururenkel. Kinder waren für sie etwas Heiliges. »Was soll ich mit alten Leuten?«

Sie war nicht religiös, warum auch? Wenn sie eins im Leben erfahren hatte, dann: »Der liebe Gott kann auch nicht helfen.«

Sie hat nicht auf den Tod hingelebt, weil sie sich nicht wirklich alt gefühlt hat. Als es dann so weit war, ließ sie sich nicht aus der Ruhe bringen. »Wenn man stirbt, darf man einen nicht stören.«

»Pass auf deine Kinder auf!«, waren ihre letzten Worte, und: »Mach das Licht aus!«

Haben Sie keine Angst vor dem Alter!

Annette Weiske hatte einen Gehirntumor. Sie war kaum dreißig, da wurde sie zum ersten Mal operiert. Die Lebenserwartung, so sagten die Ärzte, betrüge im günstigsten Fall fünfzehn Jahre, wahrscheinlicher allerdings seien sechs bis acht Jahre. Sie hoffte so sehr auf die fünfzehn Jahre. Sie verstand Frauen nicht, die Angst vor dem Alter haben. Sie wäre gern alt geworden.

Suchen Sie sich gute Freunde.

Warum? Dann fällt das Lachen leichter. Nichts ist schwerer, als ständig über sich selbst zu lachen. Sie lachen nie über sich selbst? Dann werden Sie auch keine guten Freunde finden.

Suchen Sie den Rausch!

Rauchen Sie, trinken Sie, leben Sie ungesund! Es ist vielleicht ein falsches Leben, aber es ist Ihr Leben. Besser, Sie haben etwas zu bereuen, als nie etwas zu erzählen.

»Sollen wir Drogen nehmen …?« Die Frage stellte sich bei uns im Billardsalon immer mal wieder nach dem dritten Bier. Florian steht für ein klares »Ja«, Sebastian für ein klares »Jein«, David für ein »Gelegentlich gern. Aber nicht heute.«

Ich persönlich trinke nur Alkohol. Zum einen, weil ich ein Spießer bin, zum anderen, weil ich miterlebt habe, wie die Drogen Berlin verändert haben. Kokain hat viele größenwahnsinnig werden lassen, Haschisch viele in die Apathie versenkt. Das ergänzt sich wunderbar. Die einen machen das große Theater, die anderen erdulden es. Deswegen verabscheue ich Haschisch und Kokain. Alkohol ist zweifellos auch gefährlich, aber er macht geselliger.

Dennoch, denken Sie an die Gefahren, suchen Sie den Rausch nur in der Bar Ihres Vertrauens!

»Der Gast braucht Führung!« Herr Schröder ließ sie ihm auf unnachahmliche Weise angedeihen. Trinken ist ein Trapezakt, seitens des Trinkers wie des Barmanns, denn der Sturz von den Klippen der Selbstbeherrschung sollte stets im Blick sein, aber niemals eintreten. In den Augen der Puritaner ist Alkohol ein teuflisches Elixier, nach Dafürhalten der poetischer Gestimmten ist es hingegen ein probates Mittel der seelischen Regeneration: Im abendlichen Gespräch an der Bar ist man in rascher Folge jugendlich entflammt, mannhaft klug, greisenhaft weise, kindlich lallend – die vier Lebensalter werden in wenigen Stunden durchlaufen, um sie am nächsten Tag neu beginnen zu lassen, so denn der Kater abklingt.

Auf diesem Weg ist der Barmann Mundschenk und Cicerone zugleich. Herr Schröder selbst hat die Barkeeperzunft in drei Kategorien unterteilt: zuunterst »der Frauenfriseur«, der immer ein offenes Ohr hat und gern Knallig-Buntes zusammenrührt; dann »der brave Schüttler«, im besten Fall ein guter Fachmann; und schließlich der »Gentleman-Barkeeper«, belesen, trinkfest und entgegnungssicher: Herr Schröder in persona.

Sie kennen Herrn Schröder vielleicht, aus einem der James-Bond-Romane von Ian Fleming, er hat den besten trockenen Martini der Welt geschüttelt, wenn nicht gar gerührt.

Ich persönlich meide Cocktailbars, die Getränke sind so undurchsichtig wie das Publikum, ich gehe lieber in Eckkneipen. Berlin hat noch eine Menge davon. Die Träume, die dort am

Tresen geträumt werden, sind oft die besten. Weil sie die Welt unmittelbar schöner machen – und verständlicher. Glasklar wie guter Korn. »Wenn man bedenkt, dass wir alle verrückt sind, ist die Welt erklärt.«

»Ich sag was, jemand sagt was zurück, ich sag wieder was, und wenn Bier im Spiel ist, geht das stundenlang. Auch Dritte und Vierte können mitreden, und wenn alle gesund bleiben, gibt es am nächsten Tag gemeinsame Erinnerungen.« Das ist das ganze Geheimnis menschlicher Kultur. Das und die belebende Wirkung von Alkohol, dessen üble Folgen natürlich nicht verschwiegen werden sollen: »Es gilt keiner als besoffen, der noch ohne Hilfe flach auf dem Bauch liegen kann. Unter achtzehn heißt das Komasaufen, über achtzehn Kummersaufen.«

Die Kneipe ist die Geburtsstätte klassischer Dialoge, übers Trinken im Besonderen wie übers Leben im Allgemeinen: »Was machst du denn für ein Gesicht?« – »Wenn ich Gesichter machen könnte, hättest du ein anderes.« So entstehen und vergehen Freundschaften.

Die Wirte sterben. Die Gäste auch. Am Ende steht immer der Absturz, so oder so. Berlin hat wunderbare Kneipen, in denen es sich abstürzen lässt. Seit Jahrzehnten schon, und einige noch immer. Magische Orte. Verzauberte Inseln im Bermuda-Dreieck des ewigen Rauschs. Lebende trauen sich dort selten hinein. In diesen dunklen Orten des Vergessens sind die Halbtoten versammelt, die das Tageslicht scheuen und jegliches alkoholfreie Getränk.

Die Kommune der Trinker eint die dionysische Gewissheit, dass der Alltag der anderen stets gefährlicher ist als der eigene Suff. Nüchtern betrachtet ist Trunkenheit meist etwas sehr Un-

schönes: »Alkohol«, so warnt eine Inschrift im »Goldenen Hahn«, »ist ein hervorragendes Lösemittel! Alkohol löst Ehen, Bankkonten, Arbeitsplätze, Wohnungen, Freundschaften, Gehirnzellen restlos auf!«

Trunken betrachtet ist Trunkenheit etwas sehr Schönes, denn man ist weniger als ein kleines Promill von der absoluten Erkenntnis dessen, was war und was ist und was sein soll, entfernt. Leider ist dieses kleine Promill gekoppelt an das absolute Vergessen der absoluten Erkenntnis. Was am nächsten Morgen bleibt, ist die vage Erinnerung an den Erkenntnisgewinn – und das sehr konkrete Empfinden, dass solches Kopfzerbrechen brachiale Kopfschmerzen bereitet. Insofern also ist Trunkenheit, so ihre Macht der Erkenntnisgewinnung ernst genommen wird, ein notwendig serielles Geschehen, vollzogen in der Gemeinschaft der Einsamen.

»So sechs wie wir fünf gibt es keine vier, denn wir drei sind die beiden Einzigen hier.«

Sinnsucher allesamt, Lakoniker des Leids. Sie: »Nun sag doch schon was!« – Er: »Was?« – Sie: »Na, das war doch schon was!«

Leben Sie gesund!

Klingt langweilig, bringt aber Lebenszeit. Es sterben so viele Menschen einfach nur, weil sie versäumt haben, gesund zu leben. Manchmal bin ich versucht in den Gesprächen wütend einzuwerfen: »Warum haben Sie ihn denn nicht davon abgehalten?« Aber jeder sucht sich seinen eigenen Tod.

Hören Sie auf zu rauchen! Trinken Sie weniger! Gehen Sie eine halbe Stunde spazieren. Nennen Sie mich Wunderheiler, denn Sie werden zehn Jahre länger leben, wenn Sie sich an diese Ratschläge halten. Oder auch nicht.

Suchen Sie sich eine Arbeit, die Ihnen gefällt.

Seinen richtigen Vater kannte er nicht. Die Mutter schon, deren Namen und Adresse hatte er mal ausfindig gemacht. Er fuhr hin – und reiste wieder ab. Er hat sie sich angesehen, aber sie nicht angesprochen. Warum auch immer, vielleicht weil er keinem gern zur Last fiel.

Er war auch mal schwer verliebt, nah dran, eine Familie zu gründen. Dann starb die Frau, Motorradunfall, und mit ihr starb auch sein Kind, sie war schwanger. Sie haben ihn damals noch nicht mal aus dem Heim rausgelassen, damit er sie im Krankenhaus besuchen konnte.

Von da an war er auf Reisen, gut unterwegs in Europa, mal hier gearbeitet, mal da, aber am besten war er als Straßenkünstler und Kleingeldeintreiber. »Gott zum Gruß, stets gut zu Fuß. Ein Reisender bittet um eine rostige Wandermark.« Und was für ein Name für einen, der schnorren muss: Hunni Hundertmark.

Natürlich hätte er auch eine Festanstellung suchen können, aber warum den anderen die Arbeit wegnehmen, zumal sie das alle besser und zuverlässiger konnten als er. Da war er gar nicht neidisch. Normalität ist ein Käfig. Sich selbst einsperren und den Schlüssel wegwerfen, so was konnte er nicht ertragen.

Wie viel muten Sie sich zu, bei dem, was Sie tun? Ihre Arbeit ist wichtig – für andere oder für Sie selbst? Hunnis Tipp: Überlassen Sie Ihre Arbeit denen, die es können.

Werden Sie Künstler!

Nein! Bitte nicht!!! Alles, nur nicht noch mehr Künstler! Aber ich hab der Welt so viel zu sagen! Nein, haben Sie nicht. Glauben Sie mir, das meiste ist schon gesagt. Warum machen die

Menschen sich dann so wichtig? Weil sie die anderen nicht zu Wort kommen lassen wollen. Lieber schreiben sie selbst, als Kluges von anderen zu lesen. Zudem glauben viele, damit viel Geld verdienen zu können. Denn wer war je so klug, so unterhaltsam, so spannend ... Eine ganze Menge Leute, glauben Sie mir.

Die meisten Autoren erzählen, als wäre nie vor ihnen erzählt worden. Was sie häufig vergessen: Seit den Tagen Homers hat sich kaum Neues getan in Sachen Liebe und Hass, Unglück und Glück. Die Geschichten wiederholen sich, die Geschichte wiederholt sich. Das hat seinen Reiz. Sofern der Erzähler darum weiß. Wer aber so tut, als hätte er Neues zu erzählen, denn ereilt die Höchststrafe: Er wird bestenfalls verschlungen – und im Regelfall umgehend vergessen. Derzeit sterben die Werke der Autoren schneller als die Autoren selbst. Mancher wird sich fühlen, als müsste er seine eigenen Kinder begraben.

Gut, dann werde ich eben Maler!

Nein, bitte, malen Sie nicht! Es gibt viel zu viele Maler auf der Welt, die meisten von ihnen leben in Berlin. Das Leben ist billig hier. Deswegen verdienen auch die Galeristen wenig. Die Künstler noch weniger. Sie können von ihrem Tun nicht leben – und nicht davon lassen. Wer will schon den Glauben an sich selbst verlieren – erst recht, wenn kein anderer an einen glaubt. Das Verschwinden der Träume ist das eine, unmerklich versickern sie, trauriger ist das Verschwinden der Kunstwerke. Bevor Sie ein Atelier einrichten, denken Sie darüber nach, wer es auflösen wird. Sie sterben irgendwann, das ist gewiss. Wer betritt dann den Raum, in dem Sie Jahre, Jahrzehnte gearbeitet haben? Voll mit Erinnerungen, voll mit Kunstwerken, Ihre besten vielleicht, weil Sie die nicht aus der Hand geben wollten. Oder weil sich keiner dafür interessierte.

Alles, was diese Künstler tun, die niemals berühmt werden, landet irgendwann im Müll. Oder in den Magazinen der Museen, der Kunstvereine, der Galeristen. So oder so, es wird vergessen. Unglaublich viele Bilder verschwinden. Selten kehren sie wieder. Von tausend Künstlern schafft es vielleicht einer, berühmt zu werden, um bald darauf wieder vergessen zu werden. Denn meist reicht der Ruhm nur für eine Saison.

Das Leben lässt nicht jeden zu Wort kommen. Wer will das zu Lebzeiten schon wahrhaben? Berlin hat so viele Künstler vergessen, Maler, Bildhauer, Musiker, Schriftsteller. Als ich ankam in dieser Stadt, kurz nach dem Mauerfall, hatte jeder etwas zu sagen. Die Künstler, die hier gelebt haben, die Künstler, die neu ankamen, alle wollten den Aufbruch. Die Stadt sollte die Startrampe sein für den ultimativen Egotrip. Die Bühne war gerichtet, für alle, so schien es. Jeder sprach davon, berühmt zu werden. Welches Gesprächsthema hätte das Gegenüber auch mehr interessieren können als die Frage: »Woran arbeitest du gerade?« Keiner wollte namenlos bleiben. Alle hätten sie ihren Namen am liebsten mit großen Buchstaben ins neu eröffnete Brandenburger Tor geritzt.

Es gibt so viele Künstler in dieser Stadt, Künstler, die ihr Leben dafür geopfert haben, Werke zu schaffen, die keinen interessierten, eine Handvoll Freunde und Bewunderer ausgenommen. Ich weiß nicht, warum sie es getan haben. Es war nicht die Gier nach Erfolg, nichts ist flüchtiger als Erfolg, das wissen die meisten. Vielleicht ist es die Angst davor, vergessen zu werden. Keiner will mehr sterben. Keiner will im Abseits stehen. Die meisten sind sich ihres Egos so unsicher, dass sie ohne Applaus nicht mehr leben können. Aber Künstler wird nur, wer mutig genug ist, auf Applaus zu verzichten. Sind Sie wirklich so mutig? Nein, sind Sie nicht. Glauben Sie mir.

Aber Sie kennen mich doch gar nicht, werden Sie einwenden. Nein, aber ich kenne diese Frage: Bin ich ein Künstler? Wer sie stellt, hat schon verloren.

Kunst ist kein Mittel gegen Langeweile oder seelische Leere. Manche glauben es, entsprechend langweilig und leer ist ihre Kunst. Denn sie zeigen nur, was sie denken und fühlen, und das ist zu wenig. Natürlich, am Anfang ist immer ein großes Innehalten, denn wer kann sich schon sicher sein, dass er etwas zu sagen hat? Aber glauben Sie wirklich, Caravaggio hätte sich schlaflos auf seiner hölzernen Bettstatt geräkelt, grübelnd: »Bin ich ein Künstler, bin ich ein Künstler ...?«? Der hatte Besseres zu tun. Oder, um einen schüchterneren Zeugen herbeizuzitieren, denken Sie etwa, Hölderlin saß da, vor dem leeren Papier, kaute verdrossen an der Schreibfeder und probte in Prosa die Worte: »Wie komm ich in Versen am besten total wahnsinnig rüber?!«?

Was für Außenstehende unverständlich wirkt, das Beharrliche, das geradezu Monomanische großer Künstler, ist der Wille, dem Schicksal eine ehrliche Antwort abzutrotzen. Den Mut haben die wenigsten von uns. Weil wir uns vor der Antwort fürchten.

Sie wollen unbedingt malen? Malen Sie für sich allein. Günter Wolf, einer meiner Helden des Alltags, Anstreicher von Beruf, malte sehr gern in der Freizeit. Sein künstlerischer Erzieher war Bob Ross, der Fernsehmaler, der jeden zum Picasso machen konnte. Malen nach Zahlen, mit der Tupftechnik. Der

Gedanke dahinter: Es schadet der Welt nicht, wenn man nicht perfekt den Pinsel schwingt, denn die Welt ist so oder so schön. Günter malte ein Fenster und hängte einen Blumenkasten dran. Das war für ihn Kunst. Für andere ist es eine Illusion. Wenn die Illusion gefällt, gut. Wenn die Illusion so mächtig wird, dass Sie sich heimisch fühlen darin, dann ist es große Kunst.

Das können nicht viele. Bilder schaffen, die bleiben. Ich bin einigen dieser Künstler begegnet. In den Geschichten, die von ihnen erzählt wurden.

Er besaß einen kleinen Bauwagen, der stand in der Uckermark. Er malte häufig die Landschaft drumherum. Nur ein wenig anders, als wir sie auf den ersten Blick sehen würden. Er zupfte mit seinen großen Händen jede Blume, ließ jeden Käfer über seinen Handrücken laufen, gab noch dem krummsten Wurm einen Strich und eine Richtung, erkundete die Wege der Schmetterlinge, die Flugrouten der schwersten Hummel und die Grabungen des blindesten Maulwurfs, fasste das alles in der Schönschrift dessen zusammen, der die Welt geschaffen hat, an diesem Sommermorgen, unweit eines kleinen Bauwagens, der wie die Arche Noah in diese Landschaft gekommen war, um alle mit an Bord des Bildes zu nehmen.

Als es zur Ausstellung kam, stand ein Bauer aus dem Dorf lange vor einem dieser Bilder. Schließlich zupfte er einen Freund des Malers am Ärmel und sagte: »Wollen Sie mal sehen, wo ich wohne? Hier ist mein Haus.« Er zeigte auf ein hüpfendes Dreieck in gelben Strukturen. »So sieht es bei uns aus, jedes Jahr im Sommer. Und diesen Weg«, er zeigte auf eine braune zitternde Linie, »gehe ich immer lang. Bin ich schon als Kind langgegangen.«

Dem Blick der anderen ein neues Wissen geben, mehr muss ein Maler nicht wollen. Können Sie mit dieser Bescheidenheit leben und arbeiten? Die wenigsten können es. Aber Ruhm zu Lebzeiten hat kaum je einem Künstler Glück gebracht. Die klugen Künstler blieben immer einsam. Die Erfolglosen sowieso. »Im letzten oder vorletzten Grund«, schrieb Kafka an einen Freund über seine Freude an der Einsamkeit, »ist es ja nur Todesangst. Zum Teil auch die Angst, die Götter auf mich aufmerksam zu machen; lebe ich hier in meinem Zimmer weiter, vergeht der Tag regelmäßig wie der andere [...], so schön, so schön ist es, unbeachtet zu sein [...].«

Verlieben Sie sich!

Kein Mensch will immer unbeachtet sein. Das wollte auch Kafka nicht. Deswegen verliebte er sich so häufig. Noch lieber schwärmte er von seinen Geliebten, um sich im Schwärmen selbst zu genießen. Tun Sie es ihm nach: Schwärmen Sie! Nein, nicht für sich selbst, wie es Künstler tun, schwärmen Sie für etwas anderes. Für wen auch immer, für was auch immer.

Sie sind schon verliebt? Verlieben Sie sich noch mal, gern auch in die gleiche Person, das erspart Ihnen viel Mühe beim Suchen. Und wenn das nicht hilft, gehen Sie spazieren. Glauben Sie mir, Sie werden immer gefunden – wenn Sie sich nicht verstecken. Denn das ist das Geheimnis der Suche, dass sich Ihnen ein Suchender zugesellt. Das glauben Sie nicht? Sie glauben nicht an die Liebe? Sie glauben nicht an die Treue? Gut, dann:

Heiraten Sie!

Klingt altmodisch. Ist es vielleicht auch. Wirkt aber lebensverlängernd, nach Meinung der Wissenschaftler wie der Friedhofsgärtner. Sie kennen all die Einwände dagegen: Wir lieben uns auch so, das ist doch nur ein Stück Papier, fürs Glück braucht es keinen Trauschein, und was es an Ausreden noch gibt. Alles gut und schön. Aber – man ist geduldiger miteinander, wenn man sich vertraglich gebunden hat. Wir Menschen sind so. Wir wollen Sicherheit. Freiheit macht uns unruhig. Das ist doch schön, Unruhe; Ungewissheit hält uns wach – gute Einwände, aber dennoch träumen die meisten vom Glück zu zweit.

Was soll ich tun, um glücklich zu werden? Es gibt so viele kluge Menschen, denen man diese Frage stellen könnte. Ich persönlich hätte sie Stephen King gestellt, dem Meister des Horrors. Er ist einer der Menschen, die durch alle Höllen gegangen sind, im wirklichen Leben und in der Fantasie, und dennoch einigermaßen unbeschadet davonkamen. Er muss es wissen. Glücklicherweise wurde ihm die Frage tatsächlich gestellt. Die Antwort von King: »Bleib bei deiner Frau und stirb nicht vor der Zeit.«

Einsamkeit ist der größte Horror. Es gibt Menschen, die gut damit zurechtkommen. Die meisten von uns krepieren daran, wenn nicht körperlich, dann seelisch. »Alleinsein ist etwas sehr Schönes«, sagte Günter Wolf gelegentlich, Sie erinnern sich, der Maler und Anstreicher, »wenn da einer ist, dem man davon erzählen kann.« In Berlin gibt es unglaublich viele einsame Menschen. Die wenigsten von ihnen sind so selbstgenügsam, wie sie tun. Die meisten sind einfach nur einsam. Menschen, die lange allein gelebt haben, werden seltsam. Ihr Glück: Es fällt ihnen irgendwann gar nicht mehr auf. Bis es ans Sterben geht. Denken Sie früh genug darüber nach: Wollen Sie wirklich allein sterben? Unbegleitet? Aber deswegen kann ich doch nicht heiraten, werden Sie einwenden. Doch, können Sie. Aber was ist, wenn der Mann, die Frau vor mir stirbt? Dann trauern Sie. So wie der verlorene Mensch um Sie getrauert hätte. Man kann den Tod nicht allein ertragen. Denn dann ist er endgültig.

Werden Sie Mutter. Werden Sie Vater.

Als Simon Pegg, »führender Underdog des Weltkinos«, gefragt wurde, wie er seine »zerstörerische Männernatur in den Griff bekommen« habe, antwortete er: »Ich bin Vater geworden. Ganz einfach. In dem Moment, als ich zum ersten Mal mein Baby im Arm gehalten habe, hat sich alles verändert. Plötzlich war ich nicht mehr die wichtigste Person in meinem Leben. Ich konnte meine Kindheit loslassen. Das war wie eine Offenbarung.«

Zeugen Sie ein Kind. Allein, zusammen, wie auch immer. Viele malen lieber ein schlechtes Bild, als ein Kind auf die Welt zu bringen, arbeiten sich in einem idiotischen Job zu Tode, weil sie sich davor fürchten, Zeit mit einer Familie zu verbringen, oder machen sonst irgendeinen Unfug, nur um nicht vergessen zu werden. Tun Sie wirklich etwas für Ihre Unsterblichkeit, werden Sie Eltern.

Sie haben schon ein Kind? Zeugen Sie noch eins. Ein Kind allein ist immer einsam. Sie erinnern sich, der Sinn des Lebens ist: es weiterzugeben.

David ist ein wunderbarer Vater, und an seinen Kindern ist schon jetzt zu sehen, dass sie keine schlechten Eltern hatten, auch wenn sie sich getrennt haben. Kinder brauchen einen Vater und eine Mutter, schon richtig, aber die müssen nicht immer zusammenleben. Hauptsache, sie sind da. Hauptsache, sie sind nicht zu oft da. Das große Glück meiner Kindheit war, dass meine Eltern sich nicht in meine Freizeitgestaltung einmischten. Ich konnte einfach nichts tun. Mich mit mir selbst beschäftigen. Da können Eltern noch einiges von ihren Kindern lernen. Vielleicht ist Florian deshalb im Umgang mit seinen Kindern viel netter als im Umgang mit Erwachsenen. Ich habe ihn im Verdacht, dass er Kinder nur auf die Welt setzt, damit er jemanden zum Spielen hat. Und jemanden, der ihm applaudiert.

Sebastian müht sich noch um die Zeugung, aber auch er wird ein guter Vater werden. Dennoch kommen auf uns vier Jungs bislang nur vier Kinder. Das ist wenig, viel zu wenig. Meine Schuld. Ich rede viel darüber, aber ich tu nichts. Zu meiner Entschuldigung muss ich sagen, dass damals, vor kaum dreißig Jahren, als ich geschlechtsreif wurde, die Drohung allgegenwärtig war, dass die Welt bald untergehen würde. Jeder, der sich klug wähnte, glaubte das. Wer wollte da noch Kinder in die Welt setzen? Inzwischen ist klar: Die Welt geht so schnell nicht unter, auch wenn alle so leben, als ob … Was einfach daran liegt, dass wir von allem zu viel haben, nur von einem zu wenig: von Kindern. Mehr Kinder – und wir würden mehr an die Zukunft denken und uns weniger in der Gegenwart verlieren.

Sie haben schon Kinder? Prima, dann werden Sie Großvater. Oder Pate. Nein, nicht in Afrika oder Indien. Die brauchen uns Besserwisser nicht. Hier, vor Ort werden Sie gebraucht.

Tun Sie etwas Gutes.
Zumindest einmal im Leben. Sie müssen ja nicht gleich den Helden spielen, wie es unseren Eltern und Großeltern zugemutet wurde. Viele haben nie davon erzählt, wie mutig sie waren, oder erst sehr spät.

Margarete arbeitete auf dem Gut als Kindermädchen, sie durfte mit ins Theater, sah sich die Tischmanieren ab, lernte das bessere Leben kennen. Sie wäre gern hinausgezogen in die Welt, aber sie kam nur bis Danzig, dort ging sie in die Lehre, Schneiderin wollte sie werden. Aber dann kam der Krieg.

Sie flüchteten, zunächst in einem Viehwaggon, dann zu Fuß. Margarete hielt alle zusammen, sprach ihnen Mut zu. »Augen zu und durch, sonst wären wir verrückt geworden.« Am Wegesrand die Toten, zu essen gab es Kartoffelschalen, gebraten in Motorenöl. Das jüngste Kind, gerade ein Jahr alt, trug sie im Arm. Irgendwann trafen sie auf Soldaten. Einer zeigte auf ihre kleine Schwester. Sie stellte sich schützend vor sie und bot sich statt ihrer an.

Es gab und gibt so viele tapfere Menschen, Männer und Frauen, über die nie ein Wort verloren wird, die nie ein Wort über sich selbst verlieren. Wir lesen lieber Verbrechergeschichten als Heldengeschichten, wir schreiben lieber über das Böse als über das Gute. Das Gute rührt viele nicht mehr. Aber es sollte uns selbst zu Tränen rühren. Das wäre immerhin ein Beweis. Ein Beweis, »dass man wert war, da gewesen zu sein«. Nein, nicht Günter Wolf hat das gesagt, sondern Wilhelm von Humboldt.

Manche sind ungeheuer tapfer. Aber so mutig müssen Sie nicht sein. Deswegen sind Sie noch lange nicht feige. Manche sind unglaublich selbstlos. Aber auch das ist nicht jedermanns

Sache. Und manche sind einfach nur ein Sonnenschein. An denen sollte man sich ein Beispiel nehmen. Ursula Junggeburth wurde sehr alt, und weil sie wusste, dass sie jemand Besonderes war und das auch anderen sagen wollte, reimte sie ihren Lebenslauf, von Anfang bis Ende, mitsamt dem Geheimnis ihres glücklichen Lebens, das ewig hätte andauern können, zu ihrer und aller Freude:

»Weiterhin habe ich es mir zur Aufgabe gemacht / und jeden Tag an eine gute Tat gedacht. / Mit meinem Gitarrenspiel und Singen / möchte ich auch im Alter anderen Freude bringen. / Es müssen keine Wunder sein, / schon ein freundliches Wort bringt Sonnenschein!«

Gut jetzt, werden Sie einwenden, genug Zeit mit Sentimentalitäten vertrödelt. Das alles hilft nicht gegen meinen Weltschmerz. Dann holen Sie einen Hund aus dem Tierheim und gehen Sie mit dem spazieren. Aber bringen Sie ihn auch bitte wieder zurück. Auch ein Hund hat nette Gesellschaft verdient. Mein Vater unterhält sich gern mit seinem Hund. Der Hund hört zu, gibt keine Widerworte, blickt verständig und ist dankbar für jedes Streicheln.

Sie sind allergisch gegen Hunde? Was soll's, dann gehen Sie einfach so aus dem Haus und führen Ihren inneren Schweinehund ein wenig spazieren. Das soll jetzt alles gewesen sein, werden Sie übel gelaunt einwerfen, den ganzen Morgen im Bett verplempert und eine kleine Runde im Quartier spaziert? Gegenfrage: Wann haben Sie das letzte Mal so viel Zeit mit sich selbst verbracht?

VII. Für wen soll ich es tun?

Ein Egoist ist ein unfeiner Mensch, der für sich mehr Interesse hat als für mich.
Ambrose Bierce

Ich tu es für mich. Sie tun es für sich. Für wen sonst? Wann immer Ihnen jemand weismachen will, er tue etwas für andere, seien Sie misstrauisch.

»Das tu ich doch nur für dich ...!« Unsinn. Eva pflückte den Apfel nicht für Adam, Kain und Abel waren sich keineswegs brüderlich zugetan, und Noah brachte einen Menge Tiere an Bord, aber keinen ferneren Verwandten.

»Mir geht nichts über mich!« Klare Ansage.

Bleibt nur noch die Frage zu klären: Wer sind Sie? Nein, nein, ich meine nicht Alter, Herkunft, Beruf, Konfession, all das Äußerliche, was uns bestimmt: Wer sind Sie, wenn Sie nackt vor dem Spiegel stehen?

Niemals, werden Sie einwenden, niemals werde ich mich nackt vor den Spiegel stellen! Dann ziehen Sie sich halt was drüber! Selbstentblößung ist nicht unbedingt eine Voraussetzung für Selbsterfahrung, auch wenn Ihnen das vielleicht der ein oder andere weismachen will. Aber mutig wäre es schon! Nur dies eine Mal, bitte?!

Denn: Wann sind Sie sich das erste Mal wirklich selbst begegnet? So von Mensch zu Mensch, von Angesicht zu Angesicht. Nicht nur grübelnd im Bett. Von Körper zu Körper. Denn den vergessen wir meist in unseren Selbstbetrachtungen, sofern keine Diät droht. Also, heute einmal kein Spaziergang an der frischen Luft, heute lade ich Sie ein zu einem Spaziergang der besonderen, der spirituellen Art. In drei Schritten zum eigenen Ego.

1. Stellen Sie sich vor den Spiegel. Nackt, wenn Sie können. Bitte keine Witze reißen jetzt! Unterziehen Sie sich einer Leibesvisitation. Vorurteilsfrei. Penibel. Nüchtern. Treten Sie in Blickkontakt zu sich selbst. Das Erste, was Sie feststellen: Kein Mensch ist makellos. Wie recht Sie haben! Anders gefragt: Was an Ihrem Körper ist vollkommen? Lassen Sie mich raten?! Soll ich es auch aussprechen?

Nichts. Ganz ehrlich, Sie können noch so schön sein, irgendein Makel ist immer zu finden. Sie sollten ihn nicht ignorieren, diesen Makel, aber Sie sollten sich auch nicht zu viele Gedanken darüber machen. *No body ist perfect.* Nein, *no body* wird in diesem Fall nicht zusammengeschrieben. Kein Körper ist perfekt. *So what?* Körperarbeit ist etwas für Menschen, die zu faul sind, über die wirklich wichtigen Dinge des Lebens nachzudenken. Sie nicken? Schade, so leicht sollten Sie in keine Falle tapsen.

Ohne Ihren Körper sind Sie nichts. Manche Philosophen reden um diese Tatsache gern herum, aber sie entkommen ihr nicht. Keiner von uns entkommt ihr. Ohne Körper sind wir nichts. Am Anfang waren wir nur Leib, und am Ende sind wir es wieder. Es ist gar nicht so einfach, sich damit abzufinden. Deswegen verachten so viele Denker ihren Körper. Sie trinken, sie rauchen, sie magern ab, sie verfetten, sie können kaum drei Schritte tun, ohne zu schnaufen, und glauben doch, die Welt begreifen zu können. Was für ein Irrtum. Wir werden in die Welt geboren, nicht die Welt in uns.

Erinnern Sie sich daran, wie Sie sich das erste Mal bewusst nackt gesehen haben? Was haben Sie damals gedacht? Ich kann Ihnen sagen, was ich damals dachte. Oh nein, durchfuhr es mich, das kann nicht wahr sein. In der Frontalansicht fand ich mich mit siebzehn Jahren noch einigermaßen erträglich, keine unnötigen Muskeln, keine überflüssige Behaarung, die nur Darwin recht gegeben hätte. Aber im Profil stand ich wie eine Marionette in den Händen eines betrunkenen Puppenspielers. Die viele Leserei hatte mich zu einem lebenden Fragezeichen mutieren lassen.

Nicht weiter schlimm? Stellen Sie sich so an den Strand. Frauen wollen Ausrufezeichen sehen, keine Fragezeichen. (Männer übrigens auch.)

Sie und Ihr Körper können ganz schnell sehr einsam sein, wenn Sie sich nicht umeinander bemühen.

Also: Sie stellen sich vor den Spiegel. Fester Blick. Beginnen Sie bei den Füßen. Warum? Sie stehen auf Ihren Füßen, sie sind die Grundlage von allem. Haha, was für eine großartige Erkenntnis, wird der ein oder andere witzeln. Keine geringe Erkenntnis. Sie stehen auf Ihren eigenen Füßen. Das tun nicht viele Geschöpfe auf dieser Welt. Dafür sollten Sie Ihren Vorfahren auf den Bäumen schon mal sehr dankbar sein! Sie kriechen nicht, Sie krabbeln nicht auf allen vieren, Sie gehen auf Ihren Füßen. Sie können Ihren Blick nach vorn richten. Das tun viel zu wenige, viel zu viele blicken auf den Boden. Von denen, die an der unsichtbaren Leine ihres Handys gehen, ganz zu schweigen.

Glauben Sie mir, die Art und Weise, wie Sie auf Ihren Füßen stehen, sagt schon alles über Sie als Mensch aus. Wenn Sie sich dann noch in Bewegung setzen, sind Sie für andere ein offenes Buch. Und andere für Sie. Sie müssen kein Profiler des FBI sein, um erkennen zu können, was der Stand eines Menschen, was sein Gang über sein Leben verraten. »Auf eigenen Beinen stehen«, »sich kaum auf den Füßen halten können«, »den Boden unter den Füßen verlieren« – Redensarten sind der geheime Wissensschatz der Menschheit, so geheim, weil so offenkundig, dass sich keiner mehr etwas dabei denkt. Was schade ist, denn nichts erdet uns schneller, als wenn wir uns »vom Kopf auf die Füße stellen«.

Dennoch kümmern sich die wenigsten darum, wie es ihren Füßen tagtäglich ergeht. Es gibt Menschen, die schneiden ihre Fußnägel nur, wenn sie die Socken durchstoßen. Andere ziehen erst gar keine Socken an und tragen stattdessen Sandalen, weil die so schön bequem sind. Viele Strandpromenaden sind zu visuellen Folterstrecken verkommen, weil Touristen glauben, nützliches Schuhwerk sei wichtiger als gutes Aussehen. Andere Passanten wiederum leiden lebenslang an Rückenschmerzen, weil sie unter »Birkenstock« nicht mehr und nicht weniger als die Gerte des Teufels verstehen. Jeder Trottoir ist ein Laufsteg.

Herren in handgefertigten Kalbslederschuhen von Crockett & Jones, Damen in absolut fabulösen Manolos, Senioren in Sneakers, Alt-Hippies in Gesundheitsschuhen, Kiffer in Flip-Flops, Lebensgeschichten werden zuallererst von den Füßen erzählt. Prostituierte wissen das. Sie taxieren ihre Freier am Schuhwerk. Bevor Sie also daran denken, Schuhe anzuziehen, sollten Sie sich darüber klar sein, was für einen Lebensweg Sie einschlagen wollen.

Genug nach unten geschaut, lassen Sie den Blick nach oben wandern. Stützen Sie Ihre Hände in die Hüften und blicken Sie sich selbstbewusst in die Augen. Klappt nicht? Sie fangen an zu grinsen. Intimrasur oder nicht, das ist Ihre Sache. Ihre Behaarung wird nur dann zum Problem, wenn Sie sich in aller Öffentlichkeit darum sorgen. Alberichs Erbe: Jeder Mensch glaubt sich unbeobachtet, auch ohne Tarnkappe. Gerade in der U-Bahn. Als gäbe es keine Zeugen Ihres Tuns, streicheln sich Männer wie Frauen die Haupthaare, kraulen sich die Achseln, zupfen sich die Nasen.

Das ist gut. Sie mögen Ihren Körper. Kümmern Sie sich um ihn. Streicheln Sie ihn. Aber bitte nicht in der U-Bahn. Sehen Sie sich stattdessen lieber um. Welcher Körper passt zu Ihnen? Wenn Sie ehrlich sind, keiner der Körper, die Sie um sich herum wahrnehmen. Nein, absolut kein Grund, neidisch zu sein. Am liebsten ist Ihnen der eigene Leib, nur in etwas proportionierterer Form. Ansonsten fühlen Sie sich ganz wohl in Ihrer Haut.

Gut, streicheln Sie weiter. Sie sind nicht allein in Ihrer Selbstzufriedenheit. Die meisten sind mit sich zufrieden, sei es freiwillig oder notgedrungen. »Ich mag meine Pfunde.« Das ist meist keine Ausrede. Der beste Liebhaber, der ausdauerndste Lobredner unseres Egos sind wir selbst.

»Du bist toll!« Sagen Sie es geradeheraus. Ohne zu lachen. Blicken Sie in den Spiegel. Spitzen Sie die Lippen zum Kuss und sagen Sie es: »Du bist toll!«

Wem das ohne ein schiefes Lächeln gelingt, der kann das Buch aus der Hand legen.

Mein Freund Sebastian geht sehr gern in die Sauna. Er tut das nicht, weil es gesund ist. Er tut es auch nicht, weil er gern unter Menschen ist. Viele Menschen in der Sauna lassen alles Menschliche hinter sich und sind nur noch Tier, schnaufender, schwitzender, hitzemüder Körper.

Egozentrik in der Sauna ist eine unschöne Sache, weil sie sich unmittelbar körperlich mitteilt. Sebastians zivilisatorisches Bemühen ist es, seinen Nebenmann dazu anzuhalten, nur in seinem eigenen Schweiß zu baden, was eine klare körperliche Grenzziehung und akkurate Handtuchablage voraussetzt. Sebastian atmet leise, unmerklich leise, weil er möchte, dass die anderen es ihm gleichtun und ihr animalisches Stöhnen unterlassen. Er redet nicht, weil er nicht möchte, dass andere reden. Er sucht keinen Blickkontakt, weil er selbst nicht Gegenstand neugieriger Blicke sein möchte.

Warum geht er dann in die Sauna? Nur des Schwitzens wegen?!

Wenn Ihnen Sebastian zufällig einmal begegnen sollte, irgendwo in irgendeiner Sauna auf dieser Welt, die Wahrscheinlichkeit ist höher, als Sie vermutlich denken mögen, dann stellen Sie ihm die Frage doch einfach selbst. Er wird Ihnen keine Antwort geben können, aus dem einfachen Grund, weil er keine hat.

»Bin ich wirklich gewollt?« Als ich ihn bat, seine zehn wichtigsten Fragen des Lebens zu nennen, stand diese weit oben. »Bin ich wirklich gewollt?« Eine Frage, auf die ich persönlich nie gekommen wäre. Dank meiner Eltern habe ich zu keinem Zeitpunkt meines Lebens daran gezweifelt, gewollt zu sein. Selbst als auf dem Höhepunkt meiner pubertären Revolte Pink Floyds »Careful with that axe, Eugene« in voller Lautstärke lief, Abend für Abend, haben meine Eltern ihren Kinderwunsch nicht widerrufen. Zumindest nicht in meiner Gegenwart.

Das ist in diesen Tagen anders. Wenn im Kindergarten absehbar ist, dass ein Kind sein Abitur nicht als Jahrgangsbestes bestehen wird oder die mehrsprachige Erziehung mit Legasthenie quittiert, wenn mit zwölf immer noch kein Praktikumswunsch geäußert wurde und mit dreizehn kein Businessplan vorliegt, dann ist für manche Eltern der nachträgliche Abort unausweichlich, zumindest emotional. Viele Kinder müssen sich viel zu früh viel zu viele Fragen stellen, nur weil ihre Eltern zu feige sind, ihnen die richtigen Antworten zu geben. Mein Vater würde von vielen Berliner Master-Vätern als Spießer angesehen, aber er hat mich keinen Moment im Zweifel gelassen, dass ich sein Sohn bin, und er gern mein Vater ist. Von zwei, drei Ohrfeigen einmal abgesehen. Die berechtigt waren, denn ich hatte mit meinen Schwestern *Wilhelm Tell* einstudiert. Was darauf hinauslief, dass ich mit Pfeil und Bogen versuchte, ihnen einen Apfel vom Kopf zu schießen.

Sebastian grübelt sehr viel. In der Beziehung ist er Kind geblieben. Sein Kummer ist der frühe Tod der Mutter. Sein Kummer ist die Herzlosigkeit seines Vaters, der nie den Mut aufbrachte, ihm zu sagen, er sei gewollt gewesen. Eine der Lügen, für die man in den Himmel kommt. Auch als Bürgerschreck, Schöngeist oder Vorstadt-Don Juan.

Wer seinem Kind den Glauben nimmt, es sei das Schönste gewesen, was Vater, Mutter und der Welt hätte passieren können, der ist ein Lump. Denn er nimmt dem Kind alles. Vor allem nimmt er ihm das Zutrauen zu seinem Körper. Unser Körper ist nun einmal der sinnfälligste Beweis unserer Anwesenheit.

Dass Sebastian so aufmerksam seinen Körper observiert, mag diesen Grund haben oder einen anderen, Tatsache ist, dass wir beim Billard über alle möglichen Krankheiten des Mannes ab dreißig bestens informiert sind, die Qualität der Stuhlgangproben eingeschlossen.

Hypochonder sind sehr kluge Menschen, denn sie wissen, der menschliche Körper kann eine Menge Krankheiten durchleben, ohne sie wirklich durchleiden zu müssen. Sebastian war sehr häufig krank, ohne medizinisch etwas vorweisen zu können. Er war auch sehr häufig krank, weil er wirklich an etwas litt.

Krankheiten, so sie nicht zum Tode führen, sind eine wunderbare Chance, sich immer wieder neu ins Leben zurückzurufen. Sebastian ist klug. Wenn es darum geht, seine kindlichsten Bedürfnisse zu stillen, entwickelt er wesentlich mehr Ehrgeiz als im Berufsleben. Er weiß, dass sich die Liebe der Eltern durch nichts ersetzen lässt, schon gar nicht durch Erfolg. Wenn sie fehlt, bleibt nur eins: zurück in den Uterus.

Die Sauna ist eine Geburtskammer, eine der gesundheitsverträglichsten, denn andere suchen Höhlen und Höllen auf, die wesentlich schlimmere Nebenwirkungen haben, ohne eine vollständigere Neugeburt garantieren zu können.

Natürlich würde er das leugnen … »Die Sauna als Geburtskammer?« Das hat er auch gestern Abend getan, als ich ihn beim Billard darauf ansprach, aber was soll's? Meine Erklärung ist stimmiger als seine Ausrede, er tue es für seine Gesundheit. Obwohl die natürlich nicht ganz falsch ist.

Kaum ist der Körper neu auf der Welt, braucht er Schutz. Die angenehmste Form der Panzerung ist ein gut sitzender Anzug. Auch darin ist Sebastian unerreicht. Selbst nachdem er in jungen Jahren sein Vermögen vergeudet hatte, blieben ihm immer noch genug Anzüge, um eine gute Figur zu machen, *bella Figura,* selbst beim Billard.

Alles Äußerliche ist wichtig, weil es das Innere, nein, nicht spiegelt, sondern festigt, vielleicht erst begründet. Über den Körper zu sich selbst finden, und zu anderen, das ist nicht so einfach, wie es sich anhört. Die Veteranen der Love Parade werden Ihnen das gern bestätigen.

Machen Sie die Probe: Wen würden Sie gern in den Arm nehmen? Das sind nicht so viele Menschen. Vor allem sind es nicht die Menschen, die besonders schön sind oder besonders klug oder besonders athletisch. Das, was manche Menschen körperlich so anziehend macht, ist seltsamerweise nichts Äußerliches – und doch nur über das Äußerliche wahrnehmbar.

Körperlicher Charme ist etwas sehr Seltenes. Tun Sie etwas dafür! Folgen Sie Sebastians Beispiel. Nein, Sie müssen nicht in die Sauna. Alles, was Sie tun sollten: Stellen Sie sich jeden Morgen kurz vor den Spiegel und sagen Sie »Hallo«.

Sie wissen nicht, wie lange Sie das noch können, sich selbst willkommen zu heißen. Ihr Körper wird Sie im Stich lassen, über kurz oder lang. Sie werden Ihren Körper im Stich lassen. Genießen Sie es, solange Sie noch zusammen sein können.

Nein, keine Sorge, Sie müssen keinen Sport treiben, zumindest keinen Leistungssport. Wer als Spitzensportler seine Karriere beendet, der ist meist ein Invalide.

Alles, was Sie tun sollen: Gönnen Sie Ihrem Körper ein schönes Zuhause. Wir machen uns Sorgen über die artgerechte Haltung von Hühnern und Schweinen und lassen Menschen in Behausungen leben, die so hässlich sind, dass sie gar nicht umhinkommen, krank zu werden.

Wer Nachrufe schreibt, kommt häufig in Wohnungen. Die schönste Wohnung, die ich je sah, gehörte einem Raumgestalter und Architekten, der nicht sonderlich reich war, auch keine bemerkenswert große Wohnung besaß, aber sehr viele Dinge, die er mit Liebe aufgelesen und in den Zimmern neu sortiert hatte, weil er ihnen ein schönes Zuhause geben wollte. Sein Name war Alessandro Carlini, sein Credo lautete: »Beleidige nicht das Auge der anderen!« Dazu bedurfte es keines übermenschlichen Aufwandes. Findigkeit genügte. Ob es jetzt um die Gestaltung verödeter Wohnanlagen oder um die Präsentation des eigenen, des besseren Ichs ging, er fand immer das passende Beiwerk.

Bella figura – *die Auszeichnung »Italiener des Jahres« nahm er mit Freude an. Er machte gern eine gute Figur. Über dreihundert Krawatten besaß er. Was für ein wunderbares Accessoire! Auf kleinstem Raum einen Farb- und Formakzent setzen, Kreativität, die namenlos bleibt, aber beglückt. Wer kennt schon den Schöpfer seiner Krawatte?*

Glauben Sie mir, Ihr Zuhause sieht man Ihnen an. Ihren Seelenzustand sieht man Ihnen an. Sorgen Sie für eine gute Unterbringung. Was Ihr Körper für Ihre Seele, ist Ihre Wohnung für Ihr

Wesen, und auch die Stadt, in der Sie leben, formt Sie irgendwann, und je trister das Umfeld, desto trister Ihr Gemüt.

Unser Körper ist längst schon traurig, noch bevor Sie überhaupt ins Grübeln kommen, was denn mit Ihnen los ist. Stimmungen entstehen nicht in unserem Kopf, sie entstehen in unserem Körper, deswegen sind sie so schwer in den Griff zu kriegen.

»Warum sind wir denn heute mal wieder so schlecht gelaunt?« Dem Fragesteller gelingt mit dieser Frage meist nur eins: den unmittelbaren Weltuntergang heraufzubeschwören. Schlechte Laune können Sie nicht wegdenken. Schlechte Laune können Sie nur ausschwitzen. Danach fühlen Sie sich wie neugeboren. Also begleiten Sie Sebastian in die Sauna. Sie müssen nicht. Sie können natürlich auch davonlaufen, wie die meisten.

In drei Schritten zum eigenen Ego. Zählen Sie: Die meisten brauchen mehr als drei Schritte. Viel mehr. Die meisten rennen sich ein Leben lang hinterher. Oder fahren Fahrrad oder schnelle Autos. Steigen in Flugzeuge, wollen als Erster im Weltraum sein und sich dann wieder auf die Erde fallen lassen. Alles im Dienste eines Egos, das nicht weiß, was es will. Oder glauben Sie im Ernst, Sie werden ein klügerer Mensch, nur weil Sie schneller als Ihr Schatten laufen können?

Große Sportler waren selten große Geister. Da müssen Sie sich keine Illusionen machen. Sie können nennen, wen Sie wollen, Sie werden keinen unter den Superstars des Sports finden, vor dessen Intelligenz Sie sich fürchten müssten. Also kümmern Sie sich mehr um Ihren Kopf! Der Körper gibt keine Antworten. Der stellt nur Fragen.

Zweiter Schritt: Vom Schein zum Sein. Ihr Körper ist nur da, wenn Ihr Geist auch da ist.

2. Stellen Sie sich vor den Spiegel. (Aber ziehen Sie sich vorher bitte etwas an!)

Blicken Sie klug! Das geht nur angezogen. Welchen Philosophen würden Sie schon gern nackt sehen? Machen Sie die Probe aufs Exempel: Ziehen Sie einige Philosophen aus. Nur so in Gedanken. Lassen Sie die namhaftesten Heroen des Geistes einmal nackt über den Laufsteg Ihrer Schadenfreude stolzieren. Vorneweg, klein und dicklich, mit emsigen Schritten Sokrates, dahinter Aristoteles, sehr gravitätisch, sehr behaart an den Beinen. Kant folgt in weitem Abstand, altersschwach an Krücken, aber ein mächtiger Kopf, Hegel, leicht schwankend, dank seines Bierbauchs, Nietzsche in syphilitischem Taumel, sehr blass die Haut, Heidegger, sportlich, mit festem Marschschritt, sein Stöckchen schwingend, Sartre auf dünnen Beinchen, kurzatmig, die Zigarette im Mundwinkel. Behalten Sie Ihr Lachen im Ohr. Wann immer Ihnen einer der großen Denker großspurig daherkommt, ziehen Sie ihn aus. Das gilt auch für Vorgesetzte. Der Trick ist alt, aber er wirkt.

Zurück zum Spiegel. Was glauben Sie – kann man Ihnen ansehen, wie klug Sie sind? Kann man Ihnen ansehen, was Sie gerade denken? Die meisten glauben, es wäre ihnen nicht anzusehen.

Ich denke doch. Wir sehen Dummköpfen die Dummheit an. Da gibt es nicht viel zu rätseln. Wir sehen es klugen Menschen an, dass sie klug sind. Wer meinen Freund David trifft, denkt sich sofort: Was für ein schlauer Kerl. Nur – was weiter? Klugheit allein garantiert kein glückliches Leben.

Wozu sind wir klug? Warum sind die Affen von den Bäumen heruntergekommen? Nur damit sie ins Auto steigen? Die

Frage ist bei manchen schon mitzulesen in ihrer Miene. Wozu tue ich eigentlich, was ich tue? Nun hat David einen sehr sinnvollen Job. Er ist Redakteur bei einer guten Zeitung, er betreut die Nachrufseite, die von vielen Lesern geliebt wird, niemand redet ihm in seine Arbeit hinein, Kompromisse muss er selten eingehen.

Er hat zwei Kinder, einen berühmten Vater, leider verstorben, eine sehr lebendige Mutter, viele Freunde, eine ruhige Hand beim Billard. Was will er mehr? Genau das wird vermutlich die Frage sein, die ihn beunruhigt. Das Dilemma des Geistes ist: Er stößt sehr schnell an seine Grenzen.

Natürlich könnte David ein Buch schreiben. Aber er hat ja schon eins geschrieben. Er könnte Karriere machen wollen, aber wozu? Er hat ja schon den schönsten Job der Welt, eigentlich. Es gibt auf der Welt nichts mehr für ihn zu tun. Abgesehen natürlich von dem, was er tut. Damit könnte man sich eigentlich bescheiden, eigentlich.

Selbst die Menschen, die alles haben, sind selten glücklich. So wirklich glücklich. So, dass sie jeden Abend lächelnd einschlafen und morgens lächelnd aufwachen. Gott, wie langweilig, wird mancher sagen. Und schon greift sie nach dem Apfel oder er nach der Hand des Teufels, und die Vertreibung aus dem Paradies ist mal wieder unausweichlich.

Unter all den Gefühlen und Regungen, die unser Tun bestimmen, ist die Sehnsucht die unbegreiflichste.

Nun würde ich David niemals auf den Kopf zusagen, er sei ein sehnsüchtiger Mensch, deswegen äußere ich die Vermutung hier, im Buch, weil ich ziemlich sicher bin, dass er es nicht lesen wird. Er ist nicht sonderlich neugierig, denn wozu soll das gut sein? Neugier hilft in Sachen Sehnsucht nicht wirklich weiter.

Machen Sie einen einfachen Test. Sehen Sie sich konzentriert in die Augen! Was sehen Sie? Allenfalls sich selbst. Starren Sie weiter! Sie sehen, wie Sie sich selbst immer fremder werden. Wenn Sie lange genug in dieses Gesicht vor Ihnen stieren, erkennen Sie bald gar nichts mehr, aufkeimenden Wahnsinn ausgenommen. Die Philosophen kennen dieses Phänomen sehr gut: Sie nennen es »Geistesgeschichte«. Je mehr über den Geist an sich nachgedacht wurde, desto weniger blieb von ihm. Das großspurige Credo »Ich denke, also bin ich« hat sich ins Gegenteil verkehrt: Ich bin, also denke ich. Wahlweise zu ergänzen: Ich bin in Eile und hab jetzt wirklich keine Zeit nachzudenken, oder: Ich bin verliebt und hab Besseres zu tun, oder ganz schlicht: Ich bin nicht so der Denker, mehr so der Macher. Hand aufs Herz: Wer hat schon wirklich Lust, sich das Leben durch unnötiges Grübeln zu verleiden?

Eine Weile hatte ich auch David im Verdacht, dass er sich einfach damit zufriedengibt, klug zu sein. Sie kennen diesen Typus Besserwisser, der mit verschränkten Armen in der Nörglerecke sitzt und alles, was um ihn herum geschieht, ironisch kommentiert, so als ginge es ihn gar nichts an. So einer ist David nicht, so einer könnte er werden im Alter.

Aber ich habe mich geirrt. Das Schöne an Freunden ist, dass man Zeit hat, sich in ihnen zu täuschen. David ähnelt im Umgang mit diesem seltsamen Gefühl Sehnsucht sehr stark meinem Vater. Immer wenn ihn die Sehnsucht überkam, hat er sich ein neues elektronisches Gerät gekauft, sei es ein Küchengerät für meine Mutter oder einen Weltempfänger für den eigenen Nachttisch.

Die Sehnsucht wird oft in kleiner Münze verrechnet, ein Wunsch addiert sich zum nächsten, und dennoch fällt die Bilanz negativ aus, weil jeder erfüllte Wunsch daran erinnert, dass doch etwas ganz anderes noch aussteht, die Erfüllung des großen, uneingestandenen Wunsches. Das – ich weiß nicht, was.

Sehnsucht ist die sehr schmerzhafte Gewissheit, dass etwas von Grund auf anders werden soll. Etwas anders werden muss, jetzt, sofort. Wie auch immer. Gefangene kennen dieses Gefühl wohl am besten. Aber so geht es vielen. Auch denen, die in Freiheit sind. Wir sind Gefangene unseres Egos. Wir warten darauf, ausbrechen zu dürfen.

Denken hilft uns da nicht weiter. Wir können nicht aus uns heraus. Nicht mithilfe des Kopfes. Wer darüber nachdenkt, bemerkt recht schnell, wie eng die Grenzen des Geistes gesteckt sind. Da kann man noch so viel grübeln, es tut sich nichts. Meditieren hilft, nach Meinung vieler. Versuchen Sie es. Für mich ist Meditieren wie der viel zu lange Blick in den Spiegel. Irgendwann verschwindet das Selbst. So soll es sein, applaudiert Ihr Meditationslehrer. Aber das wird ohnehin der Fall sein, wenn ich sterbe. Insofern habe ich persönlich da keine Eile.

Wie kann ich mir selbst begegnen, ohne mich aufzugeben? Wann sind Sie sich das erste Mal selbst begegnet? Wann konnten Sie das erste Mal sagen: »Das bin ich. Das trägt meine Handschrift. So könnte das kein anderer machen. Gut, dass ich auf der Welt bin.«? Schwierig zu beantworten, oder? Wie steht es im Allgemeinen um Ihren Geisteszustand?

Ganz gut, werden die meisten antworten. In der Beziehung überschätzen sich Männer und Frauen gleichermaßen. Ich kann zehn Sudokus in Reihe lösen, ohne Kopfschmerzen zu kriegen; ich lese fünf Bücher im Monat; im Kopfrechnen bin ich noch immer ein Ass. Was helfen Ihnen diese Fertigkeiten, wenn Sie unglücklich sind?

Wir können alles durchdenken, in logisch einwandfreier Ordnung, und sind dennoch nicht zufrieden. Woran liegt das? Am Kopf. Es stimmt im Kopf nicht. Denn der ist nicht nur zum Denken da. Über den Geist zu sich selbst zu finden ist ein völlig sinnloses Unterfangen. Nichts, was der gesunde Menschenverstand vorbringt, vermag uns zu trösten, wenn wir uns unglücklich fühlen. Lieben Sie Kant? Für seinen kategorischen Imperativ? Oder Hegel für seine Phänomenologie des Geistes?

Als ich mir mit Mitte zwanzig ziemlich ungebildet vorkam, schnappte ich mir ein Fremdwörterbuch und las jeden Tag stur zehn Seiten Fremdwörter. Das half. Mein Wortschatz vergrößerte sich, ich konnte wunderbar renommieren, und manche neuen Worte führen ja tatsächlich zu völlig neuen Fragen, was wiederum das Lebensgefühl völlig verändert.

»Supercalifragilisticexpialigetisch! Mary Poppins hatte recht, es ist außergewöhnlich. Es muntert einen wirklich auf! He, he, he, he …«, jubiliert der Bankier George Banks und irrt natürlich. Denn kaum ist das Musical zu Ende, ist auch der Zauber des Wortes verflogen.

Wissen muntert uns nicht auf. Als ich das begriffen hatte, las ich eine Zeitlang jeden Morgen ein Gedicht von Rainer Maria Rilke. Das heitert auf. Denn er ist unendlich kitschig. Und zuweilen genial:

»Wie die Vögel, welche an den großen / Glocken wohnen in den Glockenstühlen, / plötzlich von erdröhnenden Gefühlen / in die Morgenluft gestoßen / und verdrängt in ihre Flüge / Namenszüge / ihrer schönen / Schrecken um die Türme schreiben: / können wir bei diesem Tönen / nicht in unsern Herzen bleiben …« Ich war immer versucht zu korrigieren: »bei diesen Tönen«. Ich wollte aus dem Ereignis des Tönens eine Abfolge von Tönen heraushören, aus dem großen Klang die kleinen Klingeltöne. Ich bin im Grunde meines Herzens ein Prosaist.

Was mag Rilke damit gemeint haben: »können wir bei diesem Tönen nicht in unseren Herzen bleiben«? Das kann Ihnen David sagen. Ja, ja, mein David. Der würde Ihnen sagen: »Gehen Sie tanzen! Nichts anderes hat Rilke gemeint, als dass wir aus uns herausgehen sollen.«

Das ist die Antwort. Hat er so nie gesagt, er hat sie durch sein Tun gegeben. Und damit hat er mich mehr überrascht als mit all seinen Kunststößen beim Billard. Er, den ich beim Thema Sinnfrage immer für einen Ignoranten gehalten habe, kam eines Tages mit der Lösung in Sachen Sehnsucht, unstillbare. Wenn etwas helfen kann, dann nur ein Tanzkurs

In Sachen Erziehung gab es für ihn nichts mehr zu tun. Seine Kinder sind beinahe erwachsen. In Sachen Liebe, na ja, da ist uns allen klar, also Sebastian, Florian und mir, dass gegen dieses unbestimmte Gefühl der Sehnsucht auch die Liebe nicht hilft, obwohl der Gedanke so nahe liegt. Kaum bin ich unsterblich verliebt, in eine Frau, in einen Mann, stirbt in mir die Sehnsucht nach einer anderen Frau, einem anderen Mann. Nein, sie stirbt nicht, sie schweigt eine Weile. Monogamie ist vielleicht lebbar, aber fühlbar ist sie nicht. Keiner kann sich davon frei machen, zuweilen das ganz andere zu wollen. Es muss nicht ausgelebt werden, aber es regt sich in uns.

Diese Sehnsucht lässt uns nicht ruhen. Sie lässt sich nur … Und da kam David mit der Antwort. Sie lässt sich nur – tanzen. Sehnsucht ist Musik, ist Tanz. Tanz ist nichts anderes als Sehnsucht. Wie David bewiesen hat. Er ist zum Tänzer geworden, ohne uns etwas davon zu sagen. Oder uns gar um Rat zu fragen. Und wenn David das kann, können Sie das auch. Stellen Sie sich doch einfach mal vor den Spiegel und wagen Sie ein paar Schritte. Eins, zwei, Cha-Cha-Cha …. Exakt. Ganz wunderbar. Applaus! Denn jetzt sind wir beim dritten Schritt: der Entdeckung Ihrer Seele.

3. Stellen Sie sich vor den Spiegel. Geben Sie sich einen Kuss!

Sie stellen fest: »Küssen kann man nicht alleine.« Eine wunderbare Liedzeile. Die Relativitätstheorie in Poesie übersetzt. Unser Ego ist liebestauglich nur in Bezug auf ein anderes Ego. Die eigene Masse in potenzierter Lichtgeschwindigkeit auf ein anderes Ich hin bewegen, damit dem Gegenüber gar keine Gelegenheit zur Gegenwehr bleibt, und … einfach küssen. Energischer Energietransfer. Sonst wird das nichts mit der Liebe.

Keiner weiß das besser als mein Freund Florian. Deswegen will er die ganze Welt küssen. Das ist keineswegs nur eine Absichtserklärung bei ihm. Würde man ihn machen lassen, nach dem dritten Bier, sein Küssen fände kein Ende, warum auch?

»Seid umschlungen, Millionen«, Friedrich Schiller hat ihm

den Text zum Tun gedichtet, Beethoven hat ihn vertont, »Diesen Kuss der ganzen Welt …« – Neunte Symphonie, »Ode an die Freude«, Florians Lied.

Künstler sind so, immer überschwänglich. Der Name sagt ja schon alles: Florian, der Blühende, Prächtige, Frühlingshafte. Der Typus des exaltierten Künstlers schlechthin, bedauerlich nur, dass mein Freund Florian keinerlei Talent hat. Er ist ein sehr guter Schachspieler, aber vermutlich nur, weil er seinem Stiefvater eins auswischen wollte. Fürs Turnierschach fehlt ihm der Ehrgeiz.

Er ist ein sehr guter Schauspieler, aber da in Berlin die Zahl der Schauspieler die Zahl der Einwohner bald übersteigt, wird er nicht gebraucht. Er ist ein wunderbarer Galerist, aber es mangelt zum einen an Künstlern, die es wert wären, von ihm vertreten zu werden, zum anderen am Geld, die Ausstellungsräume zu bezahlen. Er hat ein unglaubliches Geschick, Events auszurichten, Veranstaltungen also, die dazu dienen, den Ruf Berlins als Event-Metropole zu stärken, wozu dann Künstler eingeladen werden, die anderswo keine Künstler wären.

Er ist ein unglaublich findiger Kerl, was originelle Locations anbelangt, und er kennt eine Menge Künstler, die für kein Geld der Welt an jedem Ort auftreten.

Er ist ein verdammt schlechter Netzwerker und verdirbt es sich nach dem siebten Bier so ziemlich mit jedem, weshalb er absolut keinen Erfolg hat und nie haben wird. Im Augenblick verdient er sein Geld als Stromdealer. Ganz richtig: Er verkauft Öko-Strom an Öko-Verbraucher. Kein schlechter Witz seines ganz persönlichen Dramaturgen. In seiner Freizeit ist er ein toller Vater und ein wunderbarer Freund.

Wie aber steht es um sein Seelenheil? Dumme Frage? Ganz und gar nicht.

Es gibt eine Menge Menschen, denen ihr Seelenheil gleichgültig ist, die über den Begriff schmunzeln oder ihre Seele ohnehin schon längst verkauft haben. Es gibt eine Menge Menschen, die sterben, ohne je gelebt zu haben.

Nun ist mein Freund Florian ein schlechtes Beispiel, werden Sie einwenden, insofern als er wenig richtig gemacht hat im Leben, aber gerade deshalb taugt er so wunderbar zur Anschauung. Wer will schon dauernd Vorbilder, die einen nur auf Abstand halten?

Unter all den hypernervösen Charakteren, die derzeit die Großstädte bevölkern, ist er noch einer der Gelassensten. Sicher, er wirkt meist unruhig, ein wenig wie Peter Pan auf Speed, ein wenig wie Alice im Wunderland, denn was seine geschlechtliche Orientierung anbelangt, so ist er da zuweilen ein wenig uneins mit sich selbst. Je nach Laune. Ein Selfie seines Totemtieres wäre vermutlich ein Hund, der hechelnd seinem eigenen Schwanz hinterherjagt, ein böses Bild, aber eins, das unserem Humor beim Billard entspricht.

Florian wartet erst gar nicht, bis die Muse ihn küsst, da küsst er lieber schon selbst. Als er noch wilder war, ging er gelegentlich ins Bordell, weil Liebe überall ist. Er sprang in die Spree, um einem kühleren Herzen zu zeigen, was für ein heißes in seiner Brust schlägt. Er tat all das, was man von einem Romantiker in einer mondhellen Nacht erwartet und ihm beim Morgengrauen prompt verübelt.

Ein Wünschelrutengänger des eigenen Egos, das er immer irgendwo anders vermutet. Das klingt pathologisch. Aber eigentlich steckt nur der Zweifel dahinter, ob er sich selbst vorbehaltlos lieben kann. Also geht er mit seinem Herzen hausieren. Er ähnelt da den Aposteln der frühen Tage.

»Liebe deinen Nächsten wie dich selbst.« Eine Aufforderung, der man schwer widerstehen kann, weil sie von zwingender Logik ist. Es gibt einen Menschen in Ihrem persönlichen Umfeld, um den Sie sich unbedingt mehr kümmern sollten. Das sind Sie selbst. Liebe deinen Nächsten – wie dich selbst. Die Pause ist wichtig, denn sie bringt uns darauf, dass wir vor aller Nächstenliebe zunächst uns selbst lieben müssen.

Da würde Florian sofort zustimmen. Sie sind der Meinung, das ist egoistisch? Nein, Egoismus ist, wenn Sie diesen Job anderen zumuten. Stellen Sie sich vor, Sie liegen im Sterben. Ihr Mann, Ihre Frau an Ihrem Krankenbett. Sie sind bei Bewusstsein. Nie war Ihr Kopf klarer als jetzt, da es nichts mehr zu verlieren gibt. Dann sagen Sie etwas, was die Menschen um Sie herum verstummen lässt: »Ich habe alles falsch gemacht im Leben!«

Stellen Sie sich vor, dieser Satz wäre wahr. Selbst jetzt in Ihrer Todesstunde begehen Sie den schlimmsten aller Fehler, Sie bürden anderen die Last Ihrer Existenz auf.

»Ich habe alles falsch gemacht im Leben!«

Ich würde Florian diese Äußerung zutrauen. Aber dann würde er sich halb aufrichten, nach einem Joint Ausschau halten und losbrüllen: »Aber scheiß drauf, wir hatten viel Spaß dabei, oder?«

Dann erst würde er Ruhe geben. Vielleicht.

Die kurze Lehre aus seinem hoffentlich langen Leben: Es kommt nicht darauf an, alles richtig zu machen. Es kommt darauf an, alles mit Liebe zu tun.

Florian ist ein schrecklicher Egoist zuweilen. Aber in dieser Feststellung liegt kein Vorwurf – oder nur ein ganz kleiner. Bei ihm hört sich das einfach nicht so schrecklich an: Du Egoist!

Natürlich ist ein Schauspieler ein Egoist, und auch wieder nicht, denn er hat ja gar kein Ego. Da genau ist seine Wunde. Da ist die Wunde aller Künstler.

Für wen malen die Maler, für wen schreiben die Autoren, für wen tanzen die Tänzer? Für ihr Seelenheil. Alles, was sie tun, tun sie für ihr Seelenheil – und für das der anderen. Denn ohne Applaus wüssten sie gar nicht, dass sie auf einer Bühne stehen. Der Applaus gibt ihnen recht, das zu tun, was sie tun. Er ermuntert sie, Egoisten zu bleiben. Es ist ein seltsamer Pakt, den der Künstler mit seinem Publikum schließt.

»Für mich soll's rote Rosen regnen, / mir sollten sämtliche Wunder begegnen ...«, die Hymne der Egoisten, aber was taugt sie, wenn keiner zuhört? Florian liebt sein Publikum, denn ohne sein Publikum wäre er nichts. Aber das geht uns allen so. Stellen Sie sich doch noch einmal vor den Spiegel. Machen Sie Faxen! Grinsen Sie sich zu, spielen Sie den Hampelmann. Sie merken ganz schnell, wie blöd Sie sich vorkommen. Alles, was wir nur für uns selbst tun, lässt uns irgendwann in einem ganz schlechten Licht erscheinen. Sei es, dass wir uns als lächerlich empfinden, in all unserem falschen Ehrgeiz, oder als langweilig oder wir unserer selbst überdrüssig werden. Noch nie in der langen Geschichte der Menschheit ist ein Egoist glücklich geworden. Denn das war selbst Gott unerträglich, allein zu sein mit sich selbst.

Er wollte immer eine Wunderkerze sein. Eine Wunderkerze im Leben der anderen.

Das war der Grabspruch eines anderen, aber es könnte auch Florians Grabspruch werden. Denn sein ansteckendes Grinsen ist die erste Etappe auf dem langen Weg der Seelenwanderung. *Un giorno di regno* – König für einen Tag. Das bedeutet auch: Am nächsten Tag wird ein anderer König sein. Der Erstbeste. Es sei ihm von Herzen gegönnt. Denn da ist Florian nicht wählerisch. Der Nächste – ist immer der Nächstbeste. Es gibt Menschen, die das können: Lieben, ohne sich Gedanken darüber zu machen, ob ihr Gegenüber diese Liebe wert ist. Er wird es eines Tages sein. Das ist der hoffnungsfrohe Gedanke.

Ein weniger impulsiver Mensch braucht etwas länger, um das Gebot der Nächstenliebe zu begreifen, so wie es von Florian gemeint ist. Ich hab es erst verstanden, als ich all die Geschichten über Menschen aufschrieb, denen ich gern begegnet wäre, denen ich aber nur noch in der Erinnerung anderer begegnen konnte. Da war es zumindest für mich zu spät. Wir sollten ein wenig lebendiger, aufgeschlossener sein, gerade im Umgang mit den Lebenden aufgeschlossener. Das ist Ihnen zu abgehoben? Werden wir konkret: Würden Sie für einen anderen sterben wollen? Die Frage ist zu pathetisch. Einfacher gefragt: Würden Sie für einen anderen leben wollen? Auch nach Ihrem Tod? Florian müsste ich die Frage erst gar nicht stellen. Sich selbst verschenken zu können, vorbehaltlos, das ist ein Talent, für das man ihn gar nicht genug lieben kann. Sie wollen es ihm nachtun? Schön, aber denken Sie daran, dass es nicht nur eine Redensart ist: sein Herz verschenken.

Zwölftausend Menschen warten hierzulande auf ein Spenderorgan. Dreitausend Menschen starben letztes Jahr, weil sich nicht rechtzeitig ein Spender für sie fand – denn nur jeder Siebte von uns führt einen Spenderausweis mit sich. Auch Merle musste warten. Seit Ende 2006. Im Oktober des letzten Jahres wurde ihr Bedarf als »high urgent« *eingestuft, sie wurde »gelistet«. Von nun an musste sie die Wartezeit im Krankenhaus verbringen. Es konnte einige Tage dauern, aber auch mehrere Monate. Sie hat die quälende Ungewissheit hingenommen, weil sie hoffte, dass danach alles wieder gut sein würde: reiten, Hockey spielen, ein neues Leben führen.*

Sie hätte stundenweise nach Hause gehen können, aber das wollte sie nicht. Jeden Tag hatte sie Besuch in dieser Zeit, von ihren Eltern, den Geschwistern, den Freunden. Sie fand eine neue Freundin, Patientin, Zwilling wie sie: »Du bist mein Zwilling, wir sind das Sternenduo.« Sie haben Sterne gebastelt, große Sterne, es war ja Vorweihnachtszeit.

Sie freundete sich mit einer Mutter an, deren sechs Monate altes Baby auch auf ein Herz wartete. Merle durfte das Kind auf den Arm nehmen. Sie wäre selbst so gern Mutter geworden, irgendwann. Mit zwölf Jahren hatte sie sich mit ihrer Freundin einen Kinderwagen für ihre Puppen gekauft. Da war sie bereits schwer krank, auch wenn man es ihr nicht ansah.

Als sie neun Monate alt war, wäre sie beinah an einem Atemstillstand gestorben. Ihre Mutter hat sie wiederbelebt. Die Diagnose: Wolff-Parkinson-White-Syndrom, zusätzliche Leitungsbahnen zwischen den Herzvorhöfen und den Herzkammern führen zu Herzrasen. Eine Spontanmutation, eine böse Laune des Schicksals.

Man kann damit alt werden, versicherten die Ärzte, es ist unangenehm, aber nicht lebensgefährlich. Sie wuchs heran, unbekümmert, und auch ihr Herz wuchs. Die Ärzte versuchten, die überflüssigen Leitungsbahnen zu veröden, aber es waren zu viele. Als sie neun Jahre alt war, brach sie in der Schule zusammen, das Herzrasen hielt über eine Stunde an, 280 Herzschläge die Minute. Die Diagnose: Kardiomyopathie, eine Erkrankung des Herzmuskels.

»Muss ich jetzt sterben?«, fragte sie auf der Notfallstation. Der Gedanke an den Tod nistete sich ein. Sie war so quirlig und unbekümmert, ein Sonnenschein und Dickkopf. Sie nahm wenig Rücksicht darauf, dass sie sich schonen sollte, denn von nun an war Sport verboten. Sie musste Medikamente nehmen, drei Mal am Tag, und sie musste mit der Angst fertig werden. Die Zuversicht der Ärzte trog. Die Medikamente allein genügten nicht. 2006 ergab eine Biopsie, dass ihr Herz nicht mehr zu retten war. Es wog zum Ende hin 1200 Gramm, vier Mal so viel wie ein gesundes.

Merle hat viel mit sich selbst ausgemacht. Sie wollte ihre Eltern und ihre Geschwister schützen. Nach außen hin zeigte sie immer ein Lachen – auf vielen Fotos, die ihre Freunde von ihr machten, auf dem kleinen Video auf YouTube, »Merle unser Engel«.

Zwei Mitschülerinnen mobbten sie: »Du denkst, du bist so was Besonderes«, aber genau das wollte sie nicht sein. Sie wollte keine Aufmerksamkeit, sie wollte nur leben. Sie wurde ernster, dachte viel darüber nach, dass sie auf jemand anderen angewiesen war, um weiterleben zu können.

Es muss jemand sterben – aber er stirbt nicht für den Spen-

denempfänger. Kein Grund für Schuldgefühle. Das sagt sich so leicht. Es war ihr Wunsch, wenn ihr eines Tages etwas zustoßen sollte, selbst auch zu spenden. Ihren Organspenderausweis hat sie noch eigenhändig ausgefüllt.

Ihr Herz wurde schwächer und schwächer, die Ärzte mussten einen Defibrillator einsetzen. Das machte Angst. Dann die Nachricht: »Du wirst jetzt gelistet!«

Am Dienstag zündete sie in der Klinikkapelle eine Kerze an. Den Mittwoch verbrachte sie mit ihrer großen Schwester. Abends, um halb sieben, kam der Anruf des Deutschen Herzzentrums: Wir haben ein Organangebot. Die Eltern und ihr kleiner Bruder eilten ins Krankenhaus. Noch war nicht sicher, ob es passt. Ihr Arzt flog mit, um das Herz zu holen. Merle wurde auf die Operation vorbereitet.

Die Familie wartete in ihrem Zimmer, Weinen, Hoffen, Trauern und eine große Müdigkeit. Nachts um zwei Uhr der Anruf: Das Organ ist okay!

Ihre Familie weckte sie: »Merle, es ist so weit!« Ein letztes Foto, da mochte sie nicht mehr in die Kamera sehen und nicht mehr lächeln, da saß sie nur auf ihrem Bett, im Krankenhaushemd, traurig. Um fünf Uhr morgens kam sie in den Operationssaal. Um elf schien alles gut. Das neue Herz schlug.

Die Mutter ging zu ihr. Sie lag noch im OP-Raum. Sie war so warm, so rosig, sie schien so entspannt. Merle ist nicht mehr aufgewacht. Innere Blutungen setzten ein. Leber und Lunge versagten. Sieben Mal wurde sie noch operiert. Das neue Herz war nicht zu retten. Am Sonntag wurde sie an die Herzlungenmaschine angeschlossen. Und sie wurde erneut gelistet. Aber es war zu spät.

Es sagt sich so leicht: Sie hatte ein großes Herz. Für sie war es ein Glück und ein Unglück zugleich. Für die beiden Empfänger ihrer Nieren war es ein Glück.

Tragen Sie Ihren Spenderausweis bei sich? Sie gehen nur eine halbe Stunde aus dem Haus, spazieren … Sie glauben nicht, dass es der Tod so eilig hat mit Ihnen?

VIII. Gibt es Gott?

Glaubt ihr denn, dass der liebe Gott katholisch ist?
Georg Christoph Lichtenberg

Die Frage nach Gott sollten Sie niemals einem Theologen oder einem Philosophen stellen. Philosophen und Theologen reden zu viel. Sie reden seit Jahrhunderten zu viel, seit Jahrtausenden, ohne dass sie eine Antwort auf die Frage gefunden hätten, eine Antwort, die alle überzeugt. Vor allem reden sie alle durcheinander. Über Gott weiß jeder etwas zu sagen, obwohl keiner ihm je begegnet ist. Zumindest nicht unter Zeugen. Dennoch glauben viele, dass er zu ihnen spricht. Diesen Glauben kann ihnen auch keiner nehmen.

Fragen Sie daher niemals Gläubige oder Ungläubige, ob es einen Gott gibt. Die streiten nur. Fragen Sie einen Reisenden. Fragen Sie Marco Polo. Als der Konfuzius traf und ihn fragte, was er über das Leben nach dem Tode wisse, antwortete der Lehrmeister der Chinesen: »Wenn wir noch nicht einmal wissen, was das Leben ist, wie können wir da etwas vom Tod wissen?« – »Und was ist mit dem lieben Gott?«, hakte Marco Polo nach. »Über Götter kann ich nicht viel sagen«, entgegnete Konfuzius. »Wir wissen nicht, ob sie existieren, insofern scheint es angeraten, so zu leben, als ob sie existieren würden.«

Dieses Gespräch hat so nie stattgefunden. Zum einen, weil Konfuzius schon über tausend Jahre tot war, als Marco Polo sich auf die Reise machte. Zum anderen, weil sich westliche Reisende selten die Mühe machten, den Lehrmeistern des Ostens zuzuhören. Das hätte Europa viele Kriege erspart.

Wo immer Sie hinreisen auf dieser Welt, es ist schon ein Gott vor Ort, zumindest ein guter Geist oder ein böser, zumindest ein Wesen anderer Art, als wir es sind. Deshalb ist es sehr unhöflich, den eigenen Gott in anderen Ländern ansiedeln zu wollen. Denn damit gibt man den Einheimischen nur zu verstehen, dass man ihnen wenig zutraut, und das ist nicht nur überheblich, sondern meist auch dumm.

»Es ist mir ein Trost, dass ich als Missionar keinen Chinesen bekehrt habe«, bekannte der Theologe Richard Wilhelm, der sein Leben damit zugebracht hatte, sich die chinesische Literatur und Philosophie anzueignen und die wichtigsten Werke in unsere Sprache zu übersetzen.

Mehr als zwanzig Jahre lebte er in China. Er fand Freunde dort und Lehrer. Was er dabei erfuhr, war eine Kultur, die ihm so viel reicher, in vielem auch so viel menschlicher erschien als die europäische, dass er seinen westlichen Hochmut gänzlich ablegte.

Sie wollen keine abgehobene Gelehrtenmeinung? Dann fragen Sie Dschingis Khan, den schrecklichen Mongolenherrscher, berüchtigt für seine Grausamkeit, seinen Eroberungswillen und seine Herrschsucht. Kaum ein Feldherr ist so weit in der Welt herumgekommen wie er, und falscher Toleranz wird ihn wohl keiner bezichtigen wollen. Im Winter des Jahres 1253 erreichte der Franziskanermönch Wilhelm von Rubruk Karakorum, die Hauptstadt des Mongolenreiches. »Es gibt da zwei Stadtviertel, das der Sarazenen, wo der Wochenmarkt stattfindet. Das andere ist das Stadtviertel der Nordchinesen, die durch die Bank Handwerker sind. Ferner sind da zwölf Götzentempel und zwei Moscheen sowie am äußersten Ende der Stadt eine nestorianisch-christliche Kirche.« Als der Franziskaner zu Dschingis Khan geführt wurde und ihm die Frage aller Fragen stellte, dachte der kurz nach und antwortete dann in ungewohnt freundlichem Ton: »Natürlich gibt es Gott. Die Frage ist nur, welchen Sie meinen.« Das sollte auch Ihnen als Antwort genügen. Weitere Nachfragen sind bei einem so impulsiven Gemüt wie dem Khan nur von Schaden. Natürlich fand dieses Gespräch nie statt, denn Dschings Khan war bereits über zwanzig Jahre tot, als der Mönch in die Stadt kam, aber Wilhelm von Rubruk war so erstaunt über die religiöse Toleranz der Mongolenherrscher, dass er von weiteren Missionierungsversuchen dringend abriet.

Jedes Volk hat seine Götter. »Der Amerikaner, der den Kolumbus zuerst entdeckte, machte eine böse Entdeckung«, spottete der Philosoph und Physiker Georg Christoph Lichtenberg. Denn Kolumbus brachte den Tod, auch den jener Götter, die zuvor in Amerika geherrscht hatten. Manitu, der große Geist, von vielen Indianern auch als große Mutter verehrt, fassbar, unfassbar, der Geist der Prärie. So viele Stämme, so viele Gottheiten, von denen, wenn überhaupt, nur noch die Namen geblieben sind.

Mächtige Völker gab es vor unserer Zeit, blutrünstige Götter. Das Volk der Maya kennt heute noch jeder dem Namen nach, die Denkmäler bestaunen wir, aber sind auch ihre Götter mit ihnen gestorben? Oder hausen sie weiter dort in den Ruinen wie böse Geister, die für immer an den Ort ihrer Geburt gefesselt sind? Können Götter sterben? Oder werden sie zu Gespenstern, Dämonen, körperlosen Zeugen des einst so inbrünstig Geglaubten? Wer schaudert nicht, wenn er in einen Tempel tritt, in dem einst Menschenopfer dargebracht wurden?

Als Livingstone, der Missionar und Forschungsreisende, am Ende seines Lebens aufgefordert wurde, nach England zurückzukehren, weil er sonst unweigerlich an Entkräftung sterben würde, weigerte er sich: »Mein Herz ist in Afrika.« Ob er sich zu einem neuen Gott bekehrt hatte, zu den Göttern Afrikas gar, wer weiß? Was wir wissen, ist: Er hatte so viel Abstand zu seinem alten Leben gewonnen, dass er sich in der Heimat nicht mehr zurechtgefunden hätte. Der englische Himmel war ihm zu dunkel.

Der Reisejournalist Bruce Chatwin schrieb ein wunderbares Buch über die *»Songlines«* in Australien, jene Wanderwege der Aborigines, die zu den heiligen Stätten führen. Der weite Kontinent ist durchzogen von Markierungen und Wegen, die für unser Auge unsichtbar sind, aber für das der Einheimischen nicht. Es ist ihre spirituelle Landkarte, nein, nicht des Jenseits, sondern des Diesseits. Traumpfade, die zu keinem Gott führen, die Landschaft selbst ist die Heimat aller Seelen, die je lebten und wieder leben werden, in welchem Körper auch immer.

Australien ist Ihnen zu heiß? Die Seelenwanderung zu abstrakt? Sie favorisieren den persönlichen Umgang mit Gott, Ihrem ganz persönlichen Gott?

Mein Tipp: Reisen Sie nach Indien und fragen Sie einen beliebigen Tempelwärter, ob es den einen Gott gibt, den einen Gott für Sie ganz allein. Er wird Sie freundlich anlachen, Ihnen den Finger zeigen und fragen: Einen?

Im indischen Himmel drängeln sich Hunderttausende, Millionen von Göttern, was das Leben auf Erden auch nicht einfacher macht, aber die Konfusion in unserem Dasein viel besser erklärt als die Annahme, ein einziger Gott habe dieses Chaos auf Erden zu verantworten.

Zu kompliziert?

Sie wollen eine einfachere Antwort? Von einfachen Menschen? Naturverbunden, unverkopft, mit dem Herzen denkend? Dann fragen Sie die Pirahã, das glücklichste Volk der Welt. Ein winziger Stamm, etwa dreihundertfünfzig Menschen zählend, der sich im Amazonasgebiet zäh gegen alle Zivilisationsattacken verteidigt hat.

Die Pirahã glauben an Geister, jeder hat diese Geister schon einmal gesehen, und jeder kann von Zeit zu Zeit selbst als Geist auftreten. Der amerikanische Sprachwissenschaftler Daniel Everett hielt das für Aberglauben, sein fester Wille war es, die Pirahãs zu missionieren. Aber er scheiterte. Schlimmer noch: Sie bekehrten ihn. Die Pirahãs amüsiert die Vorstellung sehr, an eine abstrakte Autorität glauben zu sollen. Sie kennen nur das Hier und Jetzt. Alles andere ist für sie Illusion. Das stimmt sie heiter und zufrieden, macht sie aber für jedes Wollen über den Tag hinaus untauglich. Manche mögen sie das »glücklichste Volk der Welt« nennen, manche das … nein, nicht das dümmste, das unglücklichste Volk, denn sie leben ohne Erinnerung und ohne Zukunft.

Das stimmt Sie traurig?

Reisen Sie zu dem klügsten Volk der Erde. Reisen Sie nach Griechenland. Nein, nicht mit dem Flugzeug, mit der Zeitmaschine. Reisen Sie zurück in das Athen des Sokrates, fragen Sie Plato, sprechen Sie mit Aristoteles oder einem seiner Schüler, aber meiden Sie die Sophisten, die ähnlich klug tun wie die

Philosophen unserer Tage. Von den Griechen haben wir alles gelernt, was es in der Philosophie zu lernen gibt, die großen Fragen, sie wurden alle schon gestellt, und ihre Götter? Was können wir von den Griechen in religiösen Dingen lernen? Dass im Himmel Zustände herrschen, von denen wir uns hier auf Erden gar keine Vorstellung machen können. Tumultuarisch. Die griechischen Götter führen im Olymp ein Theater auf, das auf jeder irdischen Bühne wegen Obszönität verboten würde. Zeus, der gnadenlose Erotomane, gibt den Takt vor, und alle Götter und Halbgötter tun es ihm nach. Miteinander, durcheinander, gegeneinander. Das ist die griechische Trinität. Auch Ödipuskomplex genannt. Darunter ist weniger das ungehörige Verlangen des Sohnes nach seiner Mutter zu verstehen als vielmehr die gnadenlose Verwirrung in allen Herzensdingen. So sind wir Menschen. Immer konfus. Die griechischen Autoren waren da wenig hoffnungsfroh, was eine glückliche Lösung dieses Dilemmas anbelangt, und sie sollten recht behalten.

Die Religionswissenschaftler der neueren Zeit haben sich immer wieder bemüht, diesen Operettenhimmel über Athen als eine gedankliche Fehlleistung des ansonsten so hochstrebenden griechischen Geistes abzutun, aber vielleicht war dieser Olymp, in dem es so kunterbunt zuging, die Voraussetzung für das freie Philosophieren der Griechen. Denn wenn der eine Gott beleidigt war über das Tun eines Menschen, so gab es zweifelsfrei einen anderen Gott, der ihn in Schutz nahm, sodass alles weitgehend in heiterster Harmonie blieb.

Die kurze Geschichte der Philosophie nebst aller Religionen der Welt, beginnend in den Tagen, da Gilgamesch sich auf die

Suche nach Gott und der Liebe begab, lehrt nur eins: Es gibt mehr Götter, als die Welt braucht.

Den Ungläubigen ist das ein wunderbarer Beleg dafür, dass kein Glaube der wahre Glaube ist und insofern jeder Glaube so gut und so schlecht ist wie der andere – und damit nichtig.

Den Gläubigen ist die Vielzahl der Götter ein wunderbarer Beleg dafür, dass es nie eine Zeit gab, in der die Menschen ohne Götter auskamen, woraus klar zu ersehen ist, dass der Mensch ohne Gott überhaupt nicht gedacht werden kann.

Und Sie, wie halten Sie es mit Gott? Ich persönlich, ich glaube fest an ihn, auch wenn er hier in Berlin kein wirkliches Zuhause mehr hat. Selbst in den Kirchen ist er mehr Zaungast als wirklicher Akteur. Die Priester kommen inzwischen ganz gut ohne ihn aus. Der Gott der Bibel ist ohnehin zu alt und zu autoritär. Und Jesus, na ja, Jesus war auch nur einer von uns. Irgendwie schon lässig, aber ansonsten, nein danke. Persönliche Vorbilder sehen anders aus, schon rein optisch. Gott ist den meisten hierzulande herzlich gleichgültig.

Das ändert sich, wenn sie einem Kind die Welt erklären müssen. Die ganz Klugen verzichten dann immer noch auf Gott, aber so ganz wohl ist ihnen nicht dabei. Denn die Kinderfragen führen ganz schnell an die Grenzen unseres Wissens. Was denn da ist, wenn nichts ist. Und was die Zeit ist, und warum sie vergeht. Und was davor war. Wurde wirklich Alles aus Nichts und wird wieder Alles zu Nichts? Und wo bleibe dann ich?

In solchen Situationen ist es vielleicht ganz gut, wenn Sie sich selbst überwinden und Gott ins Spiel bringen. Also tun Sie mir einen Gefallen, spielen Sie Moses. Erschaffen Sie sich Ihren eigenen Gott.

Wie sieht er aus, Ihr Gott? Wo wohnt er? Das ist keine perfide Maklerfrage. Gestalten Sie sich einen Himmel. Eines Tages werden Sie selbst dort wohnen, insofern ist es keine vergebliche Mühe. Wen nehmen Sie auf in diesen Himmel? Nur die Guten? Wie langweilig. Wer sorgt dann bitte schön für die Unterhaltung? Immer nur frohlocken …? Tag und Nacht? Wer sollte dabei je die himmlische Ruhe finden?

Wer schlecht singt, kommt in die Hölle, versteht sich! Nein, nein, Sie würden nicht wirklich eine Hölle erfinden. Für Ihren Vorgesetzten vielleicht, aber wenn Sie ehrlich sind: Zwei Wochen seelisches Vorrösten im Fegefeuer genügen auch. Sie würden einen anderen nicht wirklich in die Hölle schicken, zumal wenn Sie sich vorstellen, dass es Ihnen selbst so ergehen könnte. Wenn nun aber alle auf die Hölle verzichten, bleibt nur der Himmel.

Jeder Mensch wäre zuweilen gern ein Gott. Wenn es gilt anderen zu helfen. Jeder Mensch ist sein eigener Gott. In den Gesetzen, die er sich gibt. Jeder Mensch kann ein Gott werden. Jeder ist zum Propheten berufen, jeder zum Heiligen bestimmt. Das ist uns in die Wiege gelegt, auch wenn wir zu schüchtern oder zu bescheiden sind, es wahrhaben zu wollen. Ob Mutter Teresa schon als Kind wusste, dass sie so vielen anderen Menschen Mut zum Leben geben würde? Ob Pater Pio als kleiner Junge ahnte, wie viele ihn später als Heiligen verehren würden, obwohl er nie einer war?

Ob der Dalai Lama sich nicht zuweilen ein ganz anderes Ende seiner Kindheit gewünscht hat? Es ist nicht einfach, wenn andere mehr in einem sehen, als man ist.

»Gott sprach: Lasset uns Menschen machen nach unserem Bilde, uns ähnlich … Und Gott schuf den Menschen nach seinem Bilde, nach dem Bilde Gottes schuf er ihn.« Was die Frage aufwirft, warum er Mann und Frau schuf, aber das ist seine Sache. »Er schuf den Menschen nach seinem Bilde.« Oder ist es nicht vielmehr umgekehrt? Wir schufen ihn nach unserem Bilde?

Besuchen Sie Michelangelo in der Sixtinischen Kapelle und betrachten Sie die Erschaffung Adams nicht mit den Augen eines Gläubigen, sondern mit denen eines Kindes. Was Sie sehen, ist, wie Adam dem lieben Gott einen Fingerzeig gibt. Von Mensch zu Mensch. Oder ist es Gott, der sich von Adam löst, einem sichtlich gelangweilten, ja selbstgefälligen Adam, der fortan ganz gut ohne himmlischen Beistand auszukommen scheint? Gott Vater wirkt ein wenig traurig, der Sohn hingegen recht gelöst. Was auch immer Sie in dieses Bild hineinlesen wollen, nie war Gott menschlicher als in Michelangelos Blick.

In jedem von uns steckt etwas, das besser ist als wir selbst. Nennen Sie es, wie Sie wollen. Ich nenne es »das Göttliche«. Manche sagen »das Dämonische«. Künstler nennen es ihren »Genius« oder, wenn sie in Flirtlaune sind, ihre »Muse«. Andere haben ein Idol, das sie verehren, in Ermangelung eines Egos. Wieder andere lagern ihr Ego aus und nennen es einfach nur »Harvey«. »Gestatten, mein Freund Harvey.« Ein großer weißer Hase, Sie erinnern sich an die alte Hollywood-Komödie. Nein? Nichts ist abgestandener als ein Scherz von gestern. Aber das Prinzip bleibt sich gleich. In den Sketchen eines Berliner Spaßvogels wurde aus dem Hasen ein Känguru. Sie haben die Wahl.

Aber bevor Sie anfangen, an irgendjemand anderen zu glauben, glauben Sie erst mal an sich selbst. Es war keine Ablenkung von der eigentlichen Frage, als ich feststellte, dass jeder von uns ein Gott sein kann, oder zumindest ein Halbgott, Modell Herakles, oder einfach nur ein von Gott Ergriffener.

In allen Religionen und Kulten gibt es heilige Männer und Frauen, die Mittler zwischen Himmel und Erde sind. Es steht also zu vermuten, dass Gott und seine Helfer keineswegs in einem fernen Universum an neuen Welten basteln, sondern mitten unter uns sind. Es gibt ein sehr hübsches Lied darüber. Vielleicht haben Sie die Melodie ja sogar im Ohr.

»What if God was one of us? / Just a slob like one of us / Just a stranger on the bus / Trying to make his way home …« Sie halten das für absurd, was Joan Osborne da singt? Fragen Sie Ron Hubbard, dessen ganze *»Scientology«* beruht auf der Vorstellung, dass jeder von uns Gott werden kann, zumindest Titan, Modell Tom Cruise. Nur, was tun wir, wenn wir gottgleich sind? Nicht viel mehr als sonst auch: unsere Arbeit. Sechs Tage die Woche, meinetwegen fünf, und am siebten wird geruht. Und siehe, es war gut. Oder auch nicht. Es ist wie bei jedem anderen Handwerker auch.

Einen Gott erkennen wir an seinem Tun. Menschen erkennen wir an ihrem Tun. Nicht ihr Reden gibt uns eine Ahnung ihres Charakters, sondern ihr Handeln. Wenn also einer behauptet, er kenne Gott, er wisse, wer Gott sei, dass er sei, dann wird er sich auch entsprechend benehmen. Tut er das nicht, wirft er ein sehr schlechtes Licht auf sich und seinen Glauben.

Überprüfen Sie eine Religion also nicht anhand ihrer Inhalte, sondern anhand ihrer Gläubigen. Wenn Sie das tun, dann stellen Sie schnell fest: Kein Gott ist besser als der andere, denn in jeder Religion gab und gibt es gute und schlechte Menschen. Der Grund ist einfach. Johann Wolfgang von Goethe, der Dichter und Staatsmann, einer, der etwas von Menschen und ihren Gefühlen verstand, formulierte es kurz und bündig: »Wie einer ist, so ist sein Gott.« Das hat mit der jeweiligen Religion gar nichts zu tun. Jähzornige Menschen sehen ihren Gott gern jähzornig. Strenge mögen ihn gern streng, Keusche gern keusch. Es sei offensichtlich, so Goethe weiter, »... dass sich jeder seine eigene Art von Gott macht und dass man niemand den seinigen weder nehmen kann noch soll.«

Aber man sollte sehr wohl Gläubige von Zeit zu Zeit daran erinnern, dass sie ihren Gott nicht allzu sehr nach ihrem Ebenbilde formen dürfen. Denn die Idee ist ja, dass er für alle liebenswert sein soll. Das fällt den missmutig Gläubigen, den Überfrommen und allzu Gesetzestreuen sehr schwer.

»Ich würde ja an euren Erlöser glauben, wenn ihr ein klein wenig erlöster aussehen würdet!«, spottete Nietzsche angeblich. Tatsächlich drückte er sich etwas umständlicher aus: »Bessere Lieder müssten sie mir singen, dass ich an ihren Erlöser glauben lerne: erlöster müssten mir seine Jünger aussehen!« Dieser Unmut des Herzens begegnet uns in vielen Religionen. Was kein gutes Zeichen ist. Es gilt eine ganz einfache Glaubensregel: Wo kein Lächeln ist, ist auch kein Gott.

Leider sind die eifrigsten Gottgläubigen oft die Freudlosesten. Der Zusammenhang ist mir persönlich nicht ganz klar. Je gläubiger, desto fröhlicher, sollte man meinen. Und desto ehrlicher. Aber viele scheinen sich so im Glauben zu verkrampfen, in der unsinnigen Forderung an sich selbst, besser zu sein, als sie sein können, dass ihnen der Sinn der Sache völlig entgleitet. Sie werden zu Lügnern. Die lautstärksten Christen, die ich getroffen habe, waren meist die unehrlichsten. Eine Ausnahme muss ich machen, was die Lautstärke angeht: Jeder gute Chorgesang führt geradewegs in den Himmel. Je vielstimmiger, desto schöner.

Vor Jahren besuchte ich einmal einen Gottesdienst in Harlem. Ich kam mir ein wenig aufdringlich vor, Zaungast bei Gläubigen zu sein, deren Zuversicht ich nicht teile. Was hätten die Schwarzen in Amerika Gott nicht alles vorzuwerfen? Und sie feiern ihn dennoch. Warum? Das lässt sich nur vor Ort begreifen. Weil sie in der gemeinsamen Feier spüren, dass Gott in uns allen ist. Sie lassen ihn auferstehen im Gottesdienst. Entsprechend froh war ihr Gesang.

Sie glauben mir nicht! Das scheint Ihnen zu einfach. Dass Gott auch in Ihnen ist, halten Sie für einen Irrglauben. Gehen wir es wissenschaftlich an. Nennen wir den Sinn fürs Höhere: »G-Faktor«. Wie stellen Sie fest, ob der G-Faktor auch in Ihnen wirkt? Ganz einfach, Sie suchen magische Orte auf. Wenn Ihnen die Hände zittern oder ein Schauer über den Rücken läuft, haben Sie ein metaphysisches Organ. Gehen Sie eine halbe Stunde spazieren, suchen Sie spirituelle Kraftfelder, werden Sie zum Wünschelrutengänger Ihres eigenen göttlichen Ichs.

Sehr witzig, werden Sie einwenden! Als ob es das gäbe, magische Orte?! Noch dazu in unseren seelenlosen Städten. Doch, die gibt es, glauben Sie mir. Waren Sie je in Wimbledon oder im Estadio Santiago Bernabéu in Madrid, im Estádio do Maracanã in Rio de Janeiro, im Dortmunder Westfalenstadion?

Fragen Sie einen Fußballfan, ob er glaubt, dass es magische Ort gibt. Fragen Sie besser nicht, denn er wird Sie mit seinem Fanschal erdrosseln, sollten Sie es wagen, ungläubig zu grinsen.

Es gibt magische Orte. Heilige Orte, an denen sich Energie bündelt. Orte, an denen die Begegnung mit den Göttern leichter fällt. An denen die Begegnung mit sich selbst leichter fällt. Sie müssen sich dafür nicht auf eine Wallfahrt begeben. Sie finden sie ganz in Ihrer Nähe. Überall.

Von Heidegger wird erzählt, dass er auf Wanderungen, wenn er zu Kapellen kam, die Stirn stets mit Weihwasser nässte und eine Kniebeuge machte – wiewohl er doch längst von den kirchlichen Glaubenssätzen Abstand genommen hatte. Darauf angesprochen entgegnete er nur: »Wo so viel gebetet worden ist, da ist das Göttliche in einer ganz besonderen Weise nah.«

Nun, Sie stehen in der Kapelle, einer Friedhofskapelle, denn dort ist es meist still. Kein anderer ist im Raum. Sie setzen sich auf die Kirchenbank und kommen zur Ruhe. All die Fragen, die Sie schon immer stellen wollten, kommen in Ihnen hoch. Sie blicken auf den Mann am Kreuz. Das ist er: Jesus. Er trägt die Schuld. Deswegen die Dornenkrone. Nun, da Sie ihn nach so langer Zeit wieder einmal vor sich sehen, was sagen Sie ihm? Worüber sprechen Sie mit Gott?

Ich wette, Sie machen ihm zuallererst Vorwürfe. Es läuft nicht so im Job, es läuft nicht so in der Beziehung, die Welt wird immer stressiger und überhaupt, es ist nichts, wie es sein sollte, und älter werden Sie auch noch jeden Tag. Was sollte er darauf antworten? Die beste Antwort auf so sinnloses Klagen ist Schweigen.

Meinem Vater machte ich nichts lieber als Vorwürfe. Kaum dass ich sechzehn war und die Welt begriffen hatte, kannte ich auch alle Schuldigen. Mein Vater war schuld am Zweiten Weltkrieg, obwohl er da noch sehr jung gewesen war, aber das waren die Widerstandskämpfer der Weißen Rose auch, und die kämpften gegen Hitler. Er war schuld an dem herzlosen Materialismus unserer Tage, denn er hatte am Wirtschaftswunder mitgewirkt. Er war schuld an den Atomkraftwerken, weil er die falsche Partei wählte. Und er war schuld, dass mich Babsi, Uschi, Caroline keines Blicks würdigten, weil ich viel zu bürgerlich geraten war. Er nahm das alles so hin. Zuweilen wurde es laut im Wohnzimmer, jeder Streit endete irgendwann im Gelächter oder mit Türenknallen. Aber am nächsten Tag war meist alles vergessen.

Wofür ich meinem Vater am dankbarsten bin, jetzt, rückblickend, da ich nur noch selten mit ihm streite, ist der Umstand, dass er nie meiner Meinung war. Wir waren nicht sehr körperlich in unserer Emotionalität, aber wir konnten uns wunderbar aneinander reiben. In den wirren Jahren, als ich zu mir selbst finden musste, war er immer ein verlässlicher Widerpart.

Wer ist schuld an all dem Elend in der Welt? Wir sind es selbst. Wer erwachsen werden will, muss begreifen, dass er Schuld auf sich lädt. Immer, unweigerlich. Schuld, die man nicht einfach anderen in die Schuhe schieben kann. Wir selbst sind schuld an der Misere. Nicht der Teufel oder der liebe Gott.

»Also lassen Sie den lieben Gott einen guten Mann sein, bekreuzigen Sie sich, denn das gehört sich so, und verschwinden Sie aus der Kapelle. Auf der Stelle! Raus hier! Kommen Sie wieder, wenn Sie wirklich Sorgen haben. Vielleicht können wir Ihnen dann weiterhelfen.«

Wem diese Stimme gehört? Nein, das war nicht meine Stimme, das war die Stimme Don Camillos. Jener hemdsärmelige Pfarrer, der im ewigen Streit mit seinem kommunistischen Bürgermeister lag. Don Camillo und Peppone, ein Traumpaar im Film und in den Büchern von Giovannino Oliviero Giuseppe Guareschi. Was für ein Name! Ganz Italien in nur vier Worten. Von Don Camillo habe ich mehr über den Umgang mit Gott und der Welt gelernt als von allen Pfarrern und Theologen. In meiner Erinnerung hat Jesus Don Camillo stets geduzt, und immer wenn Don Camillo mit einem ungeheuer dringenden Problem angerannt kam und sich ganz wichtig gab, brachte ihn Jesus wieder auf den Boden der Tatsachen zurück: »Hast du wirklich keine wesentlichere Frage ans Leben?«

Gottes Enthaltsamkeit ist unsere Chance. Die Zurückhaltung meines Vaters in allen Fragen biografischer Zielsetzungen war meine große Chance. »Mach, was du willst, aber mach es richtig.« Mehr Gebote braucht es nicht.

Bleibt die Frage: Wann brauchen wir Gott wirklich? Wann kehren wir zu ihm zurück? Wenn es ans Sterben geht. So denken viele. Hilft uns Gott dann? Muss er uns dann helfen?

Die alte Dame trug einen berühmten Namen. Wenn ein Mensch einen Adelstitel trägt, denken viele sofort, er sei auf Daunen gebettet gewesen. So ist es selten. Was stimmt: Sie stammte aus einer guten Familie, aber reich waren sie nicht in dieser Familie. Im Krieg verloren sie dann auch noch das Wenige. Die meisten ihrer Mitschüler starben an der Front. Sie selbst musste Fabrikeinsatz in der Rüstungsindustrie ableisten.

Nach dem Krieg begann sie, Kunstgeschichte zu studieren, sie heiratete ihren Studienfreund und brach ihre Doktorarbeit ab, um die Familie mit Fließbandarbeit über die Runden zu bringen. Das Leben schien so langsam lichter zu werden. Sie gebar drei Kinder und schuf ihnen ein schönes Zuhause.

Der erste Sohn starb durch Freitod, der zweite an Leukämie. Ihr Mann ließ sich scheiden. Sie suchte sich eine Anstellung, half anderen Menschen, so gut es ging und so lange sie konnte. Im Alter verlor sie ein Bein und wurde bettlägerig, aber nicht übellaunig. An ihrem letzten Geburtstag führte sie ihren Freunden den Film »Berlin – die Sinfonie der Großstadt« *vor. Sie liebte Berlin. Ihre Beerdigung hätte sie am liebsten vom Sterbebett aus selbst organisiert, etwas aus der Hand zu geben fiel ihr schwer. Sie ließ den Pfarrer rufen, gab Anweisung, wie der Leichenzug zu gestalten sei, und als er dann zum Trost ansetzte, unterbrach sie ihn höflich, aber entschieden: »Kommen Sie mir jetzt bloß nicht mit dem lieben Gott!«*

Ausgerechnet diese Frau, die alles Recht gehabt hätte, zumindest in ihrer letzten Stunde ein wenig himmlischen Beistand einzufordern, wehrte ihn ab. Warum tat sie das? Warum wollte sie keinen Trost? Ich glaube nicht, dass sie ungläubig war. Sie war gläubig auf andere Art. Eine Art, die mir ein Rätsel blieb. Das Rätsel der alten Dame, wenn Sie so wollen.

Viele Frauen haben im Krieg und in den Wirren danach unglaublichen Mut bewiesen, ohne je damit geprahlt zu haben. Sie wollten überleben, nicht von sich reden machen.

»Steigen Sie ein!« Der Offizier hielt die Wagentür auf. Die Frau zögerte, gewarnt von der barschen Stimme, sah sich hilfesuchend um. Da war niemand, der helfen konnte.

26. April 1949. Hildegard Weiße war auf dem Weg zur Sowjetischen Kommandantur, folgte einer Vorladung, als sie von der russischen Spionageabwehr von der Straße weg verhaftet wurde.

Untersuchungshaft. Verhör auf Verhör, zunächst im Gefängnis Hohenschönhausen, dann in Lichtenberg: die berüchtigte Magdalenenstraße, die spätere Stasi-Zentrale.

Hildegard Weiße hatte Glück, geriet nicht an einen prügelnden Aufseher, obwohl sie kein Geständnis ablegte.

Was hätte sie auch gestehen sollen?

Dass ihre einzige Dummheit darin bestanden hatte, bei ihrer Mutter im Ostsektor wohnen zu bleiben, obwohl sie selbst eine Stelle im Westteil der Stadt gefunden hatte, in Frohnau, auf der Poststelle der französischen Militärverwaltung. Ostagenten hatten versucht, sie für die Spionage anzuwerben. Sie hatte abgelehnt. Vermutlich war sie deshalb bei den Sowjets denunziert worden.

Am Morgen hatte ihr die Mutter nicht wie sonst zugewunken, Hildegard hatte es sich verbeten: »Ich geh doch nicht auf Reisen!« Schlimmer, sie verschwand einfach, schien gar nicht mehr zu existieren, selbst für ihre Peiniger nicht. Denn das war das Schrecklichste im Gefängnis – das Gefühl, vergeblich zu warten, vergessen worden zu sein. Morsegespräche, mit dem Kamm gegen die Zellenwand geklopft. Dum spiro, spero – *solange ich atme, hoffe ich, morste eine russische Inhaftierte zurück.*

Dann endlich die Verhandlung: kein Anwalt, keine Beweise, dennoch ein Urteil gemäß §58 Absatz 6. Der russische Spionageparagraf. Fünfundzwanzig Jahre Haft in russischen Lagern.

Dum spiro, spero – *die Neugier hielt Hildegard Weiße am Leben, hinderte sie am Selbstmord. Wohin würde man sie verschleppen? Brest-Litowsk, Moskau und dann, nach Tagen des Bangens, Ankunft in Workuta, Gulag.*

Das Nordlicht im Winter, ein neues Tuch, das gegen die Zuckerration eingetauscht worden war, eine Spiegelscherbe, die beim Schminken half. Alle sechs Monate ein Konzert. Und dann: Romane, gegenseitig erzählt. Gedichte, die deutsche Kriegsgefangene am Lagerzaun auf Notizzetteln zurückgelassen hatten.

Hildegard Weiße wurde 1955, nach sechseinhalb Jahren Haft, aus der Gefangenschaft entlassen. Sie galt als Kriegsgefangene, wie die deutschen Soldaten, die Adenauer freiverhandelt hatte. Aber als sie heimkehrten, sie und die anderen politischen Gefangenen, wurden sie nicht als Befreite begrüßt: In der DDR sprach man nicht über so etwas.

Hildegard Weiße übersiedelte gemeinsam mit ihrer Mutter nach West-Berlin, arbeitete wieder als Sekretärin, tat viel für den Kulturaustausch in der deutsch-französischen Gesellschaft. Sie heiratete, ohne je Kinder zu bekommen, und wurde glücklich.

Aber nie wieder hat sie Bilder gesehen wie damals. Das Nordlicht über den gewaltigen Kohlehalden. Die sternengleich glühenden Blumen auf den Weiten der Tundra. Die zusammengekauerten Leiber auf den Wäschebündeln. Die Kriegsgefangenen hinter den Zäunen der Kohleminen.

Auch Bilder der Hoffnung und des Heimwehs, Bilder wie dieses: Ein freier Tag im Lager. Ihre Freundin Sonja, die ehemalige Balletttänzerin, sitzt still auf ihrer Pritsche. Sie hat sich geschminkt und fein angezogen. Sie sagt, dass sie auf etwas wartet, auf etwas Überraschendes. Sei es schön oder grausam.

Als der weltberühmte Autor und Soldat Ernst Jünger im hohen Alter von hundertzwei Jahren starb, nahmen viele Menschen an seiner Beerdigung teil. Politiker, Generäle und Priester. Was wenige wussten: Der Heros des Nihilismus war kurz vor seinem Tod zum katholischen Glauben übergetreten. Er wollte wohl ganz sicher gehen, dass der liebe Gott ihn auch wirklich bei sich aufnimmt. Viele seiner Anhänger empfanden dieses finale Asylgesuch als Fahnenflucht. Er, der »große Anarch«, der die Gräuel der beiden Weltkriege mit seltsamer Ungerührtheit durchlebt hatte, der hochdekorierte Soldat, der so viele seines Jahrgangs hatte sterben sehen, der Faschist und Bohemien, Naturforscher und Mystiker fand plötzlich zurück zu Gott. Zum Gott der Katholiken, denn das war ihm besonders wichtig, dass der Leichenzug dem katholischen Ritus folgen sollte. Darin schien er einen besonderen Trost zu finden.

Er starb, wie er schrieb, ein wenig zu pompös. Das hat ihm viele Gegner und viele Anhänger eingebracht. Was die einen rühmen, stößt die anderen ab: der hohe Ton, in dem er von sich selbst und der Welt spricht. Aber, darin sind sich beide Seite einig, er setzte sich dem Unheil seines Zeitalters aus, und er blieb zeitlebens unterwegs. Auf seinen Reisen und Waldgängen, in den vielen Büchern hat er stets das Wunderbare gesucht, und da er es nie fand, versuchte er es in Worten zu beschwören, das Geheimnis des Daseins. Gerade dieses Geheimnistuerische ist es, was mich in vielen seiner Bücher abstößt. Der Kitsch.

Ernst Jünger verwendete meist das falsche, das feierliche Wort. Hoch zu Ross, so sah er sich gern. Für andere ist es Pegasus, für ihn ein Paradepferd. Auch bei seinem Abgang wollte er offenbar ein Schauspiel. Oder war sein Bekenntnis zum katholischen

Glauben tatsächlich ein Bekenntnis der Demut? Die anrührende Rückkehr zum Kinderglauben »Oh Herr im Himmel, mach, dass es dich gibt!«? War es mutig, oder war es feige?

Auch laute Menschen werden leise, wenn es ans Sterben geht. Kleinlaut. Oder doch nur verschlagen? Schlauberger, die glauben, den Teufel in der letzten Stunde noch übertölpeln zu können: Nein, nein, mein Lieber, die Wette gilt nicht. Jetzt, da ich mein steinernes Herz in die Hände Gottes lege.

Ich weiß es nicht. Ich weiß nur: Die Selbstgefälligkeit von Ernst Jünger war mir schon immer unsympathisch. Schlechter Stil, so empfinde ich es. Schade, dass er nie zum Tee bei der alten Dame geladen war. Er hätte etwas von ihr lernen können – den stillen Abgang. Das Rätsel der alten Dame, es ist kein so großes Rätsel, wenn man das abschreckende Gebaren anderer betrachtet. Warum hat sie nicht Gott in ihrer Todesstunde bemüht? Die Antwort ist einfach: Sie war ein bescheidener Mensch, und sie war ein mutiger Mensch. Sie machte kein Aufheben von sich. Sie wusste: Gott hat Besseres zu tun. Und sie selbst, sie würde schon zurechtkommen, im Himmel wie auf Erden.

Die sicherste Art, einen Schatz zu verstecken: einfach so tun, gäbe es ihn nicht. Insofern ist die Frage nach Gott und dem Umgang mit ihm die einfachste aller Fragen. So hat es mir auch Sebastian erklärt. Ob es Gott gibt? Wenn du willst, ja … dann ist er da. Wo immer, wann immer du ihn brauchst. Aber – wollen Sie ihn wirklich wegen jeder Kleinigkeit belästigen? Wäre es dann nicht für alle Beteiligten besser, einfach so zu tun, als existierte er nicht?

IX. Wer ist mein Schutzengel?

Denkst du an Engel, so bewegen sie ihre Flügel.
Jüdisches Sprichwort

Ich persönlich glaube fest an Schutzengel, aber ich würde es nie öffentlich eingestehen. Ich glaube an Reiki, Homöopathie für Hunde und Katzen und das Wunderwasser von Lourdes. Ich persönlich glaube auch fest an die Arkana des Tarots, an Horoskope und die Macht der Sternzeichen. Oft frage ich in den Nachrufgesprächen nach den Sternzeichen der Verstorbenen. Einige wissen es auf Anhieb, viele müssen nachgrübeln, aber die meisten kommen dann doch recht schnell darauf. »Jetzt, wo Sie fragen – er war ein typischer Steinbock … Stur ohne Ende!« Die Sternzeichen sind unser gemeinsames Alphabet des Aberglaubens. Was beweist: Die Sterne haben Macht über uns, auf eine gewisse Weise. Natürlich würde ich diese Theorie nie beim Billard aufstellen. Sebastian, Sternzeichen Steinbock, also der typische Pragmatiker in Nadelstreifen, würde ebenso heftig widersprechen wie Florian, der ebenfalls Steinbock ist, was das Kartenhaus der Astrologie ohnehin in sich zusammenfallen lässt, denn verschiedener können zwei Menschen nicht sein. Ich hingegen bin ein sehr typischer Schütze, und David wiederum ist dem Sternzeichen nach ein Zwilling, was seinem zwiespältigen Temperament durchaus auch entspricht. Der Künstler und der Bürokrat streiten sich in seiner Brust mit einer sehr temperierten Leidenschaft, sodass kaum etwas nach außen dringen würde, wüsste man nicht, dass er Zwilling ist. Sie sehen, worauf ich hinauswill. Die astrologischen Lehren mögen Humbug sein, aber sie stellen mir ein Vokabular zur Verfügung, das es einfacher macht, Fragen zu stellen, allgemein verständliche Fragen, die Seelisches zur Sprache bringen sollen. Also das, was wir gemeinhin gern für uns behalten.

Es ist viel einfacher, über einen Menschen zu sprechen, wenn man den Umweg über Bilder wählt. Wenn Sie wiedergeboren werden, welches Tier möchten Sie sein? Kindische Frage, aber die Antwort offenbart mehr über Ihren Charakter als die gängigen *Personality Tests*. Legen Sie Karten? Niemals! Warum nicht? Vielleicht erfahren Sie etwas über sich, was Sie noch nicht wussten – oder auch gar nicht wissen wollten. Lassen Sie sich Karten legen! Ein Psychoanalytiker tut nichts anderes. Auch er legt Ihnen gewissermaßen die Karten des Tarots, indem er Ihnen Ihre Seelenbilder aufruft. Für ein erheblich höheres Honorar.

Mein Vorurteil gegen Analytiker rührt daher, dass ich nur wenigen begegnet bin, deshalb konnte ich es noch nicht korrigieren. Ein Fall allerdings ist mir in Erinnerung, weil die Frage des Analytikers so einzigartig peinlich war, dass ich mich jetzt noch über das Ausmaß der Taktlosigkeit wundere. »An welches Ausfallhonorar hatten Sie gedacht …?« Zwei Kollegen hatten von einem verstorbenen Freund erzählt, der ebenfalls Analytiker gewesen war, und als das Gespräch sich dem Ende näherte, räusperte sich einer von beiden und stellte eben diese Frage nach der Honorierung seiner kostbaren Zeit, die er gerade für den Nachruf seines Freundes geopfert hatte. Die Gebührenordnung scheint bei manchen noch über den Zehn Geboten zu stehen.

Ich hatte es schon häufiger erlebt, dass die Menschen dachten, sie müssten für den Nachruf etwas bezahlen; ich hatte noch nie erlebt, dass einer Entlohnung erwartet hat für sein persönliches Andenken an einen Menschen, der ihm nahestand.

Wer über Engel redet, muss auch über Teufel reden. Die Welt ist voll von ihnen. Insbesondere Entgelttabellen scheinen ihr Metier zu sein. Natürlich sind Sachbearbeiter keine bösen Menschen, aber die Bürokratie, sei sie in Krankenhausverwaltungen, Versicherungskonzernen oder in der Gerichtsmedizin beheimatet, kann den Menschen zuweilen die Hölle auf Erden bereiten.

»Sehr geehrter Herr Borchert,
ich berechne Ihnen für den Transport des Leichnams Borchert, Jörn Michael, Transportdatum 15.10.2004, durch den Fahrdienst des Landesinstitutes für gerichtliche und soziale Medizin eine Transportgebühr, 119,50 Euro, und für die Verwendung einer Hygea-Hülle zusätzlich 31,50 Euro …«

14. Oktober 2004. Tödlicher Arbeitsunfall auf der U-Bahnlinie U7. Jörn Borchert wird bei einer routinemäßigen Wartungsarbeit im U-Bahnschacht von einem Zug erfasst. Sein Handy, aufgeklappt, liegt neben dem Toten. Selbstverschulden unterstellen die Berliner Verkehrsbetriebe. Fahrlässiges Telefonieren.

Die Verbindungsnachweise belegen: Er hat zu diesem Zeitpunkt nicht telefoniert.

Siebzig Zentimeter zwischen den Zügen, die mit Tempo siebzig aneinander vorbeirauschen. Wer will da telefonieren?

Die Unfallkommission, die den Ort inspizierte, konnte sich ein gutes Bild machen: Die ersten beiden Züge fuhren langsam durch, der dritte mit voller Geschwindigkeit, beinahe hätte es sie selbst erwischt. Selbstverschulden? Unachtsamkeit? Am Tag zuvor hatte Jörn ein Puzzle zu Ende gebracht, 5000 Teile, ein halbes Jahr hatte ihn das gekostet, aber er war bei der Sache geblieben.

Jörn Borchert ist in seinem kurzen Leben niemandem jemals etwas schuldig geblieben. Wohl aber das Land ihm. 151 Euro. Und etwas Pietät.

Es gibt Situationen, in denen man dringend einen Schutzengel braucht. Jörns Schutzengel war nicht zur Stelle. Der Kummer des Vaters darüber war unendlich, dann kam auch noch dieser Brief.

Bei vielen Sterbenden war und ist kein Schutzengel zur Stelle. Die Ärzte, die Krankenschwestern sind überfordert. Es bleibt kaum Zeit für die Patienten. Im Gesundheitssystem ist der Tod nur ein Rechenfaktor unter vielen. Dennoch ist vieles besser geworden, dank der Anstrengungen Einzelner. Es gibt Sterbehospize, die einen würdigen Tod möglich machen. Es gibt viele freiwillige Helfer. Es gibt verständige Ärzte, die sich nicht von der Zeitnot drangsalieren lassen. Es gibt Pfleger und Schwestern, die Übermenschliches leisten. Und dann gibt es noch die Krankenhausküche. Es ist eines der großen Rätsel des Lebens, warum sich ein so reiches Land wie das unsere keine guten Krankenhausküchen leisten kann. Teuflischer Unsinn, hier zu sparen. Was vielen, die Tage und Wochen im Krankenhaus auf ihren Tod hinleben, den Alltag so zur Hölle macht, ist das schlechte Essen. Es sind die Schmerzen, es sind die Medikamente, es sind die Apparate, es ist der Kummer und die Seelenqual, aber es ist auch: der Fraß, der ihnen vorgesetzt wird, als seien sie im Knast und das Essen die Strafe für ihre Krankheit. Ein würdiges Essen war vielen Sterbenden wichtig, auch wenn sie kaum etwas davon angerührt haben. Viele ließen sich von ihren Angehörigen etwas zu essen bringen, aber nicht alle haben das Glück, von Freunden und Verwandten umsorgt zu werden. In den Krankenhäusern sollten die besten Köche des Landes arbeiten, und zwar fürstlich entlohnt, damit sie Tag und Nacht den Patienten Gutes tun. Die leichteste Pflicht für Engel im ersten Lehrjahr.

Es wäre so einfach, aus Krankenhäusern Häuser für Gesundende zu machen: Eine Außenfassade, die nicht ohnmächtig werden lässt vor Angst. Bunte Flure. Pflanzen. Eine Raumgestaltung, die nicht verschreckt. Die Menschen wollen im Alltag bleiben. Das Zimmer freundlich. Ein wenig Zuhause. Nicht nur ein Wartezimmer des Todes. Die besten Maler des Landes sollten Bilder und Drucke zur Verfügung stellen, die besten Innenarchitekten Wettbewerbe für ein menschlicheres Interieur entwerfen, die Schriftsteller sollten Lesungen veranstalten, die Musiker Konzerte. Jeder von uns wird irgendwann davon profitieren. Keinem sei gegönnt, zu Lebzeiten erfahren zu müssen, was es heißt, am falschen Ende zu sparen. Ein Architekt, alleinstehend, kam ins Pflegeheim. Just dieses Haus hatte er selbst entworfen. Er grämte sich entsetzlich über die kleinen Zimmer. So kann man seines Lebens nicht froh werden. Er hatte die Höchststrafe für sein Tun erhalten.

Das Sterben wird den Menschen unnötig schwer gemacht. Viele Ärzte sind zuweilen einfach nur überfordert. Oder grausam von Natur aus. Was ich nicht glauben will. Ich hoffe, es ist nur Ausdruck ihrer Hilflosigkeit. Sie wissen nichts zu sagen und fliehen vor der Situation ins Schweigen. Oder sie retten sich in eine bittere Lakonie. Oder klammern sich an Phrasen wie Schiffbrüchige an viel zu dünne Planken.

Ärzte wie Angehörige haben Mühe mit dem Gedanken, dass wir noch immer sterben müssen, obwohl doch so viele Fortschritte in der Medizin gemacht wurden. Die Menschen können mit dem Tod immer schlechter umgehen. Er ist in einer Welt der Glücksversprechen für viele nur noch ein Anlass wegzuschauen. Oder zuzugreifen. Sie erinnern sich an Peggy?

»Können wir das Fahrrad haben? Damit kann man doch sicher noch fahren!«

Der Polizeibeamte verstand erst nicht.

»Das Fahrrad meiner Tochter. Das ist ja vielleicht noch in Ordnung. Können wir das bitte haben!?«

»Entschuldigen Sie, aber das Fahrrad Ihrer Tochter ist unbrauchbar. Kaputt. Und außerdem ein Beweismittel.«

Auf diesem Fahrrad wurde Peggy am frühen Samstagmorgen des 4. Oktober von einem Autofahrer zu Tode gebracht.

Dabei schien das Schicksal für Peggy gerade das erste Mal ein kleines Happy End vorgesehen zu haben. Sie war verliebt.

»Lass mich dein Engel sein!« Den Satz hat sie ihm geschrieben, auf einer Postkarte, und sie hat ihn so gemeint. Zehn Kilo hatte sie zugenommen im letzten Jahr, weil sein erster Beruf Koch war und weil sie einfach nur glücklich mit ihm sein konnte.

Das Ende aller Essstörungen, aller schlechten Erinnerungen. Sie war auf dem Land aufgewachsen. Mit fünfzehn war sie zu Hause rausgeworfen worden. Peggy Eckhardt hat nie viel Glück gehabt. Einer der Menschen, die es anderen leicht machen, aber die selbst immer nur Schläge einstecken müssen.

Mit Thomas war es anders. Wenn er aufwachte, lag da oft ein kleines Geschenk, so dankbar war sie. Zu seinem Geburtstag lud sie ihn ein nach Hamburg, ins Interconti, und schenkte ihm sein Traumauto. Für ein Wochenende ein Audi A3, in der Sportversion.

Kein Engel war zur Stelle, als sie ihn brauchte. Weder in ihrer Kindheit noch bei ihrem Tod. Ob reich oder arm, im Glück aufgewachsen oder im Unglück, das Schicksal rechnet die guten Tage nicht gegen die schlechten auf, die schlechten nicht gegen die guten.

Peggy hatte nie eine Chance. Keine Fee an der Wiege. Nadja hingegen schien Anspruch auf alles Glück der Welt zu haben. Eine Frau, der alles im Leben zu gelingen schien. Beruf, Liebe, Alltag, Familie, alles in Harmonie. Es gab nichts, wirklich nichts, woran es ihr gemangelt hätte. Als das Unglück geschah, lebte sie in Paris, plante aber schon die Heimkehr nach Berlin.

Dann diese Grippe, zum ersten Mal im Berufsleben krank: »Bleiben Sie zu Hause, kurieren Sie sich aus.« Ihr Chef meint es gut mit ihr, seit sie ihm einmal den Kopf zurechtgesetzt hat, weil sie seine cholerischen Anfälle nicht erträgt.

Sie bleibt in der Wohnung. In dem wunderschönen Haus nahe Montmartre, im Quartier de la Goutte-d'Or, goldener Tropfen.

Unten, im Flur des alten Hauses, haben die Bewohner eine kleine Bibliothek eingerichtet, ein Tisch, ein Korbstuhl. Jeder, der ein Buch übrig hat, stellt es ins Regal. Die Decke im Treppenhaus ist bemalt wie ein Himmel, im Hinterhof Pflanzen, Blumen. Jeder im Haus kennt den anderen.

An manchen Wochenenden ist auf jedem Stockwerk Party, und es braucht viel Zeit, bis man hinaufkommt in den sechsten Stock.

Ein wunderschönes Treppenhaus, oval, aber sehr steil himmelwärts.

An diesem Tag ist ein Handwerker in einer Wohnung im dritten Stock mit Schweißarbeiten beschäftigt. Die Gasflasche explodiert, der Handwerker flieht, ohne die Feuerwehr zu rufen, und lässt alle Türen offen. Das Feuer frisst sich in den Flur.

Das Treppenhaus ist Kamin und Feuerholz zugleich. Die Flammen erreichen in rasender Geschwindigkeit die oberen Etagen, dringen in ihre Zimmer ein.

Nadja versucht sich aus dem Fenster auf den zwei Stockwerke tiefer gelegenen Balkon zu retten, stürzt auf das Geländer und rutscht ab.

Das Leben ist unsinnig grausam zuweilen. Umso wichtiger, dass es Engel gibt. Im Himmel und auf Erden. Allerdings sind sie nicht immer leicht zu erkennen, denn gerade die Engel auf Erden begegnen uns zuweilen in sehr seltsamer Gestalt. Insbesondere in Berlin. Es gibt ziemlich viele schräge Vögel hier. Aber bitte denken Sie immer daran: Engel sind auch nur … Menschen.

»Aktive Schwester beim Orden der Perpetuellen Indulgenz mit Namen Schwester Paläo Froh Nie Transmoderne In Wohnhaft zu Flagellant.«

Dahinter verbirgt sich, und ganz sicher will sie mit einem Tusch vorgestellt werden, denn der schlichte Auftritt lag ihr ganz und gar nicht, dahinter verbirgt sich, meine Damen und Herren, eine der berühmtesten Tunten der Stadt, ich präsentiere voll Stolz und Heiterkeit und mit Tusch: Ovo Maltine! Eine Tunte! Und was für eine Tunte!

»Aber – was genau ist eine Tunte?« Ornithologisch gesprochen: ein Paradiesvogel. Szenesprachlich: ein Schwuler im Fummel. Anthropologosophisch: ein Mensch wie du und ich. Mit mehr Geschmack in Kleidungsfragen und mehr Spaß als die Klemmschwestern mit Alibifrau.

Die Frage ist nicht: Was ist eine Tunte? Die Frage ist: Wie können andere sich am Anderssein stören? Schwuleklatschen im Tiergarten. Dagegen hat er protestiert. Gegen Gewalt. Gegen Ausgrenzung. Gegen den genitalen Blick: »Das Geschlecht sitzt nicht zwischen den Beinen, sondern zwischen den Ohren.«

Transen, Tunten, Drags, je mehr Geschlechter, desto mehr Spaß. Und Ovo hat nichts ausgelassen, brav Goethe folgend, dessen Maxime über seinem Schreibtisch hing: »Rate sich jeder selbst und tue, was er nicht lassen kann.« Er cruiste gern im Viktoriapark, stand gern an der Klappe, tat auf der Bühne Sachen, die andere »Igittigitt« sagen lassen. Vieles war Risiko. Und er musste damit rechnen: Positiv. PositHIV. Viele Ärzte haben es schwer mit der Diagnose: Die einen lesen ab. Die anderen heulen selbst. Positiv. Was das heißt, das muss man den anderen begreiflich machen. Und sich selbst. Er hat keine Medikamente dagegen genommen. »Die Ärzte wissen nichts Genaues über die Nebenwirkungen, und ich weiß nichts Genaues. Da sterb ich lieber an meinem Unwissen als an deren Unwissen.« Also hat er noch mal richtig Party gemacht.

Die Wahlfamilie und die Realfamilie waren da bei seinem Tod, haben sich verstanden und überboten an Fürsorge, was Ovo ganz weich gestimmt hat: »Umarmungen sind so schön!«

»Wo Ovo hinfällt«, sagte Rosa von Praunheim, »steht ein Märchen auf.« Und das ist schnell erzählt: Es war einmal eine wunderschöne Tunte, die zu früh starb. Nun ist sie einer der Engel über Berlin.

Der würdigste Engel, der mir je begegnet ist, und zugleich der musikalischste war Adele aus der Ohe. Mit zehn Jahren trat sie bereits in einem Berliner Orchesterkonzert als Solistin auf. Franz Liszt nahm sie als Schülerin an und sie wurde in sehr jungen Jahren ein Weltstar. 1891 eröffnete sie gemeinsam mit anderen Künstlern die Carnegie Hall in New York. »Mein Klavierkonzert in der ausgezeichneten Darbietung durch Adele aus der Ohe verlief großartig. Eine Begeisterung war da, die es selbst in Russland niemals hervorzurufen vermochte. Man rief mich immer wieder heraus, schrie *›upwards‹* und winkte mit Tüchern«, notierte Piotr I. Tschaikowsky in sein Tagebuch.

Niemand weiß, warum sie ihre Karriere aufgab. Vielleicht weil der Tod ihrer Schwester sie zu sehr betrübt hatte. Sie zog sich nach Berlin zurück, fand Unterkunft bei einer Familie in der Pariser Straße und gab fortan Klavierunterricht. Allerdings immer nur wenigen ausgewählten Meisterschülerinnen. Mit einer Ausnahme: die Tochter ihrer Vermieter, die gleichfalls Adele hieß, aber ohne Augen zur Welt gekommen war. Adele nahm sich der Kleinen an und schulte sie zur Konzertpianistin. Sie hatten nur einige wenige Auftritte gemeinsam, aber als Adele aus der Ohe starb, konnte sie sicher sein, dass ihr

Ziehkind niemals an der Blindheit verzweifeln würde, denn sie hatte die Musik.

Als die Familie die große Wohnung in der Pariser Straße Ende der Achtzigerjahre aufgab, zog Adele in ein Blindenheim. Und alles blieb, wie es gewesen war. Sie hatte nun keinen Steinway-Flügel mehr, aber in ihrem Zimmer stand ein elektronisches Klavier.

An Weihnachten gab sie immer ein kleines Konzert, und natürlich spielte sie an den Geburtstagen all ihrer Neffen und Nichten. Sie hatte tausend Telefonnummern im Kopf. Am Geburtstag rief Tante Deta, wie sie von der Verwandtschaft gerufen wurde, stets als Erste an, gratulierte und bat, dass man einen Musikwunsch äußere, gern auch etwas Populäres, denn sie hatte regelmäßig die »Schlager der Woche« im Rundfunk gehört und konnte die größten Hits nach dem Gehör spielen.

Als Adele Meischner auf die Welt kam, wurde es einen Moment still. Als ihre Urne zu Grabe gelassen wurde, ertönte Musik, ein Lied, das sie komponiert hatte.

Wie schon erwähnt, es wäre sinnlos, meinen Glauben an Engel beim Billard verteidigen zu wollen. Zu wenige Engel haben zu viele Lasten zu tragen. Das Missverhältnis ist offensichtlich, aber das macht ihre Existenz nicht abwegig. Ernüchternder sind die vielen kitschigen Bilder, die über Engel kursieren und die durchaus vermuten lassen, dass die Künstler noch nie einen wirklichen Engel gesehen haben. Gleiches gilt für die vielen Engel-Bücher. Insofern ist der ornithologische Einwand von Sebastian, Engel seien auch nur Geflügel, natürlich zutreffend. Sein Spott hat eine bittere Berechtigung, denn er hat den Schutzengel furchtbar vermisst, als seine Mutter sehr jung bei einem Autounfall starb. Sie sind nicht immer zur Stelle.

»Soso, wer ist denn dann mein Schutzengel und wie sind seine Flugzeiten?«, würde David pedantisch nachfragen und sein Smartphone zücken, weil er für jeden Zweck die Existenz einer App vermutet. Was Florian nur abschätzig schnaufen lässt. Er weiß, wo die Engel wirklich zu Hause sind, im Theaterhimmel nämlich, in seinem Theaterhimmel, der mit geflügelten Wesen der einschüchterndsten Art bevölkert ist, darunter viele, deren dämonischer Charakter nur Unheil heraufbeschwört. Luzifer ist Florians großes Vorbild, was Theatralik anbelangt und intellektuelle Flughöhe. Er ist aber auch ein großer Fan von Tinker Bell und Peter Pan. Hauptsache *high* und *on air*.

Vermutlich gibt es schwule Engel, dicke, dünne, faule, dumme, solche, die permanent Zuordnungsschwierigkeiten haben. Grüblerische Engel, eitle Engel, fluglahme Engel. Im Grunde sind Engel auch nur Wesen wie du und ich. Menschen mit einem besonderen Auftrag. Menschen, die das, was sie tun, so redlich und gut tun, dass sie anderen den Glauben an das Leben wiedergeben können. Jedem von uns ist so ein Engel schon begegnet. Jeder von uns hat die Kraft, selbst einer zu werden.

Warum gerade ich? Diese Frage stellen sich Todkranke oft, meist im Stillen. Manche verzweifeln an der Frage. Viele stellen sie erst gar nicht, weil sie ahnen, wie niederdrückend die Antwort sein könnte. Viele nehmen ihr Schicksal hin, geduldig, ohne Nachfrage, nicht weil sie sich ergeben haben, sondern weil sie dankbar sind für das, was sie erleben durften. Aber die Frage bleibt: Warum ich? Die einfachste Antwort darauf gab eine Todkranke, die sich ihre Lebensfreude auch in den letzten qualvollen Stunden nicht nehmen lassen wollte. »Eine Krankheit kann ich widmen!«, das war ihr Entschluss. »Ein anderer soll das nicht erleben, deswegen durchleide ich es.« So werden Menschen zu Engeln.

Wie gesagt, selten, dass Menschen weinen, wenn sie mir von ihrem Verlust erzählen. Dabei war der Verlust, den die Frau erlitten hatte, die da sehr aufrecht vor mir saß, unendlich groß. Was kann schlimmer sein, als das eigene Kind zu verlieren? Noch dazu in einem Alter, da es gerade mit aller Freude beginnt, sein eigenes Leben zu führen. Nicht länger nur Kind, endlich erwachsen.

Die Frau, die mir im ruhigen Gespräch von ihrer Tochter erzählte, wirkte zugleich aufgewühlt und sehr gefasst. Sie wollte, dass wir von ihrer Tochter berichten. In diesem Punkt war sie uneins mit dem Vater des Kindes. Trauer führt zu sehr unterschiedlichen Reaktionen. Die einen wollen still für sich trauern, die andern wollen ihren Schmerz teilen. Aber in diesem Fall gab es noch einen anderen Beweggrund. Diese Mutter wollte mit aller Kraft, dass der Tod ihres Kindes nicht vergeblich war. Das Schreckliche sollte einen Sinn haben.

Es gibt Engel. Anders wäre der Tod zuweilen nicht begreifbar. Oder warum sonst musste Josi sterben? Am Abend des 2. Januar fand der Vater nach der Heimkehr von seiner Arbeit die Tochter tot zu Hause. Wenig später kam die Mutter dazu. Da bleibt das Herz stehen, auch wenn es weiterschlägt. Der Notarzt traf ein und informierte die Polizei. »Wir müssen den Leichnam be-

schlagnahmen. Es wird eine Obduktion durchgeführt.« Da kein Verbrechen vorlag, dauerte es monatelang, bis die Ergebnisse vorlagen. Der bürokratische Gang.

Vermutliche Todesursache: »Sudep«, sudden unexpected death in epilepsy.

Auf ihrem Grab stand ein Eisblock, langsam schmelzend, darin ein Bild von ihr, das allen im Kopf bleiben wird, die sie kannten.

»Du bist ein Teil meines Herzens und ich werde meinen Kindern alles von dir erzählen, und ich bin dankbar, einen so wundervollen Menschen wie dich kennen zu dürfen! Ich vermisse dich! Alle vermissen dich!«

Mit fünfzehn hatte sie in der Nacht einen Ohnmachtsanfall. Eine harmlose Kreislaufschwäche, so der erste Verdacht. Ein halbes Jahr später wieder ein Anfall. Dann wieder und wieder. Immer nachts. Die Diagnose: Epilepsie. Schlimm, aber nicht lebensbedrohlich. Sie würde ein normales Leben führen können, dank der Medikamente. Aber die Medikamente schlugen nicht richtig an. Es wurde alles viel schlimmer, die Anfälle häufiger und heftiger. Das Medikament wurde gewechselt, Josi spürte jetzt, wenn sich ein Anfall ankündigte. Sie konnte Beistand herbeirufen. Fünfzehn, zwanzig Minuten lang verlor sie die Herrschaft über ihren Körper. »Ich lass mir von diesen Anfällen nicht mein Leben verderben«, das schwor sie sich.

Sie hatte so viele Pläne und Träume für dieses Jahr. Es sollte ihr Jahr werden: eine Riesenparty zum achtzehnten Geburtstag, das Abitur. Sie wusste schon, welches Kleid sie zum Abiball tragen würde. Dann, im Sommer, würde sie nach Ghana gehen, einige Wochen im Waisenhaus arbeiten. Studienbeginn an der Techni-

schen Universität: Wirtschaftsmathematik. Wirtschaftsmathematik? »Ja, das möchte ich.« Ein Praktikum in London, vielleicht ein Jahr New York.

»Danke dafür, dass du mit mir über Herrn Jakobs hässliche Uhr gelacht hast. Danke dafür, dass du mit mir die schrecklich langen Freistunden verbracht hast und mit mir zu Rossmann gedackelt bist. Danke dafür, dass du mir jederzeit ein Lachen geschenkt hast. Danke dafür, dass du versucht hast, mir Mathe beizubringen.«

Am ersten Januar schrieb sie ihrer besten Freundin: »Das wird unser Jahr.«

Vierundzwanzig Stunden später war Josi tot. Herzversagen. Keine Vorwarnung. Die letzten sechs Wochen war sie anfallfrei gewesen. Dennoch war sie nicht ohne Angst. Sie wollte nicht allein übernachten. Ein wenig wurde sie wieder zum Kind, war liebesbedürftig. »Komm, Mama, bürste mein Haar. Kuschel mich!«

Das Kind, die Schwester, die Freundin – weg. Einfach weg. Und doch immer da. »Deine Lippen schmecken immer noch und für immer nach Apfelmussi! Ich werde dich niemals vergessen.«

Die Mutter tat alles, um die Erinnerung an ihr Kind wachzuhalten. Das verstand nicht jeder. Weil nicht jeder verstand, dass sie es nicht nur für ihre Tochter tat. Sie tat es auch, um andere vor dem gleichen Schicksal zu bewahren. Wer diesen Nachruf las, wer vom Tod dieses Mädchens erfuhr, der erfuhr etwas über diese seltene Krankheit und über ihre Gefährlichkeit. Ihre Tochter hat so vielleicht andere vor einem ähnlichen Schicksal bewahrt.

Wenn Eltern ein Kind verlieren, werden sie oft zu Aussätzigen. Wenn Eltern ein krankes Kind zu Hause haben, ein todkrankes, werden sie gemieden, weil selbst beste Freunde den Umgang mit Todkranken scheuen. Sterbende – noch lebend sind sie bereits verlassen, so beschrieb es Norbert Elias in seinem kleinen Buch *Über die Einsamkeit der Sterbenden*.

Eine der traurigsten Geschichten, die ich je aufschrieb, war die von Nele, aber sie ist auch eine der ermutigendsten, denn nie war sie in ihrem kurzen Leben allein, nie ohne Liebe.

Nele war ein Wunschkind. Und wunderhübsch. Große, strahlende, dankbare Augen. Als sie zwei Jahre alt war, traten die ersten Gleichgewichtsstörungen auf. Bewegungstraining. Ein großer Spaß für Nele, der aber keine körperliche Besserung brachte. Dann Erbrechen, eine Woche lang. Die Computertomografie ergab: ein Hirntumor, so groß wie ein Hühnerei.

»Tu mir einen Gefallen«, bat Gabi, »sag ihr, was los ist.« Da war Nele drei Jahre alt. Und Norbert sagte ihr: »Da ist was in deinem Kopf. Was die Ärzte entfernen müssen.«

Nele war einverstanden und nahm ihre Stoffpuppe Tini mit in die Klinik. Sie hatte keine Angst.

Die Ärzte stellten fest, dass der Tumor in den Hirnstamm hineingewuchert war und nur teilweise entfernt werden konnte.

Als Nele nach der schweren Operation aufwachte, sagte sie: »Meine Mama soll kommen. Die hat ein rotes Auto!«

Gabi und Norbert waren schon da. Wurden von den Ärzten belehrt, dass die nächsten zwei Wochen sehr kritisch seien. Dass Neles Lebenserwartung danach vielleicht ein Jahr, höchstens zehn Jahre betrage. Die Betonung lag mehr auf einem Jahr.

Nele hat sich schnell erholt. Im November war sie operiert worden, Weihnachten war sie zu Hause.

Einmal fragte sie ihn, ob der Tumor nun weg sei. »Und wärt ihr traurig, wenn ich gestorben bin?« Dreieinhalb war sie da.

Rennen ging nicht sehr gut. Und beim Treppensteigen war sie ein wenig staksig, aber sonst war ihr nichts anzumerken. Der erste Kinderladen wollte sie nicht: »Wenn wir rausgehen und toben, geht das nicht.«

Es ging ganz schnell, dass Nele lesen lernte.

»Wer ist denn nun eigentlich das zweite behinderte Kind in der Klasse?«, wurde von Eltern zuweilen gefragt. Nele selbst hat sich nie als behindert empfunden, schon gar nicht als Sorgenkind. Ein bis zehn Jahre. Das wusste sie ja nicht. Wozu hätte sie es wissen sollen?

»Sie ist doch tot?«, meinte eine Bekannte beiläufig. »Nele? Wie kommst du darauf?«

Die besten Freunde hielten den weitesten Abstand, fürchteten wohl um ihre eigene heile Welt.

Sie wurde angestarrt von Passanten. Angeglotzt. Bis sie ihnen die Zunge rausstreckte. Zurückstarren. Das hilft.

Dann fiel sie ins Koma. Um die Weihnachtszeit. Keiner dachte, dass sie noch einmal erwachen würde. Als sie doch wieder sprechen konnte, flüsterte sie: »Ich muss doch nicht sterben?«

»Doch«, antworteten Gabi und Norbert. »Aber du kannst nichts dafür, das ist der Tumor.«

»Wann muss ich denn sterben?«

»Das spürst du!«

»Und wo werde ich beerdigt?« Sie wollte alles ganz genau wissen.

»Hier ganz nah bei uns. Auf dem Friedhof drüben!«

Fünf Minuten zu Fuß – das war ja der Grund gewesen, in dieses Haus zu ziehen. Weil der Friedhof so nah ist.

Ob es ein Familiengrab ist, wollte sie wissen. »Und wie finde ich euch dann später?«

»Das macht der Paradiesvogel, der führt dich. Einen kleinen Schritt musst du allein machen, und schon ist der Vogel da und hilft dir!«

Dann schwanden Neles Kräfte. Und sie stellte keine Fragen mehr. Ein kurzes Leben. Aber reich an Liebe. Ein Wunschkind eben.

Wer wollte da nicht an Engel glauben, zuweilen? Wenn Sie nun fragen, wo sich Ihr ganz persönlicher Schutzengel gerade aufhält … warum blicken Sie nicht einfach mal in den Spiegel?

X. Gibt es ein Leben nach dem Tod?

Der Tod ist ein Problem der Lebenden.
Norbert Elias

Elf Monate. Was tust du in elf Monaten?

Du heiratest die Frau, die du liebst. Eine Woche vor der Operation. Das erspart Formalitäten, Schreibkram, das gibt ihr Sicherheit und dir auch, aber darum ging es eigentlich nicht. Man bietet dem Schicksal die Stirn. Aktiviert Lebensmut. Aber auf deine gewohnt stille, undramatische Weise.

Natürlich: In elf Monaten könnte man sein Leben noch einmal völlig umkrempeln, sich zurückziehen, ein Mönch des eigenen Kummers werden oder sich hineinwerfen in den Jubel der anderen, die nicht wissen, wer da sein Geld vertut und warum.

Oder man kann so weiterleben, wie man gelebt hat, weil es ein glückliches Leben war, das nur einen Wunsch offen ließ: es weiterzuführen.

Du gingst gern spazieren. Also gingst du weiter spazieren. Du hattest diesen besonderen Blick, der eine Stadt nicht nach Straßen unterteilt, sondern nach Orten besonderer Magie. Ein ganz privater Stadtplan Berlins, der illegale Kneipen genauso verzeichnete wie Kirchen und Synagogen oder Häuser mit schönen Gärten.

Du gingst über die Flohmärkte, wie du es immer getan hast, mit dem sicheren Auge dafür, dass die Menschen viel zu schnell aussortieren, was anderen lieb war. Also kauftest du dreißig Platten namenloser Musiker für wenig Geld, denn ganz sicher war eine darunter, die dir selbst gefiel, und eine andere, die du verschenken konntest. Also hatte sich der Kauf gelohnt.

Sammler haben einen eigenartigen Blick. Sie wissen, dass jedes Ding sein Schicksal hat. So wie andere aus Händen oder Gesichtern lesen können, haben gute Sammler ein Gespür für die Erinnerungen, die sich den Sachen einprägen. Da mengt sich etwas von jenem Glück hinein, das man empfindet, wenn man – dank eines glücklichen Zufalls – nach dreißig Jahren seinen ersten Teddybär wiederfindet.

Elf Monate! Kaum ein Jahr. Keinen Tag länger arbeiten, nur noch leben! Aber warum? Du hast gern gearbeitet, also gingst du weiter zur Arbeit. Du warst Verkäufer, denn Kunsthändler oder Galerist wolltest du dich nicht nennen. Da warst du dir einig mit deinem Freund und Kollegen. Ihr habt euch gesiezt, in all den Jahren nie zum »Du« gefunden, und doch bestand eine Nähe, so als könnte man sich seinen Bruder wählen im Leben.

Eine schöne Reise machen. Du warst ein Reisender, schon immer. Du hast den Tango geliebt, obwohl es ein Fiasko war, als du ihn tanztest. Und du warst dort, in Buenos Aires, in der Bar »Sur«. Du warst auch in Patagonien, wohin dich ein anderer Schriftsteller gelockt hatte. Du bist noch einmal nach Venedig gefahren. Die Hochzeitsreise kurz vor dem Tod. Weil dir vor nichts mehr graute, selbst vor dem Kitsch nicht.

Der Sinn, Distanz zu wahren, liegt vielleicht darin, dass man sie im entscheidenden Moment aufgeben kann. Du hast gern Freunde eingeladen zum Trinken und Essen. Also lädst du noch einmal alle Freunde ein, die letzten Tage und Stunden mit dir zu verbringen. Daheim. Am Sterbebett. Ihr trinkt, ohne betrunken zu werden. Ihr redet und lacht, und das letzte Geschenk an sie ist, gezeigt zu haben, wie man dem Tod gemeinsam begegnen kann.

Dein letzter Wunsch? Ein anonymes Grab. Du hast gelebt, was es zu leben gab – da gibt es nichts zu trauern.

Ein Leben … wie würden Sie leben, wenn Sie nur noch ein paar Monate zu leben hätten? So weiter wie bisher? Das glaube ich Ihnen nicht. Die meisten von uns leben in den Tag hinein, als hätten sie das bessere Leben noch vor sich, und danach noch ein besseres und noch ein besseres. Gewiss, wir machen Pläne und haben Hoffnungen und malen uns Tag für Tag eine schönere Zukunft aus, aber die Gegenwart, die verplempern wir, als wäre es Kleingeld.

Als ich dieses Buch zu schreiben begann, wollte ich einfach nur einen Ratgeber schreiben, der alle anderen Ratgeber überflüssig macht. Warum? Weil es mich ärgert, dass so viele ihre Zeit mit so vielen schlechten Büchern verbringen. Jedes Buch kostet uns die Begegnung mit einem Menschen. Ich weiß das, ich habe selbst zu viel gelesen. Irgendwann habe ich aufgehört damit. Ich hatte es satt. Die Geschichten, die mir in den Nachrufgesprächen erzählt wurden, waren besser als die meisten Romane. Es gibt keinen Ersatz für das gelebte Leben, weder im Film noch in der Literatur, wir müssen unser Leben schon selbst in die Hand nehmen, sonst bereuen wir es irgendwann. »Es wird uns nicht verziehen werden, umsonst gelebt zu haben.« Gabriele D'Annunzio wusste, wovon er sprach. Er war der leidenschaftlichste Dichter und Lebemann seiner Zeit. Diese Zeit ist noch gar nicht so lange her, aber Gabriele D'Annunzio ist vergessen. Unsterblichkeit ist nie von langer Dauer.

Die zehn wichtigsten Fragen des Lebens – in aller Kürze beantwortet. Was hat sich der Autor bei diesem Titel gedacht? Was denkt der Leser, was denken Sie? Der Mann ist größenwahnsinnig oder einfach irre, oder er meint es nicht ernst. Der Verdacht ist naheliegend. Aber zum Scherzen bin ich in dieser Angelegenheit nicht aufgelegt. Schon gar nicht, wenn es um die letzte Frage geht. Das Weiterleben nach dem Tod ist für Autoren keine ganz unwichtige Frage, denn damit wird über ihr Tun zu Lebzeiten entschieden. Franz Kafka wäre entsetzt gewesen, wenn sein Freund Max Brod tatsächlich alle Manuskripte vernichtet hätte, nichts wäre es gewesen mit dem Nachruhm. Oder war ihm dieser Nachruhm tatsächlich gleichgültig? Ich persönlich hätte an Max Brods Stelle die Manuskripte unter meinem eigenen Namen veröffentlicht. Damit wäre beiden gedient gewesen. Kafka hätte seine Anonymität gewahrt, und Max Brod der Literatur den Dienst erwiesen, der ihm mit seinen eigenen Werken nicht gelang. Denn eigentlich ist er die tragische Gestalt in dieser Geschichte. Der Freund, der seinen Ruhm einem Verrat verdankt. Tausenden Autoren erging es wie Max Brod, sie schrieben für den Tag, nur hatten die wenigsten das zweifelhafte Glück, zum Testamentsvollstrecker eines Franz Kafka bestellt zu werden. Die meisten Bücher werden heute geschrieben und morgen vergessen. Zu Recht. Denn Schriftsteller leiden alle unter Größenwahn. Notwendigerweise, sonst würde keiner auch nur ein Wort schreiben. Größenwahnsinn hilft bei der Produktion eines Buches ungemein, schadet aber nachhaltig bei der Lektüre.

Die zehn wichtigsten Fragen des Lebens – in aller Kürze beantwortet! Kein Mensch kann die zehn oder die fünf oder die drei wichtigsten Fragen des Lebens auf ein paar Seiten beantworten. Das haben schon Tausende zuvor auf Hunderttausenden von Seiten versucht. Was ich machen kann: Ich kann die Fragen weitergeben, an Sie ganz persönlich. Ich kann Sie daran erinnern, diese Fragen nicht zu vergessen, zu verdrängen, zu vertagen, sondern sich ihnen zu stellen, und immer neu Ihre ganz persönlichen Antworten darauf zu finden – so wie die Menschen, deren Nachruf ich schreiben durfte. Das ist Drückebergerei! Nein, ist es nicht. Meine Lektorin meinte zwar, ich würde es mir da zu einfach machen oder Ihnen, meinen Lesern, zu schwer, indem ich die Fragen einfach im Raum stehen lasse, aber das stimmt nicht. Meine Lektorin ist eine kluge Frau. Ihr Job ist es, den Autor beim Schreiben zu zwingen, ab und an auch mal an seine Leser zu denken. Also bitte keine Witze zu machen, die nur er selbst versteht, keine umständlichen Anspielungen, keine labyrinthischen Gedankengänge, keine verschachtelten Sätze, die nirgendwohin führen, außer geradewegs ins Handbuch des schlechten Stils.

Ich mag meine Lektorin, und ich habe Vertrauen in ihre Erfahrung, sie kann aus unlesbaren Texten lesbare machen, aber eins kann sie nicht, sie kann mir nicht den Größenwahn zurückgeben, den ich in all den Jahren des Nachrufschreibens verloren habe. Ich habe keine allgemeingültigen Antworten auf die zehn wichtigsten Fragen des Lebens. Ich habe überhaupt keine Antworten parat. Zumindest keine Antworten, die besser wären als die Antworten, die ich im Laufe der Jahre gehört habe. Jeder von uns muss sich die Antworten auf die wenigen wirklich wichtigen Fragen, die uns das Leben stellt, selbst geben. Tut er das nicht, hat er nicht gelebt. Das ist der Tod, den viele sterben, ohne es zu merken. Sie lassen die Fragen unbeantwortet.

»Aber das tun Sie doch auch«, ruft meine Lektorin dazwischen. »Kaum haben Sie dem Leser eine Antwort gegeben, stellen Sie ihm wieder eine Frage. Das verunsichert nur. Es wäre doch besser, klipp und klar zu sagen, was Sache ist, und Punkt!«

Gern. Ich fürchte nur, diese Besserwisserei würde weder dem Leser noch mir guttun. »Die Antwort ist das Unglück der Frage«, bemerkte ein kluger Kopf, dem aufgefallen war – Literaturwissenschaftler sind in ihrer Neugier Pathologen nicht unähnlich –, dass der Tod vieler berühmter Autoren genau in dem Moment eingetreten ist, als sie nur noch Antworten gaben und keine Fragen mehr stellten. Der Kopf stirbt immer zuerst.

Was ich verbindlich sagen kann: Es gibt ein Leben nach dem Tod. Ich hab es mir schon oft ausgemalt. Sie bestimmt auch. Wie alle an Ihrem Grab stehen werden und um Sie weinen. Oder an Ihrem Krankenbett und Abschied nehmen. Ich hoffe auf eine recht rege Beteiligung bei meiner Beerdigung. Denn wenn alles mit rechten Dingen zugeht, bin ich der Erste von uns Jungs, der stirbt.

Natürlich wird es ein Weiterleben der Billardrunde geben, es ist dann nur nicht mehr meine Billardrunde. Oder vielleicht doch, irgendwie. Denn wenn die Jungs Billard spielen, dann werden sie zuweilen auch an mich denken. Irgendwann wird sich auch ein Ersatz finden, und ich bete zu Gott, dass er schlechter spielt als ich. Andererseits würde ich es den dreien persönlich schwer verübeln, wenn sie keinen Vierten mehr in ihre

Runde aufnehmen würden. Denn so neidisch ich auch bin, er wird eine Menge Spaß mit ihnen haben. Den ich auch gern gehabt hätte. Aber – Hauptsache ein Lachen, das bleibt.

Es gibt ein Leben nach dem Tod – für die Hinterbliebenen. An die sollten Sie zuallererst denken, wenn Sie sterben. Denn die werden auch an Sie denken. Die Frage ist nur: Wie möchten Sie im Gedächtnis der Menschen bleiben? Wollen Sie etwa, dass man um Sie weint? Trauert? Klagt: »Er hat sein Leben nicht gelebt.«?

Die Hinterbliebenen sind Ihnen nicht wichtig. Das ist Ihnen zu unpersönlich. Sie wollen mehr? Sie wollen die Gewissheit Ihres individuellen Überlebens? Alles andere zählt nicht? Gut, bleibt nur noch zu klären, wer das denn sein soll, der da weiterlebt, jetzt und in alle Ewigkeit, als Individuum.

Ich bin jetzt dreiundfünfzig Jahre alt. In jedem Jahrzehnt meines Lebens war ich ein anderer. Bis ich zehn Jahre alt war, wusste ich gar nicht, dass es mich gibt. Mit zwanzig dachte ich, ein früher Tod wäre für einen Dichter das Mindeste, was er für seinen Nachruhm tun kann. Mit dreißig war mir der Ruhm nicht mehr so wichtig. Mit vierzig wollte ich die Welt sehen. Nun, mit fünfzig, ist mir die Welt egal. Was ich mit sechzig will, wage ich mir nicht vorzustellen, da bin ich abergläubisch, mit siebzig spaziere ich durch die Ersatzteillager der Orthopädie, und mit achtzig werde ich müde sein oder schon längst tot oder in Erwartung des letzten Jahrzehnts.

Vermisse ich mich? Als Kind, als Jugendlichen, als Mann? Wenn ich einen von mir zurückhaben könnte, wollte ich wieder als Kind, als Junge, als Jüngling weiterleben wollen? Nein, kein Interesse, es ist genug. Man soll sein Glück nicht überstrapazieren. Nicht noch einmal das Ganze. Wer weiß, was dabei herauskommen würde.

Ich habe schon einige kürzere Jenseitsreisen unternommen. Als ich am Herzen operiert wurde. Als ich der Lust am Rausch verfiel. Der Lust am Fortleben in anderen Lebensläufen. Man kann sich in der Literatur verlieren, in der Musik, in Drogen aller Art. Und immer wiederfinden, wenn man Glück hat. Aber man kann auch sehr schnell verloren gehen.

Welches Ego unter all den vielen, die sich im Lauf der Zeit unter Ihrem Namen versammelt haben, wollen Sie überleben lassen?

Als ich nach Berlin kam, dachte ich, ich treffe hier alle jene wieder, die ich aus Büchern schon besser kannte als die meisten meiner lebenden Mitmenschen. Aber es war keiner mehr da von den Helden meiner Jugend. Logisch eigentlich. Sie waren längst gestorben. Aber es fehlte auch fast jede Spur von ihnen. Schlimmer noch: Die Stadt kommt ganz gut ohne die Erinnerung an ihre Dichter und Denker aus. Für die vielen Touristen, die in diese Stadt strömen, ist Berlin derzeit Babylon im Discount, die großräumigste Vergnügungsfläche der Welt. Für mich ist es die Stadt der vergessenen Toten. In der Nähe meiner Wohnung ist einer der schönsten Friedhöfe Berlins. Auf dem Dorotheenstädtischen Kirchhof liegen viele Männer und Frauen, die für sich zu Recht die Unsterblichkeit erhofft hatten – oder zumindest Blumen am Grab. Schauspielerinnen und Dichter, Politiker, Wissenschaftler, viele kluge Köpfe. Bertolt Brecht wohnte mit Blick auf diesen Friedhof, und er ließ sich auch hier beerdigen. Es sind nicht viele Besucher, die sich an den Gräbern Hegels und Fichtes, Brechts und Helene Weigels einfinden. Der Toten wird nicht mehr häufig gedacht.

Das ist bedauerlich für die Lebenden. Denn ich persönlich glaube an Seelenwanderung. Jeder, der Bücher liest, glaubt daran.

Ein Schriftsteller, den ich persönlich sehr mag, auch wenn er kein Klassiker im Verständnis der philologischen Einlassordner des Elysiums sein mag, ist Hans Fallada. *Kleiner Mann – was nun?, Wolf unter Wölfen, Jeder stirbt für sich allein,* das sind Titel, die auch ohne seine Bücher weiterleben.

Hans Fallada schrieb wie ein Besessener, rauchte wie ein Besessener und verfiel zum Ende hin dem Alkohol und dem Morphium. Ich schrieb den Nachruf auf seinen Sohn, der den Vater aus seinem Herzen verbannt hatte, weil er dessen Selbstzerstörung nicht hatte ertragen können. Aber er fand wieder zu ihm zurück. Denn er entdeckte die Briefe wieder, die sein Vater ihm geschrieben hatte, in jenen glücklichen Jahren, als sie noch eine Familie gewesen waren. Fürsorgliche Briefe, fröhliche Briefe, liebevolle Briefe. Der Vater sprach zu ihm in diesen Briefen, als ob er nie gestorben wäre. Der Sohn dankte es ihm mit neu erwachter Liebe.

Ob meine Bücher eines Tages noch gelesen werden? Wen kümmert's? Dumme Frage: Mich kümmert's, und zwar zu Lebzeiten. Glauben Sie kein Wort, wenn Autoren damit kokettieren, dass ihnen der Nachruhm Belohnung genug sei. Ich bin heute froh über jeden Leser. Er lässt mich als Autor ein wenig lebendiger werden. Vor Jahren habe ich einen schmalen Band mit kleinen Unsinnsgeschichten geschrieben, die *Märchen vom kleinen Schlangenwurm und anderen Ungeheuern.* Es ist eins dieser Bücher, die man in einer sehr besonderen Laune schreibt und nie wieder aufklappen sollte, weil einem Jahre später vieles peinlich erscheint.

Ich hatte das Buch schon fast vergessen, als bei einem Familientreffen eine Cousine auf mich zukam und erzählte, dass sie neulich beim Zahnarzt eins meiner Märchen gerahmt an der Wand gesehen habe. Welches der Märchen, wusste sie nicht mehr so genau, aber sie war stolz auf mich, und ich auch.

»Schneewittchen ging abends immer gern allein spazieren, bis sie die sieben Zwerge traf. Da waren sie zu acht.« Das ist so die Art der Märchen, die ich damals geschrieben habe. Mag man lustig finden, muss man nicht. Aber dass ein Patient beim Zahnarzt sich über den Schmerz des Lebens mit einem meiner Märchen tröstet, welchem auch immer, das entschädigt für alle schlechten Kritiken jetzt und in Ewigkeit. Denn ich würde gern im Jenseits ein Lachen hören, wenn von mir geredet wird, noch besser: ein Lächeln sehen. Das ist mein Traum vom Weiterleben nach dem Tode.

Genug geredet. Kommen wir zur Sache. Wie überlebt Ihr Ego am besten? Hier die Checkliste:

1. Haben Sie Kinder? Nein? Dann zeugen Sie welche, das erhöht die Chancen auf ein Nachleben immens.
2. Sind Sie verheiratet? Nein? Dann heiraten Sie. Ihre Witwe wird es Ihnen danken.
3. Haben Sie ein Haustier? Einen Hund? Gut! Er wird Sie vermissen. Katze? Vergessen Sie's.
4. Haben Sie ein Buch geschrieben? Nein? Sehr gut. Es gibt schon viel zu viele Bücher. Ihre Bescheidenheit wird in Erinnerung bleiben.

5. Haben Sie ein Haus gebaut? Wer soll darin wohnen?
6. Gibt es Freunde, die an Sie denken werden? Nein? Stellen Sie mietfreies Wohnen in Aussicht …
7. Haben Sie so viel zu vererben, dass sich andere darum streiten werden? Auch ein Nachleben …
8. Hätten Sie denn einen Grund weiterzuleben? In welcher Gestalt auch immer …?
9. Wollen Sie wirklich in den Himmel? Oder doch lieber nur ein Sternchen im *Walk of Fame*?
10. Glauben Sie an Gott? Benehmen Sie sich auch so?

So in etwa hätte ich die Fragen für ein Lifestyle-Magazin formuliert. Aber hier reden wir ernst über das Thema. Also: Wie wollen Sie nach Ihrem Tod leben? Vom Glück des Sterbens berichten viele, vom Glück des Lebens danach hat noch niemand erzählt. Sicher, es gibt Bücher über Geister, Gespenster und Jenseitswesen der seltsamsten Art, aber wollen Sie in diesen prosaischen Zeiten wirklich als Poltergeist weiterleben? Als der amerikanische Botschafter Hiram B. Otis mit seiner Familie in das Schloss Canterville einzog, traf er auf ein schrecklich überaltertes Gespenst – so berichtet Oscar Wilde –, und die Familie machte auch keinerlei Anstalten, diesen musealen Spuk ernst zu nehmen. Der Geist, ein Urahn der Familie, hatte zuvor zahllose Besitzer in den Wahnsinn getrieben. Nicht so die Familie Otis, namentlich Virginia Otis, die Tochter des Hauses, die sich, im Gegensatz zu ihren Geschwistern, respektvoll des Gespenstes annahm, indem sie ihm die richtigen Fragen über Sinn und Unsinn des Gespensterdaseins stellte – und so zur letzten Ruhe verhalf.

Denn die größte Sorge der meisten Dämonen und Gespenster ist es, eines Tages endlich ihren Frieden zu finden. Vampire, Werwölfe, was auch immer die Menagerie des Jenseits an Existenzen aufzubieten hat, sie alle wollen irgendwann nur eins – sterben. Keiner will in alle Ewigkeit umhergeistern müssen.

Und Sie? Sehen Sie sich als Astralkörper oder als Irrlicht oder gar nur als Computer-Platine oder Jenseits-App …? Ich will Ihnen da nicht reinreden, das tun schon die Transhumanisten. Unsere Entkörperlichung ist greifbar nah, schon jetzt sind wir ein Datenklon in den Clouds der großen Suchmaschinen und Investigatoren, eines Tages wird ein perfekter Avatar von uns in den Datenbanken der Konzerne an den Gitterstäben seiner Nichtexistenz rütteln.

Wäre das Ihr Leben?

Wird Messi in alle Ewigkeit Fußball spielen, Tiger Woods Golf, muss Karajan immer noch dirigieren und Marilyn Monroe schauspielern? Der Gedanke an die Unsterblichkeit zwingt unser Denken in die Knie. Irgendwann bettelt jeder um den Tod.

Am ersten Tag schweben Sie über den Dingen, fein. Was machen Sie am zweiten Tag, am dritten, am dreitausendsten? Immer noch schweben? Die Zeit wird es nicht mehr geben, den Ort, das ganze Drumherum. Gut. Aber dann wird es Sie auch nicht mehr geben. Sie werden nicht mehr der sein, der Sie mal waren. So viel ist sicher.

Es gibt ein Leben nach dem Tod. Aber wie es aussieht und welche Beschäftigung für uns gefunden wird … keiner weiß es. Keiner will es wissen, denn wir alle ahnen, dass wir es nicht ertragen würden. Wir wollen den Tod ohne Qual erleben, das

Sterben wünschen wir uns als ein würdiges, das Jenseits hingegen ist uns seltsam gleichgültig.

Als ich im Religionsunterricht die großen Fragen des Lebens stellte, war Elisabeth Kübler-Ross die gern zitierte Garantin einer wissenschaftlich überprüfbaren Himmelfahrt, die nicht mehr der Beglaubigung biblischer Vorbilder bedurfte. Die Nahtoderfahrung galt als erstes Aufleuchten eines jenseitigen Lichtes, das alle Dunkelheit der Bewusstseinslöschung vergessen machte. Seitdem wurden unglaublich viele Bücher über Reinkarnation und Jenseitsreisen, Tunnelfahrten, Lichterscheinungen, Schwebezustände und elysische Transfers verfasst. Berichte und Erfahrungen, die denen Trost zu spenden scheinen, die sich vor dem Tod mehr als vor allem anderen fürchten. Spektakuläre Reiseberichte, die nur davon ablenken, dass der Weg zum Friedhof meist ein sehr kurzer ist und die Zeit danach eine sehr lange.

Das Leben nach dem Tod hat die wenigsten Menschen, mit denen ich sprach, je wirklich zum Grübeln gebracht. Das Sterben schon. Vor allem das Sterben der anderen. Es war nicht der eigene Tod, der die größte Angst machte.

Fürchten Sie sich vor dem Tod? Stellt man die Frage einem Vater oder einer Mutter, wird man hören: Den Tod meines Kindes, den fürchte ich viel mehr als meinen eigenen Tod. Fragt man die kleine Schwester, den großen Bruder – dann ist es der Tod der Schwester oder des Bruders, den sie fürchten. Der Mann will seine Frau nicht überleben, die Frau nicht den Mann. Nicht wenige bedauern es, dass sie ihre Freunde überlebt haben, denn Einsamkeit scheint manchmal unerträglicher als der eigene Abgang.

Dafür haben wir den Himmel gemacht. Nicht für uns selbst. Wir würden uns dort gar nicht wohlfühlen. Aber wir wollen, dass es den anderen gut geht. Also – wie stellen Sie sich das Jenseits vor, das Jenseits für all jene, die zu früh starben?

Sie wollen nicht drüber nachdenken. Gebe Gott, dass Sie es nie müssen. Aber manche Menschen kommen in die schreckliche Lage, genau diese eine Frage beantworten zu müssen, die sie sich nie, niemals im Leben stellen wollten. Wie soll der Himmel aussehen, in dem Ihr Kind sein wird, wenn es vor Ihnen stirbt?

Denn da war noch eine Frage, die Nele gestellt hat, bevor sie starb:

»Wann muss ich denn sterben?«

»Das spürst du!«

Von da an prüfte sie sich jeden Tag: »Ich spür nichts. Ich muss noch nicht gehen.«

Dann die Frage: »Und wo geh ich hin?«

»Ins Paradies, Nele.«

»Was gibt es da? Wiesen? Häuser?«

»Wie es ganz genau ist, können wir nicht sagen, aber dass wir uns bestimmt wiedersehen. Und dass der Paradiesvogel bei dir ist und dich beschützt!«

»Und wo werde ich beerdigt? Und wie finde ich euch dann später?«

»Das macht der Paradiesvogel, der führt dich. Einen kleinen Schritt musst du allein machen, und schon ist der Vogel da und hilft dir!«

Das Klügste, was Sie tun können, wenn ein Mensch stirbt, den Sie lieben: Danke sagen, dass er gelebt hat. Ich hoffe, meine Eltern leben noch viele Jahre, denn ich würde ungern Abschied nehmen. Aber wenn ich ein Bild von meinem Vater im Gedächtnis behalten wollte, dann ist es das: Wie er auf sein Vogelhäuschen blickt, das er kippsicher auf das Terrassengeländer montiert hat, mit einem rundumlaufenden Sperrgitterchen gegen die Katzen. Jahr für Jahr begrüßt er seine Flattergäste, er füttert mittlerweile nicht nur im Winter, sondern ganzjährig, weil er auf ihre Gesellschaft nicht verzichten kann, insbesondere nicht auf die des Rotkehlchens. Er liebt sie alle mit kindlicher Aufrichtigkeit, ohne je ans Reimen gedacht zu haben, weil er weiß: Gefühle klingen gereimt meist kitschig, auch wenn sie noch so wahr sind. »Die Vögel verkörpern der Seele Traum, / Sie werfen sich frisch hinein in den Raum, / Sie folgen der Lust, unirdisch zu sein, / Und sind doch nur Erde, wie ein geworfener Stein.« Lyrik ist nicht sein Metier, aber er würde es nicht anders ausdrücken – wenn ihm seine Wehwehchen denn Zeit dafür ließen.

Mein Vater jammert und klagt gern, wie es alte Leute tun, die erstaunt feststellen, dass im Alter alles anders ist als in der Jugend und dass er nicht mehr der ist, der er mal war. Aber das stimmt nicht. Was stimmt: Er ist immer noch so schüchtern und so arglos wie als junger Mann. Er klagt gern, dass er sich vieles im Leben verbaut hat durch seine Schüchternheit und er lieber abgebrüht gewesen wäre und kaltschnäuzig. Unsinn. Er weiß, das Schicksal ist zuweilen am freundlichsten zu den Schüchternen und schickt ihnen die Schüchternsten zur Gesellschaft, deswegen hat er so viele Freunde im Garten. Denn von seinem Fischteich hab ich noch gar nicht erzählt. Und von der Lichtschranke, die er dort installiert hat, damit den Fischreiher der Wasserstrahl treffen möge, wenn er zum Räubern landen will. Und von dem alten Igel, der sich so gern von ihm am Bauch kraulen ließ.

Wenn ich das Glück haben sollte, so alt zu werden wie mein Vater, dann möchte ich auch so dasitzen können und den Vögeln zusehen und nicht mehr wollen als das: Dankbarkeit empfinden für das Dasein anderer.

Das Leben vor dem Tod entscheidet über unser Sterben. Wir sollten nicht zu viel wollen. Wir sollten nicht zu streng sein mit uns selbst. Es erwartet uns ohnehin die Höchststrafe. Nein, ich meine nicht das Krankenhausessen. Ich meine auch nicht den schweren Abschied von den Freunden, wenn wir denn das Glück haben, uns verabschieden zu können. Ich meine nicht das Ende der Liebe, zu einer Frau, zu allen Frauen. Ich meine den Tod. Das Grässlichste, was uns auf Erden erwartet.

Manche Kinder wollen nicht in den Himmel. Warum? Weil sie Höhenangst haben.

So ergeht es mir. Jetzt, am Ende dieses Buches, kann ich Ihnen ja die Wahrheit sagen: Ich fürchte nichts mehr als den Tod. Ich mochte ihn noch nie. Schon als Kind graute mir vor dem Leichenschmaus, vermutlich dachte ich, die Leichen selbst würden verspeist, in einem grässlichen kannibalischen Akt des Abschiednehmens.

Wie man lachen kann und plappern und futtern, nachdem ein anderer starb, ich begriff es einfach nicht und begreife es noch heute nicht. Das Leben geht weiter … mag sein. Dennoch macht es mir Angst, dass mein eigenes Leben enden wird.

Ich kann keine Bilder von Toten sehen. Ich hasse es, Leichen in den Nachrichten präsentiert zu bekommen. Ich finde eine Gesellschaft krank, die sich Abend für Abend mit Morden belustigt. Die Gerichtsmedizin ist für mich ein Ort, den ich lebendig nie zu Gesicht bekommen will. Ich begreife es nicht, wie wir mit dem Sterben so dumme Späße treiben können.

Der Tod ist uns so unheimlich geworden, dass wir ihn einfach nicht mehr ernst nehmen wollen. Wir reagieren wie Kinder, schlimmer als Kinder. Wir nehmen ihn nicht ernst. Aber Sterben ist kein Zeitvertreib.

Ich hasse die Leblosigkeit, mit der manche vor sich hin leben, als gäbe es ein Erwachen im Jenseits. Es gibt kein Erwachen. Und wenn doch, werden Sie nicht mehr der Mensch sein, der Sie einmal waren.

Also tun Sie alles, um am Leben zu bleiben! Gehen Sie jeden Tag eine halbe Stunde spazieren! Wenn Sie diese Gewohnheit beibehalten, werden Sie nicht ewig leben, aber Sie werden länger leben, und Sie werden klüger, wachsamer und menschenfreundlicher sein, als wenn Sie zu Hause rumsitzen. Mehr kann Ihnen kein Philosoph versprechen.

Und was die Unsterblichkeit anbelangt, sorgen Sie bitte selbst vor. Treffen Sie schon jetzt Ihre Vorkehrungen. »Noch nie hat ein toter Mann Grüße zurückgesandt«, heißt es im *Gilgamesch-Epos*, jenem ersten Roman von einem, der auszog, den Tod zu überwinden. Es gelang ihm nicht, obwohl er der tapferste Held aller Zeiten war. Sein Freund Enkidu starb. Gilgamesch weinte um Enkidu, wiegte ihn in den Armen. »Ich gab ihn nicht her, um ihn zu bestatten, bis der Wurm ihm aus der Nase fiel.«

Sie lachen, und Sie schaudern? Die Grüße aus babylonischer Zeit kamen an? Das Beste, was Gilgamesch zu geben hatte, war seine Freundschaft. Die hat seinen Tod überdauert. Auch ein Toter kann Grüße senden.

Also, was von Ihnen soll überdauern? Machen Sie sich endlich an die Arbeit. Schreiben Sie Ihren Nachruf! Ob er nun mehr einer Vermisstenanzeige oder einem Steckbrief ähneln wird, völlig egal, Sie müssen nur auf eins achten: Seien Sie ehrlich und fassen Sie sich kurz, denn Sie wissen ja, die wirklich wichtigen Fragen des Lebens sollte man in aller Kürze beantworten.

Drei Seiten, mehr nicht. Die erste Frage, die ich Sie auf diesen Seiten zu beantworten bitte, ist zugleich die letzte: Hatten Sie ein Leben vor dem Tod?